Gerhard Ries

Die neubabylonischen Bodenpachtformulare

Münchener Universitätsschriften · Juristische Fakultät

Abhandlungen zur rechtswissenschaftlichen Grundlagenforschung

herausgegeben im Auftrag der Juristischen Fakultät

von

Sten Gagnér
Arthur Kaufmann
Dieter Nörr

Band 16

1976

J. Schweitzer Verlag · Berlin

Gerhard Ries

Die neubabylonischen Bodenpachtformulare

1976

J. Schweitzer Verlag · Berlin

Gedruckt mit Unterstützung aus den Mitteln der Münchener Universitätsschriften

CIP-Kurztitelaufnahme der Deutschen Bibliothek

Ries, Gerhard

Die neubabylonischen Bodenpachtformulare. (Münchener Universitätsschriften: Jurist. Fak.) (Abhandlungen zur rechtswissenschaftlichen Grundlagenforschung; Bd. 16)

ISBN 3-8059-0361-8

Satz N. Jessen, Hamburg – Druck · K. Gerike, Berlin – Bindearbeiten: Dieter Mikolai, Berlin

VORWORT

Die vorliegende Arbeit ist im Sommersemester 1972 von der Juristischen Fakultät der Ludwig-Maximilians-Universität München als Dissertation angenommen worden.
Es ist das Verdienst meines hochverehrten Lehrers, Herrn Prof. Dr. Petschow, daß ich den Zugang zum Studium des altorientalischen Rechts finden konnte. Sein freundlicher und geduldiger Unterricht in der akkadischen Sprache wie auf dem Gebiet der Keilschriftrechte, den ich vom zweiten Semester meines juristischen Studiums an erleben durfte, hat meine Freude an diesem Fach von Semester zu Semester vergrößert.
Dafür und für seine engagierte Betreuung dieser Arbeit möchte ich ihm hier besonders herzlich danken.
Danken möchte ich auch dem Korreferenten, Herrn Prof. Dr. Edzard für die Gastfreundschaft, die er mir bei der Arbeit im Assyriologischen Institut bewiesen hat.
Die Aufnahme meiner Arbeit in die Reihe der Abhandlungen zur rechtswissenschaftlichen Grundlagenforschung habe ich dem wohlwollenden Entgegenkommen der Herren Profes. Dres. Gagnér, Kaufmann und Nörr zu danken.
Die Senatskommission für die Universitätsschriften hat die Finanzierung der Drucklegung ermöglicht. Ihr und insbesondere Herrn Prof. Dr. Gagnér gilt dafür mein herzlicher Dank.
Das Korrekturlesen wurde mir dank der freundlichen Hilfe meiner Frau sehr erleichtert.

München, im November 1975 Gerhard Ries

INHALT

ABKÜRZUNGS- UND LITERATURVERZEICHNIS

ab.	altbabylonisch.
actes 8e congrès	Actes du 8e congrès international des orientalistes, 2. Teil I B S. 281 ff. Stockholm 1889.
Aegyptus	Rivista italiana di egittologia e di papirologia, Mailand.
AfK	Archiv für Keilschriftforschung.
AfO	Archiv für Orientforschung, (Berlin-)Graz.
Agrargeographie	Wirth, Agrargeographie des Irak, Hamburg 1962.
Agricultura	Salonen, Agricultura Mesopotamica nach sumerisch-akkadischen Quellen, Helsinki 1968.
AHw	Akkadisches Handwörterbuch, bearb. v. W. v. Soden, Wiesbaden 1959 ff.
AM	Cardascia, Les archives des Murašû, une famille d' hommes d'affaires babyloniens à l'époque perse, Paris 1951.
AnOr (mit Bandzahl)	Analecta Orientalia, Rom.
ARN	Çiğ, Kizilyay, F. R. Kraus, Altbabylonische Rechtsurkunden aus Nippur, Istanbul 1952.
ArOr	Archiv Orientální, Journal of the Czechoslovak Oriental Institute, Praha.
BA I–IV	Beiträge zur Assyriologie, Bde. I–IV Leipzig 1906 ff.
BE (mit Bandzahl)	The Babylonian Expedition of the University of Pennsylvania, Series A: Cuneiform Texts, hrsg. v. H. V. Hilprecht, Philadelphia.
Beiträge	San Nicolò, Beiträge zur Rechtsgeschichte im Bereiche der keilschriftlichen Rechtsquellen, Oslo 1931.
Bildatlas	Beek, Röllig, Bildatlas der assyrisch-babylonischen Kultur, Gütersloh 1961.
BIN (mit Bandzahl)	Babylonian Inscriptions in the Collection of James B. Nies, New Haven-Oxford.
BiOr	Bibliotheca Orientalis, Leiden.
BL I, II	Driver-Miles, The Babylonian Laws, Bd. 1, Oxford 1952; Bd. 2, Oxford 1955.
Bodenpacht	Ehrenkranz, Beiträge zur Geschichte der neubabylonischen Bodenpacht, Berlin 1936.
BR 6	San Nicolò – Petschow, Babylonische Rechtsurkunden aus dem 6. Jahrhundert v. Chr., München 1960.
BR 8/7	San Nicolò, Babylonische Rechtsurkunden des ausgehenden 8. und 7. Jahrhunderts v. Chr., München 1951.
BRAD	Augapfel, Babylonische Rechtsurkunden aus der Regierungszeit Artaxerxes I. und Darius II., Wien 1917.
Brief	Landsberger, Brief des Bischofs von Esagila an König Assarhaddon, Amsterdam 1965 (= Mededel. d. Koninkl.

	Nederlandse Ak. v. Wetensch. Afd. Letterkunde, N. R. 29/5).
BRL	Kohler – Peiser, Aus dem babylonischen Rechtsleben, Leipzig 1890 ff.
BRM (mit Bandzahl)	Babylonian Records in the Library of J. Pierpont Morgan, New Haven 1920.
BRVU	Krückmann, Babylonische Rechts- und Verwaltungsurkunden aus der Zeit Alexanders und der Diadochen, Weimar 1931.
BuA I, II	Meißner, Babylonien und Assyrien, Band I 1920; Band II 1925, Heidelberg.
Bürgschaftsrecht	Koschaker, Babylonisch-Assyrisches Bürgschaftsrecht, Leipzig – Berlin 1911.
CAD (mit Buchstaben des Bandes)	The Assyrian Dictionary of the Oriental Institute of the University of Chicago, Chicago – Glückstadt 1956 ff.
Camb	Straßmaier, Inschriften von Cambyses, König von Babylon (529–521 v. Chr.), Leipzig 1890.
CH	Codex Hammurapi
CT (mit Bandzahl)	Cuneiform Texts from Babylonian Tablets in the British Museum, London.
Cyr	Straßmaier, Inschriften von Cyrus, König von Babylon (538–529 v. Chr.), Leipzig 1890.
Dar	Straßmaier, Inschriften von Darius, König von Babylon, Leipzig 1890.
Date Palm	Landsberger, The Date Palm and its By-products according to the Cuneiform Sources, Graz 1967.
Documents	Leemans, Legal and Administrative Documents of the Time of Hammurabi and Samsuiluna, Leiden 1960.
Ebeling, Glossar	Ebeling, Glossar zu den neubabylonischen Briefen, München 1953.
ed-Dēr	Edzard, Altbabylonische Rechts- und Wirtschaftsurkunden aus Tell ed-Dēr im Iraq Museum, Bagdad, München 1970.
Edikt Ammiṣaduqa	Kraus, Ein Edikt des Königs Ammiṣaduqa von Babylonien, Leiden 1958.
Egibi	Weingort, Das Haus Egibi in neubabylonischen Rechtsurkunden, Berlin 1939.
Études	Cuq, Études sur le droit babylonien, Paris 1929.
Festschrift Altheim	Festschrift für Franz Altheim, Berlin 1969.
Festschrift Hanausek	Festschrift für Gustav Hanausek, Graz 1925.
Fief	Cardascia, Le fief dans la Babylone Achéménide, in Soc. J. Bodin, Bd. 1, Liens des vassalité (2e éd) 1958.
Final Vowels	Hyatt, The Treatment of Final Vowels in Early Neo-Babylonian (= YOS Researches XXIII), New Haven 1941.

GAG	v. Soden, Grundriß der Akkadischen Grammatik, Rom 1952.
GCCI (mit Bandzahl)	Goucher College Cuneiform Inscriptions, New Haven.
Gedenkschrift für Wilhelm Brandenstein	Gedenkschrift für Wilhelm Brandenstein, Innsbruck 1968.
Geographica	Strabo, Geographica, Ausgabe A, Meineke, Leipzig 1909.
Gordon	Gordon, Smith College Tablets, 110 Cuneiform Texts Selected from the College Collection, Northampton 1952.
GRÖR	Koschaker, Über einige griechische Rechtsurkunden aus den östlichen Randgebieten des Hellenismus, Leipzig 1931.
Ḫatru	Cardascia, Le ḫatru et les collectivités en Babylonie d'après les archives de la maison Murašû – mémoire présenté à l'Ecole des Hautes Etudes, 1946 (Manuskript).
HAU	Kohler – Ungnad, Hundert ausgewählte Rechtsurkunden aus der Spätzeit des babylonischen Schrifttums von Xerxes bis Mithridates II (485–93 v. Chr.), Leipzig 1911.
HG I/VI	J. Kohler, F. E. Peiser, P. Koschaker, A. Ungnad, Hammurapis Gesetz Bde I–VI, Leipzig 1904–1923.
Historiae	Herodot, Historiae, Ausgabe H. Kallenberg, Leipzig 1939.
Historia Plantarum	Theophrast, Historia Plantarum, Ausgabe F. Wimmer, Leipzig 1854.
JA	Journal Asiatique.
JCS	Journal of Cuneiform Studies, New Haven.
JNES	Journal of Near Eastern Studies, Chicago.
KB IV	F. E. Peiser, Texte juristischen und geschäftlichen Inhalts, Berlin 1896 (= Keilinschriftliche Bibliothek Bd. IV).
Kish	Watelin – Langdon, Exavations at Kish, Vol. III (1925–27), Paris 1930.
Kr	Krückmann, Neubabylonische Rechts- und Verwaltungstexte, Leipzig 1933.
Lehnsbeziehungen	Dandamajew, Die Lehnsbeziehungen in Babylonien unter den ersten Achämeniden in: Festschrift für Eilers, Wiesbaden 1967.
Lehrvertrag	San Nicolò, Der neubabylonische Lehrvertrag in rechtsvergleichender Betrachtung, München 1950.
Liv	Straßmaier, Die babylonischen Inschriften im Museum zu Liverpool nebst anderen aus der Zeit von Nebukadnezar bis Darius, Leiden 1885.
ma.	mittelassyrisch

Manuel	Labat, Manuel d'épigraphie Akkadienne, Paris 1963.
Mélanges Cornil	Mélanges de droit romain dédiés à George Cornil, Paris 1926.
Mietrecht	Oppenheim, Untersuchungen zum babylonischen Mietrecht, Wien 1936.
Moldenke	Moldenke, Cuneiform Texts in the Metropolitan Museum of Art, New York 1893.
MSL I	Landsberger, Materialien zum sumerischen Lexikon, Vokabulare und Formularbücher, Bd. 1: Die Serie *ana ittišu*, Rom 1937.
MVAeG	Mitteilungen der vorderasiatisch-ägyptischen Gesellschaft, Leipzig.
Nachbürgschaft	San Nicolò, Zur Nachbürgschaft in den Keilschrifturkunden und in den gräko-ägyptischen Papyri, München 1937.
nb.	neubabylonisch
NBAD	Moore, Neo-babylonian Business and Administrative Documents, Ann Arbor 1935.
NBB	Ebeling, Neubabylonische Briefe, München 1949.
Nbk	Straßmaier, Inschriften von Nabuchodonosor, König von Babylon (604–561 v. Chr.), Leipzig 1889.
Nbn	Straßmaier, Inschriften von Nabonidus, König von Babylon (555–538 v. Chr.), Leipzig 1889.
NBU	Ebeling, Neubabylonische Briefe aus Uruk, 1.–4. Heft, Berlin 1930–34.
NKF	Petschow, Die neubabylonischen Kaufformulare, Leipzig 1939.
NNB	Tallqvist, Neubabylonisches Namenbuch zu den Geschäftsurkunden aus der Zeit des Šamaššumukîn bis Xerxes, Helsingfors 1905.
NPR	Petschow, Neubabylonisches Pfandrecht, Berlin 1956.
NRV	San Nicolò – Ungnad, Neubabylonische Rechts- und Verwaltungsurkunden, Bd. I Rechts- und Wirtschaftsurkunden der Berliner Museen aus vorhellenistischer Zeit, Leipzig 1935.
Oberhuber	Oberhuber, Sumerische und akkadische Keilschriftdenkmäler des Archäologischen Museums zu Florenz, Innsbruck 1960.
OLZ	Orientalistische Literaturzeitung, Berlin.
Or	Orientalia, Rom.
Palandt	Palandt, Kommentar zum Bürgerlichen Gesetzbuch, München 1974.
Palmeraies	Cocquerillat, Palmeraies et cultures de l'Eanna d'uruk (559–520), Berlin 1968.
Personenmiete	Lautner, Personenmiete und Erntearbeiterverträge, Leiden 1936.

Prosopographie	San Nicolò, Beiträge zu einer Prosopographie neubabylonischer Beamten der Zivil- und Tempelverwaltung, München 1941.
PSBA	Proceedings of the society of biblical archeology, London.
RA	Revue d'Assyriologie et d'Archéologie orientale, Paris.
RIDA	Revue internationale des Droits de l'Antiquité, Bruxelles.
RIA I–III	Reallexikon der Assyriologie, Bd. 1, Berlin-Leipzig, 1932; Bd. 2, Berlin-Leipzig, 1938; Bd. 3, Berlin 1957–1971.
Röm. Privatrecht I	Kaser, Das Römische Privatrecht, Erster Abschnitt, 2. Aufl., München 1971.
SÄ	Seleukidische Ära
Schlußklauseln	San Nicolò, Die Schlußklauseln der altbabylonischen Kauf- und Tauschverträge. Ein Beitrag zur Geschichte des Barkaufs, München 1922.
Slavery	Mendelsohn, Slavery in the Ancient Near East, New York 1949.
Smerdis	Straßmaier, Inschriften von Smerdis (521 v. Chr.) in ZA IV S. 147 ff.
SPAW	Sitzungsberichte der Preußischen Akademie der Wissenschaften.
Studien	Lewenton, Studien zur keilschriftlichen Rechtspraxis Babyloniens in hellenistischer Zeit, Münster 1970.
Syllabar	v. Soden, Röllig, Das akkadische Syllabar, 2. Aufl. Rom 1967 (= An. Or. 42).
Symbolae Koschaker	Symbolae ad iura orientis antiqui pertinentes Paulo Koschaker dedicatae, Leiden 1939.
SZ	Zeitschrift der Savigny-Stiftung für Rechtsgeschichte, Romanistische Abteilung, Weimar.
Šumerisches Lexikon	Deimel, Šumerisches Lexikon, II. Teil: Vollständige Ideogramm-Sammlung, Rom 1928–33.
TCL (mit Bandzahl)	Musée du Louvre, Département des Antiquités Orientales, Textes, Cunéiformes, Paris.
Tiermiete	v. Bolla, Untersuchungen zur Tiermiete und Viehpacht im Altertum, München 1940.
UAR	Urkunden des Altbabylonischen Zivil- und Prozeßrechts, Leipzig 1913.
UET (mit Bandzahl)	Ur Excavations Texts, London.
UM (mit Bandzahl)	University of Pennsylvania. The Museum Publications of the Babylonian Section, Philadelphia.
Ungnad, Glossar	Ungnad, Glossar zu NRV I Leipzig 1937.
Väspuhr	Eilers, Die altiranische Vorform des Väspuhr, in: A Locust's Leg, Studies in honour of S. H. Taqizadeh, 1962.

VAT	Inventarnummern der Vorderasiatischen Abteilung der Staatlichen Museen zu Berlin.
VS (mit Bandzahl)	Vorderasiatische Schriftdenkmäler der Staatlichen Museen zu Berlin, Leipzig.
Warenpreise	Meißner, Warenpreise in Babylonien, Abhandlungen der Preußischen Akademie der Wissenschaften, Jahrgang 1936, Phil.-Hist. Klasse Nr. 1, Berlin 1936.
WdO	Die Welt des Orients.
YBT (mit Bandzahl)	Yale Oriental Series, Babylonian Texts, New Haven.
ZA	Zeitschrift für Assyriologie und vorderasiatische Archäologie, Berlin.
ZDMG	Zeitschrift der Deutschen Morgenländischen Gesellschaft, Leipzig.
Z. f. vgl. R. W.	Zeitschrift für vergleichende Rechtswissenschaft, Stuttgart.

I. EINLEITUNG

Eine Vielzahl nb.[1] Keilschrifturkunden bodenrechtlichen Inhalts vermittelt uns wichtige Einblicke in die volkswirtschaftlich hervorragende Bedeutung der Feld- und Gartenkulturen im babylonischen Bereich des Schwemmlandes von Euphrat und Tigris, dessen Fruchtbarkeit bereits in der Antike über die Landesgrenzen hinaus berühmt war[2]. Begrenzt und nur in beschränktem Maße durch Urbarmachung vermehrbar, bot das fruchtbare Land bereits damals so viel Konfliktstoff bei seiner Ausbeutung, daß die in jenen Urkunden dokumentierte reiche Ausgestaltung des Bodenrechts – insbesondere auf dem Hintergrund einer beinahe zweitausendjährigen Rechtstradition auf diesem und anderen Gebieten – geradezu als notwendige Folge erscheint. So wie wir den nb. Kaufverträgen ein bereits voll entwickeltes Bodenverkehrsrecht entnehmen können, finden wir in Urkunden solcher Vertragsparteien, die die Nutzung eines Stück Landes gegen Entgelt vereinbart haben, eine Fülle von Hinweisen auf detaillierte rechtliche Vorstellungen zur Übertragung landwirtschaftlicher Nutzungsrechte.

Wenn der Titel dieser Arbeit von Pacht spricht, so bedeutet das nicht, daß alle Verträge über die Nutzung von Grund und Boden als Pachtverträge im strengen juristischen Sinn unseres heute nach dem deutschen Bürgerlichen Gesetzbuch geltenden Rechts zu verstehen seien. Trotz vieler Ähnlichkeiten der nb. Verträge mit dem geltenden Pachtrecht ist in der Regel eine Gleichstellung nicht angebracht, da sich neben diesen Gemeinsamkeiten andere Wesensmerkmale von

---

1 Unter der nb. Zeit verstehe ich den Zeitraum von Nabopolassar bis Darius III, also die chaldäische und achämenidische Zeit von 626–331 v. Chr. Die Keilschrifturkunden aus der Seleukidenzeit, die wenig über Pachtverhältnisse aussagen, seien damit von der Behandlung ausgeschlossen.

2 Vgl. zur Leistungsfähigkeit des Bodens die gewiß übertriebenen Berichte Herodots, Historiae I 193, und Strabo, Geographica C 742, 14 (200–300-facher Ertrag der Gerste) und die der Wahrheit näherkommenden Angaben des Botanikers Theophrast (um 300 v. Chr.), Historia Plantarum VIII (50–100-facher Ertrag des Weizens). Dagegen liegen die modernen Berechnungen der Gersteerträge weitaus niedriger: nach Cocquerillat, Palmeraies S. 28 f. 7–30-facher, durchschnittlich 14-facher, nach Ebeling, RlA III S. 211 rechts 12–14-facher Ertrag im heutigen Europa. Nach Salonen, Agricultura S. 256 f. trug die Gerste auch nach sumerischen und babylonischen Ertragsurkunden gewöhnlich etwa das 10–15-fache des Saatguts, nach Landsberger, MSL I S. 155 mit A. 4 (gestützt auf die unten bei A. 236 zu besprechenden Pachturkunden des Murašû-Archives, nach denen Saatgut vom Verpächter zu liefern ist) das ±20-fache. Für die ab. Zeit vgl. Leemans, Documents Nr. 121 (S. 58 f.): ungefähr 42-facher Ertrag, etwas weniger nach Leemans Berechnungsmodus in Nr. 128 (S. 65 f.): etwa das 23-fache. Gegen ihn aber Edzard, BiOr 18 (1961) S. 69 links, der beide Texte nicht für Aufzeichnungen über „barley-yield of a field" (so Leemans aaO.) hält, sondern für „Aufzeichnungen von Ausgaben an Gerste, die bei der Feldpacht anfallen" und dann natürlich für Ertragsberechnungen unbrauchbar sind. Ähnlich wie Leemans Ergebnis zu Nr. 121 auch Schwenzner MVAeG 19/3 (1914) S. 70: 30–40-facher Ernteertrag bei Getreide. Zum Ertrag der Dattelkulturen vgl. u. bei A. 676. Zum wechselnden Ertrag in Südmesopotamien vom 3. bis 1. Jtd. v. Chr. infolge Versalzung des Bodens vgl. Beek-Röllig, Bildatlas S. 13, 16.

unserem Recht grundsätzlich unterscheiden. Auch wenn sich die jeweils ausgetauschten Leistungen mit denen eines Pachtvertrages nach dem BGB decken würden, bestünde doch durch diesen Vergleich die Gefahr, sämtliche oder wenigstens einige der Vorstellungen des deutschen Bürgerlichen Rechts über die weitere Ausgestaltung des Pachtrechtes auf Verhältnisse zu übertragen, die aus einem anderen Rechtskreis stammen und mit der abendländischen Rechtsentwicklung nur wenige Berührungspunkte haben. Der Titel dieser Arbeit gibt vielmehr nur einen gewissen Anhaltspunkt über die Grenzen der Abhandlung.

So soll auf der einen Seite das Recht der Eigentumsübertragung von Grundstücken ausgeklammert werden, ein Ausschnitt des Bodenrechts, hinsichtlich dessen für die nb. Zeit auf die Abhandlung Petschows[3] verwiesen werden kann. Andererseits soll das Recht der Pacht beweglicher Sachen, hauptsächlich von Vieh, soweit es nicht mit dem Bodenpachtrecht unmittelbar verbunden ist, von der Arbeit ausgenommen sein, ein Thema, das v. Bolla[4] vergleichend mit dem Recht der gräko-ägyptischen Papyri behandelt hat. Wenn von Pacht die Rede ist, so bedeutet das auch, daß nur die Überlassung des Grundstücks zur Nutzung und Fruchtziehung, nicht allein zum Gebrauch – wie insbesondere bei bebauten Stadtgrundstücken – untersucht werden soll. Auch das nb. Mietrecht sei damit aus dem unmittelbaren Bereich dieser Arbeit ausgeschlossen.[5]. Der Bearbeitung dieses Rechtsgebietes hatte sich Oppenheim[6] angenommen. Für das Gebiet der ab. Personenmiete sei auf die Arbeit Lautners[7] verwiesen.

Das nb. Pachtrecht ist bisher noch nicht zusammenhängend dargestellt worden. Einzelabhandlungen, wie der Abschnitt „Les Baux" in Cardascias AM S. 125 ff., der sich auf die Urkunden des Murašû-Archives beschränkt, die Dissertation Ehrenkranzs[8], die nur einige Urkunden des Eanna-Archives von Uruk berücksichtigt und hauptsächlich philologische Untersuchungen enthält, außerdem die Skizze San Nicolòs, in NRV S. 339 ff., die sich im wesentlichen auf die in VS III–VI veröffentlichten Urkunden der Vorderasiatischen Schriftdenkmäler zu Berlin stützt, sowie die Bearbeitung des Eanna-Archives durch Cocquerillat[9], lassen den Versuch einer zusammenfassenden Darstellung nicht überflüssig erscheinen.

Die Quellen zum nb. Pachtrecht sind ausschließlich Urkunden, die konkrete Einzelfälle regeln. Davon sind am bedeutsamsten die etwas mehr als einhundert nb. Pachtverträge, von denen etwa 20 % aus chaldäischer, 80 % aus persischer

3 NKF.
4 Tiermiete.
5 Cardascia, AM S. 125 geht – wohl vom französischen Recht beeinflußt, das keinen begrifflichen Unterschied zwischen Miete und Pacht kennt, – von einem weiteren Begriff der Pacht (bail) aus, der auch die Vergabe von Immobilien *ana idi bîti* „gegen Mietzins des Hauses" umfaßt, und versteht sie als Pacht städtischer Grundstücke.
6 Mietrecht. Vgl. auch San Nicolò NRV S. 154 ff.
7 Personenmiete.
8 Bodenpacht.
9 Palmeraies.

Zeit datieren; von letzteren stammt etwa die Hälfte aus dem Geschäftshaus der Familie Muraššû in Nippur. Gesetze über diese Rechtsmaterie sind uns nicht überliefert. Aus den spärlichen Resten des nb. Gesetzesfragments[10] läßt sich über das Pachtrecht nichts entnehmen. Selbst wenn man in den §§ 1–2 Regelungen hierzu vermutet[11], können die allzu fragmentarischen Reste nichts irgendwie Bedeutsames dazu aussagen. Eine Sonderstellung nimmt unter den Quellen YBT VI 103 ein, ein Text aus der Zeit Nabonids, der Bestimmungen des Kronprinzen Belsazar über ein ^{še}*zêru šá* ^{d}*bêl* „Aussaat(Fläche) des Gottes Bêl“ enthält, also wohl über Tempelland des Gottes Bêl in Babylon[12], das Belsazar im Namen seines königlichen Vaters an die ^{ḫ}*rabê*^{meš} *sâti*^{meš} „die Großen (Aufseher, Inspekteure[13]) der Pachtzinse verteilt hatte. Cocquerillat[14] sieht in dieser – wegen ihres schlechten Erhaltungszustandes teilweise unklaren – Urkunde ein Edikt des Kronprinzen Belsazar, das über seinen unmittelbaren Geltungsbereich Babylon hinaus Einfluß auf alle späteren Großverpachtungen ausgeübt habe, ein auf die Zukunft gerichtetes Gesetz also. Gegen diese These spricht allerdings, daß die Zuteilung des Gebietes schon in der Vergangenheit liegt: Z. 3: *ú-za-'i-i-zu* „er (der Kronprinz) hat zugeteilt“ und Z. 7: *ú-maš-ši-ra-áš-šú-nu-tú* „er hat ihnen (den *rabê sâti*) zugewiesen“[15]. Andererseits enthält die Tafel auch keinen Pachtvertrag, und zwar einmal deshalb, weil Zeugen und eine auf den Tag genaue Datierung[16] fehlen und Vertragsparteien nicht namentlich erwähnt sind. An einen Vertrag erinnert allerdings die Festsetzung verschiedener Leistungen: 40 Kor Datteln auf 1 Kor (mit Bäumen) bepflanzten Feldes, die die *rabê sâti* aus dem Feldertrag – vielleicht als Pachtzins[17] – abzuliefern haben. Außerdem ist ein Anspruch der – ebenfalls nicht namentlich genannten – Bearbeiter (*nukaribbê* „Gärtner“) des Feldes auf *šissinnu* – Natural-

10 Dazu allgemein Petschow, SZ 76 (1959) S. 37 ff.

11 So Meißner, SPAW 1918 S. 281 f. Nach Driver-Miles BL II S. 325 dagegen behandelt § 1 anscheinend „the occupation of a plot of land“, während sich vom Gegenstand des stark zerstörten § 2 nur ausmachen lasse, daß es sich um Land gehandelt habe, vielleicht speziell um „offences arising out of grazing another man's field“; ähnlich unbestimmt auch Petschow, SZ 76 (1959) S. 44: „Nach den wenigen Überresten behandeln sie (§§ 1–3 und der Anfang des § 4) Feldgrundstücke“ und RlA III S. 277 links: „§§1 ... bis 3 (je fast völlig zerstört) 4 (?), 5 und 7 behandeln anscheinend das Thema „Feld“: § 2 vielleicht das Viehweiden auf fremdem Feld.“

12 So auch Cocquerillat, Palmeraies S. 37 links, obwohl die Tafel wahrscheinlich in Uruk gefunden wurde; vgl. dazu YBT VI S. 11.

13 Vgl. AHw S. 938 rechts.

14 Palmeraies S. 37 f.

15 Anders Cocquerillat, Palmeraies S. 37 links: „leur aura confiées“.

16 Vgl. Z. 1 f.: ^{še}*zêru šá* ^{d}*bêl šá ina* ^{araḫ}*nisani šatti 7*^{kám} ^{d}*nabû-na'id šàr bâbili*^{ki} ... „(betrifft) die Aussaat(fläche), gehörend dem Gott Bêl, die im Monat Nisan des 7. Jahres des Nabonid, Königs von Babylon ...“. Am Ende der Urkunde fehlt das Datum vollständig.

17 Das steht zwar nicht ausdrücklich in Z. 4: *a-na(!) 1 kùr* ^{še}*zêri zaq-pi 40 kùr suluppê* „auf 1 Kor (mit Bäumen) bepflanzter Aussaat(fläche) 40 Kor Datteln“, ist aber im Zusammenhang mit den folgenden Bestimmungen kaum anders zu deuten. Ebenso Cocquerillat, Palmeraies S. 37 links: „Pour 1 kur de terre arable plantée (de palmiers, la redevance sera) de 40 kur (de dattes)“.

lohn[18] aus diesen 40 Kor Datteln festgelegt[19]. Die Relation von 5 Kor Datteln als *šissinnu* pro Kor zu bearbeitenden Feldes entspricht dabei dem üblichen, für durchschnittlich gute Felder geltenden Satz in Pachtverträgen. Die folgenden Bestimmungen sehen anscheinend die Verteilung dieser Erträge an verschiedene Beamte vor, den Bezirksvorsteher (*bêl pîḫâti*), die Schreiber (*ṭupšarrê*), Vermesser (*mandidî*) und Türhüter (*atê*), die vielleicht an der Verwaltung dieser Grundstücke in irgendeiner Form beteiligt waren oder – wahrscheinlicher – aus den Erträgen ihre „Bezahlung (*kiṣru*) und „Verpflegung (*kurummâtu*)" für ihre Dienstleistungen bezogen[19a].
Die nähere Untersuchung dieser Frage würde eine eingehende Analyse der nb. Tempel- und Palastorganisation erfordern, die über die Grenzen dieser Arbeit hinausginge, ebenso wie die Darstellung der Besonderheiten der Tempelpacht im Bereich von Uruk, die offenbar in einigen Punkten – insbesondere bei der Organisation der *imittu*-Pacht[20] – von privaten Verpachtungen abweicht. Dazu sei vorderhand auf die Ausführungen von Cocquerillat[21], Petschow[22], Ebeling[23], Ehrenkranz[24] und Schwenzner[25] verwiesen, die allerdings z. T. nur Einzelaspekte dieses Themas behandeln und noch der Synthese bedürfen.
Bei dieser Quellenlage lassen sich nur durch die Analyse jener Urkunden, insbesondere der Pachtverträge, Rückschlüsse auf die rechtlichen Verhältnisse versuchen, die diesen Verträgen zugrunde lagen. Ausgangspunkt der Arbeit werden daher – ihrem Titel entsprechend – die Formulare der nb. Bodenpachtverträge sein, um durch sie – soweit möglich – das Pachtrecht selbst zu analysieren. Daß dabei die Antwort auf manche Fragen offenbleiben muß oder nur Annäherungswerte gefunden werden können, liegt in der Natur der Sache.
Im Vergleich zu den Immobiliarkaufformularen sind die Pachtformulare inhaltlich mannigfaltiger. Während sich jene im wesentlichen auf einen Grundinhalt zurückführen lassen, haben diese oft einen nach Zweck und Umfang des Vertrages sehr unterschiedlichen Inhalt, verständlich deshalb, weil sich beim Kaufvertrag anders als bei der Pacht regelmäßig zwei Leistungen gegenüberstehen, die nach der Natur des Vertrages nicht wesentlich differieren können: Hingabe und Übereignung der Kaufsache erfolgen gegen Zahlung des Kaufpreises. Ändert man eine dieser Hauptleistungen, so wird man nicht mehr von Kauf sprechen, sondern gegebenenfalls etwa von Miete oder Tausch. Bei der Pacht dagegen ist auch nach heutigem Recht der Charakter der Leistungen

---

18 Dazu näher u. bei A. 694 und 822.

19 Vgl. Z. 5 ff.: *ina lìb-bi 5 kùr suluppê a-na(!) šis-sin-nu šá* ^{h}*nukaribbê šá ḫar* <-ri> *u ḫi-ru-ti i-ḫe-er-ru-ú i-gar* ^{iṣ}*kirî ip-pu-šu u pa-áš-ka-ni i-nam-šu-ú* „davon (von den 40 Kor Datteln sind) 5 Kor Datteln für den *šissinnu* der Gärtner (bestimmt), die Wassergräben und Grabungen graben, Gartenmauern errichten und die steinharten Erdklumpen(?) (vgl. AHw S. 845 links) forttragen".

19a Vgl. zu dieser Aufzählung TCL XIII 182, 27 f. in ähnlichem Zusammenhang.

20 Dazu allgemein u. bei A. 615.

21 Palmeraies S. 37 ff.

22 BiOr 13 (1956) S. 102 ff.

23 WdO II (1954–1959) S. 46 ff.

24 Bodenpacht.

25 AfK II (1924–1925) S. 107 ff.

nicht so eng begrenzt. So kann dort das Entgelt für die Nutzungsüberlassung in Arbeitsleistungen des Pächters bestehen[26], eine Form der Gegenleistung, die in nb. Zeit sehr verbreitet war. Auch heute noch kann der Pachtzins als Ertragsanteil des Verpächters vereinbart sein, also als Teilpacht[27], die in nb. Zeit vielfach Anwendung fand. Mannigfaltige Pflichten – hauptsächlich des Pächters zur Erhaltung und Kultivierung des Grundstücks – konnten im nb. Pachtvertrag enthalten sein. Das deutsche Bürgerliche Gesetzbuch geht auf diese praktisch sehr bedeutsamen Pächterpflichten in § 591 ein, faßt sie unter dem Begriff „ordnungsmäßige Bewirtschaftung" (§ 591,1) zusammen und erwähnt deren wesentlichsten Teil, die Bestellung des Feldes, in § 591,2 ausdrücklich. Die nähere Ausgestaltung der Pflichten ist der Parteiabmachung überlassen. In den nb. Bodenpachtverträgen nehmen gerade diese Klauseln bisweilen einen beträchtlichen Raum ein und bereichern in ihrer Vielfalt den sonst of stereotypen Inhalt der Formulare, bieten aber über die rechtsgeschichtliche Bedeutung hinaus auch wirtschaftsgeschichtlich wichtige Aufschlüsse über die Bodenbewirtschaftung Altsüdmesopotamiens in jener Periode.

Eine Einteilung der verschiedenen Formulare drängt sich zunächst unabhängig vom materiellen Vertragsinhalt nach Kriterien der Stilisierung auf. Zwei große Gruppen lassen sich in dieser Hinsicht unterscheiden: einmal das rein objektiv stilisierte Formular, das den gesamten Vertragstext objektiv wiedergibt, also die Parteihandlungen in der dritten Person, so wie auch heute Verträge abgeschlossen werden. Aufwendiger ist dagegen der zweite Formulartyp, die sog. Zwiegesprächsurkunde[28]. Hier ist zunächst in der dritten Person die Tatsache notiert, daß der Offerent einen Antrag an seinen Vertragspartner richtet. Der Vertragsinhalt ist dann in der ersten Person in direkter Rede wiedergegeben. Darauf folgt wieder in der dritten Person die Annahmeerklärung des Vertragsgegners. Der gesamte Text der direkten Rede wird daraufhin in der dritten Person mit gelegentlichen Kürzungen[29] oder Ergänzungen[30] wiederholt[31]. Für die Entscheidung der Vertragsparteien zu einer dieser Grundformen gab der materielle Vertragsinhalt nicht den Ausschlag. So ist der häufig belegte Pachtvertragstyp *ana nukaribbûti* „zur gärtnerischen Bebauung" zwar meist objektiv

---

26 Es handelt sich hier aber um einen gemischten Vertrag aus Pacht und Dienstvertrag, den sog. „Heuerlingsvertrag"; vgl. Palandt Einf. v. § 581 A. 1)B)c).

27 Vgl. Palandt § 581 A. 3)a).

28 Als Beispiel für einen Vertrag dieser Art vgl. BE IX 52 im Anhang und San Nicolò, Festschrift Hanausek S. 30 f.

29 Besonders bezüglich der Beschreibung des Pachtobjekts: Lage, Beschaffenheit und Berechtigungen werden oft nicht wiederholt, (so z. B. in BE IX 26; 40; 86a; NRV 387) ebenso auch oft die Namen der Pächter, es heißt dann nur etwa: ^{I}*PN išmêšuma* ^{še}*zêra iddaššu* „PN (Verpächter) erhörte ihn (den Pächter) und gab ihm das Feld" (so etwa in BE IX 29; 34; 40). Der Pächter ist durch den ersten Teil der Urkunde hinreichend gekennzeichnet, während seine Verpflichtungen regelmäßig genau wiederholt werden.

30 Hauptsächlich gegenseitige Verbürgungen (so etwa in BE IX 35; 86a; 88) und Pachtbeginnklauseln (so etwa in UM II_1 16; BE IX 29; 35; 40; 67; 86a; 88).

31 Über Herkunft und Ausgestaltung der Zwiegesprächsurkunde sowie ihre Parallelen zum jüdischen Recht vgl. Petschow, JCS 19 (1965) S. 103 ff.

stilisiert[32], gelegentlich aber auch in der Zwiegesprächsform[33]. Verträge mit fester Pachtabgabe finden sich in beiden Formen[34], ebenso wie Verträge *ana zâqipûti* „zur Anpflanzung“[35]. Die aufwendigere Form der Zwiegesprächsurkunde wurde jedoch offenbar gewöhnlich nicht für verhältnismäßig geringe Objekte verwendet. Soweit die Urkunden ihre Bedeutung unmittelbar entweder aus der Größe der Fläche des verpachteten Grundstücks oder aus der Höhe des Pachtzinses erkennen lassen, ist m. W. das geringste Pachtobjekt einer Zwiegesprächsurkunde[36] immerhin 2 Kor, 2 Pânu und 3 Seah, also 2 1/2 Kor groß[37]. Unter den objektiv stilisierten Urkunden dagegen finden sich Grundstücke von 1 Pânu und 4 Seah, also 1/3 Kor[38] oder 2 Pânu, also 2/5 Kor[39]. Der – soweit ich sehe – geringste Pachtzins in einer Zwiegesprächsurkunde beträgt 6 Sekel Silber jährlich[40] und liegt damit erheblich über dem mir als niedrigsten bekannten Pachtzins von 2 Sekel Silber in einer objektiv gefaßten Urkunde[41]. Verpachtungen gegen hohen Zins wurden dagegen zumeist in Zwiegesprächsform abgeschlossen[42]. Der höchste mir bekannte Pachtzins einer objektiv stilisierten Urkunde[43] beträgt gegenüber den hohen Summen dieser Zwiegesprächsurkunden nur 1 1/3 Minen Silber, ein Faß erstklassiges Bier, einen Hammel und 2 Pânu 4 Seah Grobmehl und Gerste.

Zwiegesprächsurkunden über Pacht finden sich – soweit bisher veröffentlicht – in nb. Zeit seit Nebukadnezar II[44]. Im Verlauf der Zeit wurde das Zwiege-

---

32 Z. B. Dar 193; 316; Cyr 200 u. v. a.

33 BIN I 117; YBT VII 47; 51.

34 Das trifft allerdings nur für die Verträge *ana sûti* zu (dazu u. bei A. 488): Objektive Form: Camb 42; BE IX 72; Liv 24 u. v. a.
Zwiegesprächsform: BE IX 26; 29; 34; 40; 86a; 88; UM II_1 16. Die wenigen bisher bekannten Verträge *ana mandatti* (dazu u. bei A. 519) sind ausschließlich objektiv stilisiert.

35 Zu diesem Typ näher u. bei A. 462. Objektive Form: NRV 376. Zwiegesprächsform: YBT VI 67.

36 YBT VI 67.

37 Was in Uruk, woher die Urkunde stammt, etwa 30872 m^2 ausmacht; vgl. Ungnad, Glossar S. 74 f.

38 Dar 193 (Babylon; entspricht etwa 4410 m^2; vgl. Ungnad aaO.)

39 Nbn 578 (Babylon; entspricht etwa 5292 m^2).

40 UM II_1 16.

41 UET IV 44.

42 Vgl. die Großverpachtungen des Muraššû-Archives, nach Pachtzins zusammengestellt in BRAD S. 74, Beilage I, die – soweit Grundstückspacht – sämtlich Zwiegesprächsurkunden sind. Der höchste Zins beträgt hier 5010 Kor Ernteertrag (*ebûru*), der sich hauptsächlich aus Gerste, Emmer, Weizen und Sesam zusammensetzt: BE IX 65; es handelt sich freilich um einen kombinierten Vertrag eines Verpächters mit zwei Pächtern über je ein Grundstück.

43 Kr 148.

44 Das älteste Dokument ist Nbk 115 aus dem 18. Regierungsjahr Nebukadnezars II., also 587 v. Chr. Zwiegesprächsurkunden als solche sind im babylonischen Bereich schon seit dem 8. Jh. v. Chr. belegt: VS I 70, ein *kudurru* aus dem ersten Jahre Sargons II., also 721 v. Chr. Vgl. dazu Petschow, JCS 19 (1965) S. 113.

sprächsformular häufiger verwendet und steht in persischer Zeit den objektiv stilisierten Formularen[45] zahlenmäßig nahezu gleich.
Trotz des grundlegenden Unterschiedes zwischen den beiden Formulartypen kann sich die Arbeit am objektiven Formular orientieren. Das Zwiegesprächsformular ist pachtrechtlich nichts anderes als die Erweiterung des objektiven Formulares um den in direkter Rede stilisierten Teil und die Schilderung des Vertragsangebotes und der Vertragsannahme. Der in dritter Person gefaßte zweite Abschnitt des Formulars entspricht – abgesehen von den erwähnten Kürzungen, die im Einzelfall aus dem ersten Teil zu ergänzen sind – dem objektiven Formular. Für die Erläuterung der Bestandteile des Pachtvertrages genügt es daher, auch bei Zwiegesprächsurkunden zunächst den objektiven Teil zu untersuchen.
Die so verstandene Einheitlichkeit des Formulars hält sich in seinen grundlegenden Bestandteilen die gesamte nb. Zeit hindurch, ohne daß die politische Umwälzung nach der Perserinvasion einen ersichtlichen Einfluß ausübte. Im Lauf der Zeit werden zwar die Urkunden umfangreicher, womit eine gewisse Lockerung des strengen Formularaufbaues verbunden ist. Der von San Nicolò[46] deshalb zur Diskussion gestellte Einfluß fremder Urkundenpraxis ist aber wohl nicht anzusetzen, erscheinen doch die wesentlichen Abschnitte und auch Formulierungen selbst in den umfangreichsten Urkunden in erstaunlicher Regelmäßigkeit, und dies sogar in einem einzelnen Sonderfall, wo der Pachtvertrag wahrscheinlich als nachgeformtes Rechtsgeschäft zu verstehen ist, weil er in Wahrheit anderen Zwecken als der Begründung eines Pachtverhältnisses diente[47].
Vor der Erörterung dieser Formulare im einzelnen sollen die Parteien und Objekte der Verträge dargestellt werden. Die Angaben zur Person des Pächters und Verpächters sowie die Beschreibung des Pachtgegenstandes nehmen zwar in den Tafeln meist einen beträchtlichen Raum ein; dennoch empfiehlt sich hier die Darstellung außerhalb des Formulars, da einerseits Verpächter und Pächter zumeist in weitem räumlichem Abstand in der Urkunde erwähnt sind, die unmittelbare Gegenüberstellung der zentralen Figuren des Rechtsverhältnisses aber ihrem rechtlichen und soziologischen Verständnis dienen kann. Die Erläuterung der verschiedenen Pachtobjektsarten erschöpft sich andererseits zum größten Teil in sprachlichen Erörterungen, die aus der Darstellung der Formulare deshalb herausgenommen werden sollen, weil sie über die rechtliche Ausgestaltung des Pachtverhältnisses nur verhältnismäßig wenig aussagen.

---

45 Im Murašû-Archiv aus Nippur, das aus der Zeit von Artaxerxes I. bis Anfang Artaxerxes II. stammt, bilden die Pachtverträge in Zwiegesprächsform die Regel; vgl. Cardascia, AM S. 125. Das mag daher kommen, daß das Haus Murašû gewöhnlich nur im großen Stil verpachtete und pachtete und/oder soziale Über- und Unterordnungsverhältnisse vorlagen, weshalb dafür die solemne Form der Zwiegesprächsurkunde vorgezogen wurde.

46 Beiträge S. 160.

47 BE IX 48; dazu u. A. 762 und bei A. 888.

II. DIE VERPÄCHTER

Als Verpächter treten in der Regel freie Personen oder – vertreten durch seine Verwaltungsbeamten – ein Tempel auf, seltener Unfreie (*ardû, qallû* „Knechte, Sklaven") und nur vereinzelt der königliche Palast – entweder in der Person des Königs selbst oder auch durch Beamte vertreten. Über die wirtschaftliche Stellung der freien Privatverpächter sagen dabei die Urkunden verhältnismäßig wenig. Oft finden wir den Namen des Verpächters nur in einer einzigen Urkunde, die dann keine Rückschlüsse darauf zuläßt, ob die Tafel eine von vielen, geschäftsmäßig durchgeführten Verpachtungen bezeugt, oder ob der Vertrag nicht im Rahmen gewerbsmäßiger Ausbeutung des Grundstücks abgeschlossen wurde.

Eine Urkundengruppe aus den letzten Jahren Nebukadnezars II. bis in die ersten Jahre Nabonids[48] zeigt uns einen Grundeigentümer Ṭâbija, Sohn des Nabû-apla-iddin/Sîn-ilî[49], der Pachtverträge *ana nukaribbûti* „zur gärtnerischen Bebauung"[50], *ana dulli* „Zur Bearbeitung"[51] und *ana zâqipânûti* „zur Anpflanzung (eines Obst-/Palmengartens)"[52] mit jeweils verschiedenen Pächtern abschloß. Nur eine der Urkunden[53] enthält Angaben über die Feldgröße: 2 Kor 3 Pânu 2 Seah (= 2 2/3 Kor = ca. 3,5 ha.) mißt das Grundstück, ist also im Vergleich mit Objekten anderer Pachtverträge nicht besonders groß[54]. Die übrigen Verträge dieses Archives lassen weder von der Grundstücksbeschreibung noch von der Höhe des Pachtzinses her Schlüsse auf die Größenordnung des Grundstücks zu. Immerhin zeigen aber diese Urkunden, daß schon zur Chaldäerzeit die Verpachtung von Grund und Boden auf gewerbsmäßiger Grundlage in einigem Umfang üblich war.[54a]

---

48 Von NRV 373 (Nbk. II, 31. Jahr) bis NRV 377 (Nbn. 7. Jahr) = 574 bis 549 v. Chr.

49 Der jeweils nach dem Schrägstrich angegebene Name ist der „Familienname". Zumeist werden in nb. Zeit die Personen mit ihrem Namen, dem Namen ihres Vaters und ihrem „Familiennamen" angegeben, etwa nach dem Muster: *A apil-šu ša B apil C* „A, Sohn des B, „Sohnes" (in der Bedeutung von Nachkommen) des C", wobei C wiederum meist ein Personenname, oft aber auch eine Berufsbezeichnung ist (z. B. „Fischer", „Schmied").

50 NRV 373; 374; 377.

51 NRV 375.

52 NRV 376.

53 NRV 374.

54 Vgl. dazu auch die Verpflichtungsscheine über *imittu*-Pachtauflage zugunsten des Ṭâbija: NRV 395–397; 399; 401; 403; 407(?)–409; 412 und ab Nbn. 13. Jahr (543 v. Chr.) zugunsten seiner Söhne: NRV 413; 417. Die hier erwähnten *imittu*-Beträge geben einen gewissen Hinweis auf die Größe der Felder: So mußte z. B. das Feld in NRV 397, von dem 100 Kor Datteln als *imittu* zu zahlen waren, mindestens etwa 1/3 Kor (= ca. 4410 m^2) gemessen haben, nämlich dann, wenn es mit voll tragfähigen Dattelpalmen optimal besetzt war und die *imittu* ausnahmsweise die gesamte Ernte umfaßte (zur Pflanzungsdichte und zum Ertrag der Dattelpalmen vgl. u. bei A. 676; zur Höhe der *imittu* u. bei A. 664). Wahrscheinlich war das Feld aber weit größer.

54a Zu diesem Ṭâbija vgl. auch die demnächst erscheinende Münchener Dissertation von Lanz über die nb. *ḫarrânu*-Gesellschaften.

Mitglieder des Hauses Egibi zu Babylon mit seiner Blütezeit zwischen Neriglissar und den ersten Jahren des Darius I.[55] treten nur selten als Verpächter von Grundstücken in Erscheinung. Außer drei späten Urkunden, in denen die Erbengemeinschaft Marduk-nâṣir-apli und seine Brüder drei voneinander verschiedene, der Größe nach nicht bestimmte Grundstücke *ana nukaribbûti*[56] bzw. *ana sûti*[57] verpachtet, ist mir nur noch ein Pachtvertrag mit einem Mitglied dieser Familie als Verpächter bekannt[58]. Der Chef des Hauses, Itti-marduk-balâṭu/Egibi, verpachtet hier ein kleines Grundstück von 2 Pânu Fläche *ana nukaribbûti*. Nach dieser Quellenlage hat es den Anschein, als ob das Haus Egibi seinen Großgrundbesitz[59] vorwiegend nicht durch Pächter, sondern durch eigenes Personal bewirtschaftet hätte.

Eine größere Anzahl von Verpflichtungsscheinen über *imittu*-Pachtauflagen[60] zugunsten von Mitgliedern des Hauses Egibi[61] zeigt uns jedoch, daß trotz der geringen Zahl der überlieferten Pachtverträge das Pachtgeschäft einen großen Teil der wirtschaftlichen Betätigung dieses Hauses ausgemacht hat[62].

Verpachtungen im großen geschäftsmäßigen Stil sind uns anhand von Pachtverträgen erst von der Familie Murašû in Nippur bekannt, dem anderen bedeutenden Geschäftshaus in nb. Zeit, das unter den Perserkönigen Artaxerxes I und Darius II in Blüte stand[63].

Enlil-šuma-iddin und Rîmût-Ninurta, die beiden bedeutendsten Mitglieder der Familie, schlossen in einer größeren Anzahl von Urkunden[64] Pachtverträge *ana sûti* ab (Verträge anderer Art, also *ana nukaribbûti* oder *ana šutapûti*, treten hier ganz in den Hintergrund[65]), die ihnen jährlich von 15 Kor Datteln[66] bis zu 3005 Kor[67] Feldertrag[68] einbrachten. Wenn auch die Größe der

---

55 Dazu allgemein Weingort, Egibi; Ungnad AfO 14 (1941–44) S. 57 ff., sowie die demnächst erscheinende Abhandlung von Krecher über dieses Geschäftshaus.

56 Dar 35; 316 (hier zusammen mit Bêl-uballiṭ, einem Neffen der drei Brüder; dazu u. A. 123).

57 Liv 24 (hier zusammen mit einem offenbar familienfremden Bêlet-êreš, Sohn des Šamaš-uballiṭ; dazu A. 123).

58 Nbn 578.

59 Dazu Weingort, Egibi S. 39 ff.

60 Dazu u. bei A. 615.

61 Z. B. Camb 118; 173; 174; 179; 246; 280(?); 325; Dar 123; 124; 126; 127; 173; 174(?); 175; 254(?); 255; 328; 331; 335; 402; 403; 404; 405; 423; 425(?); 426; 443; 527; Liv 12(?); 50; Cyr 123; ZA IV (1889) S. 151 f., Nrn. 8; 9.

62 So auch Weingort, Egibi S. 42.

63 Zur Genealogie und wirtschaftlichen Bedeutung dieses Hauses ausführlich Cardascia, AM.

64 Enlil-šuma-iddin als Verpächter:
BE IX 26; 29; 30; 34; 35; 40; 45; 52; 65; 67; 86a; 88; Kr 145.
Rîmût-Ninurta als Verpächter:
BE X 43; 44; 79; 112; UM II_1 39; 106; 150; 158; 210.

65 *ana nukaribbûti:* BE IX 99.
ana „šutapûti": BE X 44.

66 UM II_1 210 für Rîmût-Ninurta.

67 Der zweite Teil der Doppelurkunde BE IX 65 für Enlil-šuma-iddin.

68 *ebûru* „Ernte", ein terminus, der regelmäßig für die Zusammenfassung bestimmter Quantitäten einzelner Felderzeugnisse, wie Gerste, Weizen, Knoblauch u. ä. verwen-

Felder in den Urkunden zumeist nicht genannt ist[69], zeigen doch die hohen Pachtzinsen[70], daß es sich um umfangreiche Ländereien gehandelt haben muß. Diese Grundstücke standen den Angehörigen der Familie zumeist als *bît ritti*- oder *bît qašti*-Lehensland[71] bzw. als Eigentum[72] oder Pfand[72a] zu, in aller Regel jedoch wohl nicht aufgrund eines Pachtvertrages, da ein entsprechender Vermerk über Unterverpachtung nur vereinzelt belegt ist[73]. Zwar treten Mitglieder des Hauses Murašû – insbesondere wiederum Enlil-šuma-iddin und Rîmût-Ninurta – gelegentlich auch als Pächter auf[74], doch zeigen die Flächenangaben[75] und die Höhe der Pachtzinsen, die von 6 Sekel Silber[76] bis höchstens 250 Kor Getreide[77] reichen, daß vom Hause Murašû gepachtete Grundstücke im Durchschnitt wesentlich kleiner waren als die von ihm verpachteten, auch wenn man in Rechnung stellt, daß in den vom Hause Murašû gezahlten Pachtzinsen in der Regel kein Entgelt für mitgepachtetes Inventar enthalten war. Nicht sonderlich wahrscheinlich erscheint es deshalb, daß das Haus Murašû im Regelfall seinerseits gepachtete Grundstücke – teilweise sogar parzelliert – geschäftsmäßig unterverpachtete, wie Cardascia[78] annimmt. Nach dem Quellenstand liegt es m E. weit näher, daß dem Hause Murašû der größte Teil der verpachteten Ländereien als Lehen, Eigentum oder Pfand zustand, während Unterverpachtungen den geringeren Teil der Erwerbsquellen im Immobiliengeschäft ausmachten. Überdies zeigen Pachtverträge wie BE IX 86 a und BE X 112 gerade die der Auffassung Cardascias entgegengesetzte Lage: Mitglieder des Hauses Murašû verpachteten hier jeweils eine Anzahl eigener und fremder Grundstücke (letztere vielleicht gepachtet oder –

---

det wird; vgl. CAD E S. 19 links: „yield (of a field or date-orchard)"; ebenso AHw S. 184 links.

69 Ausnahme: BE IX 88: 20 Kor, also rund 25 bis 26 ha.

70 Der Durchschnitt liegt für Enlil-šuma-iddin bei 720 Kor, für Rîmût-Ninurta bei 450 Kor Ertrag pro Jahr. Zu den Pachtzinsen in anderen Verträgen u. bei A. 507.

71 So in BE IX 26; 35; 67; X 44 (*bît ritti*) und BE IX 30; 86a (*bît qašti* und *bît ritti*). Zu diesen Lehen u. bei A. 272.

72 BE IX 40; 52; 65; 88; UM II_1 158.

72a BE IX 25; 30; 34; 45; 60; 67; 99; X 79; UM II_1 210.

73 Vgl. UM II_1 39, 3′ ff.: *[še]zêrâte[meš] pi šul-pu . . . šá a-na sûti ina pâni-šú . . . (8) [a-] na sûti id-daš-šú* „die (für Getreidebau) kultivierten Aussaat(flächen), . . . die gegen Pachtzins zu seiner (des Verpächters) Verfügung (sind), . . . hat er ihm (dem Pächter) [ge]gen Pachtzins gegeben".

74 Enlil-šuma-iddin: BE IX 60; 72; 102; BE X 15; UM II_1 16. Rîmût-Ninurta: Kr 147; UM II_1 20; 96; 182.

75 BE IX 102, ein Vertrag *ana errêšûti* über 4 Grundstücke mit 21 Kor 2 Pânu (ca. 28 ha), 60 Kor (ca. 75 ha), 4 Kor 1 Pânu 4 Seah (ca. 5 ha) und 21 Kor 3 Pânu (ca. 28 ha); UM II_1 20 (*ana sûti*): 8 Kor Fläche (ca. 10,5 ha); UM II_1 182 (*ana sûti*): 30 Kor Fläche (ca. 40 ha).

76 UM II_1 16. Vgl. dazu auch die Quittungen über den vom Hause Murašû gezahlten *sûtu*-Pachtzins, zusammengestellt in BRAD S. 27 ff. und Cardascia, AM S. 81 ff., der im allgemeinen über diese Beträge nicht hinausgeht. Ausnahme aber etwa BE IX 59: 2225 Kor Feldertrag (*ebûru*) als Pachtzins für ein Tempelgrundstück des Gottes Bêl, das vom Hause Murašû womöglich auch parzelliert unterverpachtet wurde.

77 Kr 147.

78 AM S. 197.

was mangels Angabe eines Besitztitels ebenso möglich ist – an sie verpfändet), die wahrscheinlich gemeinsame Grenzen haben und so als ein großer Grundstückskomplex vergeben werden konnten. Vielleicht dienten also die in den Pachtzinsquittungen dokumentierten Pachtungen des Hauses Murašû u. a. auch dazu, aneinandergrenzende kleinere Parzellen zu größeren Grundstücken verbunden zu verpachten.

Ist die Verpachtung durch Freie die Regel, so treten in der späteren Perserzeit daneben aber – insbesondere im Hause Murašû in Nippur – auch *ardû* „Knechte, Sklaven" auf der Verpächterseite auf, so z. B. in UM II_1 123, wo die *ardû* Rîbat und Raḫîmu des Rîmût-Ninurta/Murašû als Verpächter im eigenen Namen ein Grundstück an zwei andere Personen, davon mindestens einen *ardu* des einen der beiden Verpächter gegen Pachtabgabe (*ana sûti*) verpachten. Die Grundstücke hatten sie selbst erst von jenem Rîmût-Ninurta/Murašû, ihrem Herrn, gepachtet, wahrscheinlich im vorhergehenden Jahr in der Pachturkunde UM II_1 106[79].

Der Grundbesitz dieser Gesellschaftsschicht[80] scheint nicht bedeutend gewesen zu sein, sind uns doch nur wenige derartige Pachturkunden überliefert, die noch dazu den *ardu* – soweit ich sehe – nie als Eigentümer des Grundstücks ausweisen, sondern gelegentlich als Lehensberechtigen[81] oder nur als Unterverpächter[82] oder Pfandgläubiger[83]. Der Grund dafür war wohl nicht die rechtliche Stellung der *ardû*, die wahrscheinlich geschäfts- und rechtsfähig waren[84], sondern ihre wirtschaftliche Unterlegenheit, die ihnen den Erwerb von Grundstücken im größeren Umfang in der Regel verwehrte[85]. Dementsprechend tref-

---

79 So schon Cardascia, AM S. 127; 155; 197. Vgl. weiter BE IX 60: Bêl-êreš, der *ardu* eines gewissen Tattannu verpachtet an Enlil-šuma-iddin/Murašû u. a. Grundstücke, die er selbst – teils mit einem Dritten – als Pfand- bzw. *bît ritti*-Lehens- und Pfandgrundstücke innehat. Vgl. auch UM II_1 115: Rîbât, *ardu* des Hauses Murašû verpachtet sein Lehensgrundstück *(bît qašti)* an seinen eigenen *ardu* Bêl-aḫa-ittannu *ana nukaribbûti* „zur gärtnerischen Bebauung". Weiter UM II_1 124: derselbe Rîbât verpachtet als verfügungsberechtigter Nichteigentümer (vgl. Z. 1 ff.: *šezêru . . . šá qâtê*II I*ri-bat* „Aussaat(fläche), . . . die (Sache der) Hand (d. h. in der Verwaltung) des Rîbât (ist)").

80 Zur sozialen und rechtlichen Stellung der *ardû* in nb. Zeit und speziell im Hause Murašû vgl. Cardascia, AM S. 12 ff.; vgl. weiter Petschow, NPR S. 59 mit A. 172 (mit Beispielen für von Sklaven abgeschlossene Rechtsgeschäfte verschiedenster Art) sowie Mendelsohn, Slavery S. 67 ff.

81 UM II_1 115,2: *bît qašti* „Bogen(lehens)land"; BE IX 60, 6, 15: *bît ritti* „*ritti*-(Lehens)land".

82 UM II_1 123; BE IX 60.

83 BE IX 60, 6, 14 f.: ein Teil der verpachteten Grundstücke ist Pfand des *ardu*.

84 Vgl. Cardascia, AM S. 13; Kohler-Ungnad, HAU S. 74 f. und u. bei A. 147. Vgl. aber den bemerkenswerten Mangel an Urkunden über Grundstücks- und Gesamtvermögensverpfändungen durch Sklaven (Petschow, NPR S. 60, A. 172), der vielleicht doch auf eine beschränkte Rechtsfähigkeit der Sklaven in Bezug auf Immobilien zurückgeht.

85 Eine Ausnahme scheint jener *ardu* Rîbât des Hauses Murašû gewesen zu sein, der selbst *ardû* hatte (vgl. UM II_1 123) und über größere Beträge im Rahmen seiner Geschäfte verfügte; so konnte er gem. BE X 115 den stattlichen Betrag von 2 Minen Silber als Lehensabgabe (*ilku*) entrichten. Zu diesem Rîbât näher Cardascia, AM S. 13.

fen wir *ardû* viel öfter als Pächter an[86], erforderte doch diese Stellung im Vertrag regelmäßig keine wirtschaftliche Macht.
Ein Unfreier, der mit dem nur nb. belegten terminus *qallu* „Sklave"[87] qualifiziert ist, tritt m. W. als Verpächter in eigener Sache[88] nur in BE VIII$_1$ 122 auf. Auch er ist nicht Eigentümer des Pachtgrundstücks, sondern vermutlich nur (Ober)pächter gegenüber seinem Herrn[89], der ihm das Grundstück wohl in einer anderen – uns nicht überlieferten – Urkunde verpachtet hatte, wie uns das aus Pachtverträgen zwischen *ardû* und ihren Herren geläufig ist[90].
Über das Verhältnis der beiden termini *ardu* und *qallu* herrscht noch nicht völlige Klarheit. San Nicolò[91] und v. Bolla[92] vermuten eine soziale Höherrangigkeit des *ardu* gegenüber dem *qallu,* die sich insbesondere darin manifestiere, daß der *ardu* oft als „procurator" seines Herrn auftrete. Ziemer[93] spricht dagegen gerade dem *qallu* die Stellung eines „freien Angestellten im Dienste seines Herrn" mit einer „weit ausgedehnten Vollmacht (Prokura?)" zu. Cardascia[94] schließlich hält die beiden termini für Synonyme. Die Pachtverträge unterstützen am ehesten Cardascias These, finden sich doch hier *ardû* wie auch einmal ein *qallu* als rechtsgeschäftliche Vertreter ihrer Herren[95]. Zum anderen tritt in BE IX 10 ein *qallu* des Enlil-šuma-iddin namens Mušêzib als Pächter auf, der in anderen Urkunden als sein *ardu* bezeichnet ist, ohne daß ein sachlicher Grund für diesen Wechsel einzusehen ist[96].
Häufig belegt sind Verpachtungen von Tempelgut durch Funktionäre der Tempelverwaltung im Bereich des Eanna-Heiligtums in Uruk in spätchaldäischer und frühpersischer Zeit. Der Tempel vergab durch seine Beamten Felder des Gebietes um Uruk, das ihm zum größten Teil zustand[97], in den auch sonst üb-

---

86 Dazu u. bei A. 147.
87 Vgl. AHw S. 894 rechts.
88 Zum *qallu* als Vertreter seines Herrn beim Vertragsschluß u. bei A. 132.
89 Vgl. BE VIII$_1$ 122, 1 ff.: [^{še}*zêru*] *zaq-pu u pî šul-pu* [*bît*] $^{iṣ(!)}$*qašti* ^{I}*ap-la-a apli-šú šá* ^{I}*ba-la-ṭ*[*u šá ina pâ*]*ni* $^{I.d}$*bêl-šu-l*[*u*]*m-šu-kun* ^{h}*qal-l*[*a šá*] ^{I}*ap-la-a* „[(betrifft die) Aussaat(fläche), bepflanzt(mit Bäumen)und (für Getreide) urbar, Bogen[grundstück] des Aplâ, Sohnes des Balâṭ[u, das zur Verf]ügung des Bêl-šul[u]m-šukun, des *qall*[*u* des] Aplâ (ist)".
90 Vgl. u. bei A. 149; für *qallû* nur NRV 376; YBT VI 33.
91 NRV S. 100.
92 Tiermiete S. 160 f.
93 BA III S. 458 f.
94 AM S. 12 mit A. 10.
95 Vgl. u. bei A. 147.
96 BE IX 21,3; UM II$_1$ 55,1; vgl. dazu Cardascia, AM S. 12, A. 10. Theoretisch möglich wäre allerdings ein Auf- oder Abstieg im Rang des Mušêzib, je nachdem, wie man bei einer Differenzierung der beiden termini den Rangunterschied ansetzt, da beide Urkunden, die Mušêzib als *qallu* bezeichnen (BE IX 3a = Artax. I, 20. Jahr = 444 v. Chr.; BE IX 10 = Artax. I, 28. Jahr = 437 v. Chr.) älter sind als jene, in denen er *ardu* genannt ist (BE IX 21 = Artax. I, 30. Jahr = 435 v. Chr.; UM II$_1$ 51 = Dar. II, 2. Jahr = 422 v. Chr.).
97 Vgl. Cocquerillat, Palmeraies S. 35 links: „on y (im Gebiet von Uruk) trouve, en effet, des domaines privés, d'autres relevant de maîtres extraurukiens, mais la plus grande partie des terres appartient à l'Eanna".

lichen Pachtformen gegen festen Pachtzins[98] oder zu bestimmten Bebauungs- bzw. Bearbeitungsformen[99] an seine Pächter. Mit den Beamten der obersten Tempelverwaltung hat sich San Nicolò[100] und zuletzt Landsberger[100a] auseinandergesetzt. Hinsichtlich ihrer Befugnisse und ihres Ranges ergeben die Pachtverträge als solche keine neuen Erkenntnisse. Eine eingehende Untersuchung der Beamtenverhältnisse würde die Grenzen der Arbeit weit überschreiten; auf San Nicolòs und Landsbergers Arbeiten sei hier also insoweit verwiesen.
Beispiele für den Abschluß von Pachtverträgen über Tempelgrundstücke des Heiligtums Ebabbara in Sippar durch Tempelfunktionäre bieten Cyr 200 (Babylon[101], Cyrus 5. Jahr) und Camb 42, 1 ff. (Sippar, Cambyses 1. Jahr, König von Babylon, Sohn des Cyrus, des Königs der Länder[102]) aus dem Tempel Ebabbara des Gottes Šamaš in Sippar. Letztere Urkunde lautet:
Z 1 ff.:

> *eqlu makkûr* d*šamaš šá šûmi ni še e* I.d*marduk-šuma-iddin* lú*šangû sippar*ki *apil-šú šá* I*erîba-*d*marduk apil* lú*šangî* d*ištar bâbili*ki *a-na šátti 600*[102a] *kùr suluppé a-na sûti adi 10 šanâte*meš *a-na* I*šâpik-zêri* {*a*}*apli-šú šá* I.d*šamaš-aḫa-iddin id-din* „das Feld, (Tempel-)Gut des Gottes Šamaš, für Knoblauch . . . hat Marduk-šuma-iddin, der Priester von Sippar, Sohn des Erîba-Marduk, Nachkomme des Priesters der Ištar von Babylon für jährlich 600 Kor Datteln als Pachtabgabe auf 10 Jahre dem Šâpik-zêri, Sohn des Šamaš-aḫa-iddin, gegeben".

Die Pachtabgabe soll der Pächter nach Z. 6 f. *ina bît karê*meš *a-na* d*šamaš* „im Speicher dem Gotte Šamaš" geben; der übrige Inhalt der Urkunde ist dem sonst gebräuchlichen ähnlich. Der Priester von Sippar[103] handelt hier, wie auch in anderen Fällen, für seinen Tempel mit Wirkung für und gegen diesen, wie die Vereinbarung des Erfüllungsortes – *bît karê* „der Speicher", natürlich des Tempels – und die Angabe des Empfängers der Pachtabgabe – *ana* d*šamaš* „dem Gotte Šamaš" – zeigen.

---

98 Z. B. YBT VI 40; 41.

99 Z. B. YBT VI 33; 67; VII 47; 51; 162.

100 Prosopograhie.

100a Brief.

101 Die Tafel ist aus Babylon datiert, obwohl das Grundstück zum *makkûr* d*šamaš* „Tempelgut des Gottes Šamaš" gehört und vom Priester von Sippar und den Schreibern von Ebabbara verpachtet wird; leider ist der Ortsname am Anfang der Z. 2 zerstört, der vielleicht die Lageangabe des Feldes ([*bâbili*]ki wäre nach den Raumverhältnissen eher möglich als [UD.KIB.NUN]ki = [*sippar*]ki) enthielt. Lag das Grundstück wirklich in Babylon, so wäre die Tafel ein weiterer Beweis dafür, daß der Tempel Ebabbara auch außerhalb seines unmittelbaren Bereiches Sippar Ländereien besaß; vgl. dazu Cocquerillat, Palmeraies S. 35 rechts, die YBT VII 156 als Beleg dafür heranzieht, daß der Tempel Ebabbara von Sippar im Gebiet von Uruk über Grundbesitz verfügte.

102 D. h. das Jahr des Unterkönigtums des Cambyses in Babylon im ersten Regierungsjahr seines Vaters Cyrus; dazu San Nicolò, Prosopographie S. 51 ff. mit Lit.

102a Anders Peiser, KB IV S. 260 f. III: „70". Wegen der Relation in Z. 7: *ina muḫ-ḫi 100 kùr suluppê 2 1/2 šiqil kaspu* . . . „auf 100 Kor Datteln 2 1/2 Sekel Silber . . ." dürfte aber die seltene Lesung 600 (= 60 x 10) in Betracht kommen.

103 Zu den hohen Funktionären des Tempels Ebabbara in Sippar vgl. San Nicolò, Prosopographie S. 33 ff.; zu dem *šangû sippar*ki in Camb 42 aaO. S. 35; 37.

Ein Beispiel dafür, daß Priester nicht immer als Vertreter des Tempels, sondern gelegentlich auch in eigener Sache als Verpächter auftraten, bietet vielleicht BE IX 72: Bogen(lehens)grundstücke der Priester von Larag (Z. 1 f. ^{še}*zêru* . . . [*bî*]*t qašâte*^{meš} *šá* ^{h}*šángê*^{meš} *šá larag*^{ki}) die *šá qâte*^{II} „die (Sache) der Hand – d. h. in der Verwaltung–“ des ^{h}*rab um-ma*[104] sind, wurden von einem Marduk-šuma-iddin an den Muraššû-Chef Enlil-šuma-iddin verpachtet; vermutlich war dabei Marduk-šuma-iddin ein Vertreter des *rab umma*[105] und mit ihm nicht identisch[106].

Im Gegensatz zu den üblichen Verpachtungen von Tempelgut ist hier eine Berechtigung des Tempels in Larag an den Grundstücken weder aus der Grundstücksbeschreibung noch aus der Vereinbarung des Zahlungsortes ersichtlich[107]. Deshalb ist es wahrscheinlich, daß das Pachtobjekt den Priestern in Larag aus eigenem (Lehens)recht korporativ zustand, vergleichbar etwa den *bêlê qašti* „Herrn des Bogens“[108], sei es, daß es ihnen als Lehen verliehen wurde oder daß sie es nachträglich als Lehensgrundstück erworben hatten.

Für die seltener belegte Verpachtung von Königsland durch einen Palastfunktionär – den *bêl pîḫâti* „Herrn des Bezirks“, bzw. dessen *qallu* „Sklaven/Knecht“ – bietet wahrscheinlich Nbk 115 ein Beispiel: Šulâ aus dem Hause Egibi erbittet und erhält in einer Zwiegesprächsurkunde vom *qallu* Haḫḫuru ein (Z. 4 ff.) ^{še}*zêru šá šarri* . . . *šá ina qâtê*^{II} ^{I}*zêri-iá* ^{h}*bêl pîḫâti* „Aussaat(fläche) des (gehörig dem) König . . . die in der Hand (in der Verwaltung) des Zêrija, des Bezirks-Chefs (-Gouverneurs? ist)“ in Teilpacht (Z.12) *a-na* u_4*-mu ṣa-a-ta* „für immer“, also in zumindest lebenslänglicher Teilpacht. Die Tafel ist leider weitgehend zerstört, immerhin dürfte aus Z. 13 ff. hervorgehen, daß der König die eigentliche Vertragspartei ist und jener *qallu* nur in Vertretung seines Herrn, des königlichen *bêl pîḫâti,* den Vertrag mit Wirkung für und gegen den König abgeschlossen hat. Z. 13 ff. lauten:

> *a-ḫi zitti a-na* u_4*-mu ṣa-a-tú* ^{I}*šu-la-a it-ti šarri ina m*[*i*]*m-m*[*a(!)*] *ma-la* [*ina* ^{še}*zêri šá*] *šarri il-la-a' x x i*[*k(!?)-*]*ka*[*l(!?)*] „den halben Anteil von a[l]le[m], was [in der Aussaat(fläche) des] Königs wächst x x, wird Šulâ mit dem König auf ewige Zeiten ge[ni]eße[n](?).“

Die Berechtigung des Verpächters, des Königs Nebukadnezar am Teilertrag ist hier genauso vermerkt wie in Urkunden von Privatleuten ohne Stellvertretung[109]. Offensichtlich hat also der Sklave des *bêl pîḫâti* als Unterstellvertreter lediglich die Vertragshandlungen vorgenommen, während die rechtliche Wirkung allein für die Person des Königs eintrat.

Während also bei Verpachtung öffentlichen Eigentums die Stellvertretung beim

---

104 Vgl. Cardascia, AM S. 12 A. 5: „chancelier?“.

105 So schon Cardascia, AM S. 128 mit A. 2.

106 So aber anscheinend Augapfel, BRAD S. 57.

107 Zwar ist die Pachtabgabe nicht am Ort der Urkundenausstellung Nippur, sondern in Larag abzuliefern, also wahrscheinlich auch nicht am Ort des Pachtgrundstücks (der Vermerk über die Lage des Grundstücks in Z. 1 ist zerstört); im Gegensatz zu Camb 42 ist aber der Erfüllungsort darüberhinaus nicht weiter konkretisiert.

108 Dazu u. bei A. 272.

109 Dazu u. bei A. 532.

Vertragasabschluß die Regel darstellt[110], ist sie bei der Verpachtung privaten Bodens nur verhältnismäßig selten belegt.
In einigen Pachturkunden treten Ehemänner als Verpächter von Grundstücken auf, die ihren Ehefrauen gehören. In zwei Fällen werden jene Grundstücke ausdrücklich als *bît nudunnû*[111] „Mitgiftgrundstück", bzw. *nudunnû*[112] „Mitgift" der Ehefrau der beim Vertragsabschluß auf der Verpächterseite beteiligten Person bezeichnet; in einem dritten Fall[113] ist das Grundstück während bestehender Ehe vom Ehemann mit Geldmitteln, auf Verlangen und für Rechnung der Ehefrau gekauft worden und gehört ihr deshalb[114]. Auffällig ist, daß in allen diesen Fällen der Ehemann die Pachtverträge abschließt und nach einzelnen Bestimmungen der Verträge NRV 489; 515; 522 auch formal als aus den Verträgen berichtigte und/oder verpflichtete Partei erscheint[115]. Denkbar wäre, daß in allen drei Fällen die Ehemänner kraft rechtsgeschäftlicher Abmachung als Vertreter ihrer Ehefrauen handelten. Über eine derartige Vereinbarung ist – wie über das Innenverhältnis zwischen Ehefrau und Ehemann überhaupt – in den genannten Pachtverträgen nichts erwähnt. Im

---

110 Vgl. dazu aber die Ausnahme in VAT 8418 + YBT VI 11, wo der König Nabonid selbst als Vertragspartei erscheint. Ob dabei der König allerdings beim Vertragsschluß persönlich anwesend war, mag bezweifelt werden, ist jedoch nicht gänzlich ausgeschlossen, da es sich bei diesem Vertrag wegen des außerordentlichen Umfangs des verpachteten Feldes (6000 Kor Aussaat(fläche) = etwa 74 km^2, 400 Bauern, 400 Ochsen, 100 Kühe) und des Pachtzinses (25 000 Kor Gerste = etwa 45 000 hl., 10 000 Kor Datteln = etwa 18 000 hl.) um eine Ausnahme handelt; vgl. dazu San Nicolò, Prosopographie S. 70.

111 VS V 66,2 f. (NRV 489; Babylon, Dar. I, 5. Jahr); vgl. auch VS V 49,3 f. (NRV 379; Babylon, Camb. 4. Jahr).

112 VS V 104,2 (NRV 515; Babylon, Dar. I, 31. Jahr).

113 NRV 522 (Dilbat, Dar. I, 36. Jahr).

114 Vgl. dazu die Erwerbsurkunden NRV 54; 55 (Babylon, bzw. Dilbat, Dar. I 32. Jahr) und die Bemerkungen San Nicolòs in NRV S. 86 f.; 454. Zu dem hier dokumentierten Kauf mit fremdem Gelde vgl. Petschow, RIDA III, 1 (1954) S. 130 ff. und SZ 76 (1959) S. 44 ff.

115 Förmliche Verpflichtung in VS V 66,9 ff. (NRV 489): *ka-a[du u gugallûtu(?) ana* ^{I}*]ḫa-ba-ṣir iṭ-ṭir* „Aufsi[chts- und Inspektorgebühr(?)] wird er (Ehemann) dem Ḫabasiru begleichen" und in VS V 104, 10 ff. (NRV 515):
ebûra šá šatti 31^{kam} *ak-ku-ú qur-ru-bu nap-ta-nu šá* ^{d}*uraš šá ûmi 20*^{kam} *šá arḫu-us-su* $^{I.d}$*nabû-šuma-ukîn a-na* ^{I}*ni-din-tu*$_4$ *it-ta-din* „die Ernte des 31. Jahres hat Nabû-šuma-ukîn (Ehemann) dem Nidintu anstatt des Herbeischaffens der Mahlzeit des Gottes Uraš am 20. Tage jedes Monats gegeben".
Förmliche Berechtigung in VS V 110, 19 ff. (NRV 522):
maš-qu šá ina ^{še}*zêri illâ-a(!)* $^{I.d}$*nabû-aḫa-it-tan-[nu] it-ti* ^{I}*la-ba-a-ši u* $^{I.d}$*uraš-bêl-šamê i[k-kal]* „das Gemüse (vgl. Ungnad, Glossar S. 99; CAD E S. 121 rechts), das auf der Aussaat(fläche) wächst, wird Nabû-aḫa-ittan[nu] (Ehemann) mit Lâbâši und Uraš-bêl-šamê (beide Pächter) ge[nießen]".
Förmliche Berechtigung und Verfügung: VS V 110, 23 ff.:
uṭṭatu saḫ-le-e šamaššammu šib-šú eqli šá šatti 36[kam] *ku-um ru-ub-bu-ú šá* ^{iṣ}*gišimmarê u* ^{iṣ}*gáp-nu* $^{I.d}$*nabû-aḫa-it-tan-nu ina pân* ^{I}*la-ba-ši u* $^{I.d}$*uraš-bêl-ša[mê] un-da-áš-ši-ir* „Gerste, Senf (und) Sesam, den Feldertrag des 36. Jahres, hat für das Großziehen der Dattelpalmen und Obststöcke Nabû-aḫa-ittannu (Ehemann) zur Verfügung des Lâbâši und des Uraš-bêl-ša[mê] überlassen".

Gegensatz zu Kaufverträgen sind bisher auch keine Urkunden bekannt, die – zeitlich nach dem in der Pachturkunde festgehaltenen Vertrag ausgestellt – das Vertretungsverhältnis und seine rechtlichen Folgen klarstellen würden. Im Kaufrecht finden sich nicht selten nach Ausstellung der Kaufvertragsurkunde niedergeschriebene Tafeln, die das Vertretungsverhältnis offenlegen, das aus den Kaufurkunden selbst nicht ersichtlich ist. Diese Ergänzungsurkunden stellen fest, daß der vorhergehende Vertrag *ana (našê) ṣibûti* „auf (ausdrückliches) Verlangen"[116] bzw. *ina našparti* „Im Auftrage"[117] des Vertretenen von der im Vertrag als Partei auftretenden Person als (indirektem) Stellvertreter abgeschlossen wurde[118]. Daß uns solche Urkunden als Ergänzung zu Pachtverträgen nicht bekannt sind, mag auf der Zufälligkeit der Ausgrabungsergebnisse beruhen, vielleicht aber auch damit zusammenhängen, daß die Aufschlüsselung der Rechtsbeziehungen zwischen den am Vertrag Beteiligten in dieser Form bei der Pacht, die im Gegensatz zum Kauf nur zeitlich begrenzte Rechtsverhältnisse schafft, überhaupt für unnötig erachtet wurde.

Denkbar ist freilich auch, daß der Ehemann jeweils kraft eigenen Rechts als Verwalter des Frauenguts (Mitgift und anderen Vermögens der Frau) während bestehender Ehe die Pachtverträge abgeschlossen hatte[119].

Nähere Aussagen über Rechte des Ehemanns an der von der Frau in die Ehe eingebrachten Mitgift (*nudunnû*) und an sonstigem Vermögen lassen allerdings diese wenigen Urkunden nicht zu; weitere Untersuchungen, die sich auf das gesamte Urkundenmaterial erstrecken müßten, das sich auf Frauengut in irgendeiner Form bezieht, sind hier nicht möglich.

Ist die Verpachtung privaten Bodens in der Regel die Sache einer einzigen Person, so treten doch auch nicht selten Eigentümergemeinschaften als Vertragsparteien auf der Verpächterseite auf. Solche Gemeinschaften werden zumeist – allerdings keineswegs ausschließlich[120] – auf Erbengemeinschaften beruhen, bei denen die Erben nach dem Erbfall die Gemeinschaft – oft für lange Zeit und bis in die nächste Generation hinein – ungeteilt fortsetzen. Verträge

---

116 VS VI 157, 9 (NRV 55); Dar 466, 6; 467, 6 f.
Vgl. CAD Ṣ S. 171 links b): „upon the authorization of ᶠPN".

117 Nbn 85, 5; 132, 8; TCL XIII 127, 5; Dar 362, 7(?).
Vgl. AHw S. 761 links: „im Auftrag von".

118 Vgl. dazu Petschow, NKF S. 20 und RIDA III, 1 (1954) S. 137 ff.

119 Vgl. aber den Abschluß eines Pachtvertrages durch eine Frau, unklar ob eine Ehefrau in NRV 387. Über die Filiation hinaus ist zu ihrem Familienstand nichts vermerkt, auch ist uns die Frau aus anderen Urkunden nicht bekannt. Daß eine verheiratete Frau nicht notwendig als Ehefrau ihres Mannes bezeichnet zu sein brauchte, ergibt sich aus dem Vergleich von NRV 478; 483; 484; 489 und 496: Die mit Iddina-Nabû schon im 7. Jahre des Cyrus verheiratete Ina-esagila-ramât ist in NRV 478 mit Filiation und Angabe ihres Ehemannes Iddina-Nabû vermerkt. 7, bzw. 9 Jahre später (5., bzw. 7. Jahr des Cambyses: NRV 483, bzw. 484) fehlt die Angabe des Ehemannes. Daß sie zu dieser Zeit noch mit Iddina-Nabû verheiratet war, ergibt sich aus den 8, bzw. 16 Jahre später als NRV 483 ausgestellten Urkunden NRV 489, bzw. 496 (5. bzw. 13. Jahr des Darius I).

120 Andere bedeutsame Möglichkeiten sind Gesellschaft oder eine schlichte Rechtsgemeinschaft, die durch Ankauf eines Grundstücksanteils entsteht, so in Camb 217 und anschließend Dar 316; vgl. A. 123.

über Grundstücke, die zu solchen Gemeinschaften gehören[121], werden teilweise von der Gesamtheit der Gemeinschafter abgeschlossen, so bei Pachtverträgen in UET IV 46 und Dar 35. In Dar 35 ist die Erbengemeinschaft nach dem Erblasser Itti-Marduk-balâṭu, dem ehemaligen Chef des bedeutenden Geschäftshauses Egibi, zwar nur durch die namentliche Nennung ihres neuen Chefs Marduk-nâṣir-apli und im übrigen summarisch *u aḫḫê-šu* „und seine Brüder" (die Söhne des Itti-Marduk-balâṭu/Egibi) wiedergegeben; daß materiell aber alle als handelnde Vertragsparteien angesehen werden, zeigt die Pluralform Z. 5: *id-di-nu-u'* „sie haben gegeben"[122]. Dagegen zählt UET IV 46 alle Mitglieder als Verpächter namentlich auf. In Dar 316 und Liv 24 ist die gleiche Erbengemeinschaft wie in Dar 35 nach Itti-Marduk-balâṭu/Egibi Eigentümer der verpachteten Grundstücke, hier aber jeweils gemeinsam mit einer nicht unmittelbar zur Erbengemeinschaft gehörenden Person[123]. In beiden Fällen wird der Pachtvertrag – offensichtlich für alle Mitgemeinschafter, einschließlich der Außenstehenden – allein vom Egibi-Chef Marduk-nâṣir-apli abgeschlossen; so eindeutig in Liv 24, 7–11: $^{I.d}$*marduk-na-ṣir-apli a-na sûti... id-din* „Marduk-nâṣir-apli hat gegen Pachtabgabe ... gegeben"; entsprechend wohl auch Dar 316, 7–9 $^{I.d}$*marduk-na-ṣir-apli ... <a-na>* ^{h}*nukaribbu-ú-tu ... id-di-in* „Marduk-nâṣir-apli ... hat zur gärtnerischen Bebauung ... gegeben"[124]. In beiden Fällen handelt Marduk-nâṣir-apli zugleich für sich und offen als direkter Stellvertreter für die übrigen Mitglieder der Eigentümergemeinschaft. Vermutlich wurde dem Egibi-Chef für Verträge wie Dar 316 und Liv 24 die Vertretungsmacht durch die außerhalb der Erbengemeinschaft stehenden Teilhaber an den Pachtgrundstücken eingeräumt. Ob er auch der Vollmacht der übrigen Miterben bedurfte, oder ob er ipso iure für die Erbengemeinschaft handlungsbefugt war, kann hier nicht entschieden werden. Immerhin ist aber auffällig, daß er in Dar 35, wo Vertragsgegenstand das Nachlaßgrundstück allein ist, zumindest formal nur zusammen mit seinen Brüdern als beim Vertragsabschluß beteiligte Partei erscheint, während er in Dar 316 und Liv 24 den Vertrag for-

---

121 Dar 35; 316; Liv 24; UET IV 46.

122 Offen bleibt aber angesichts der Diktion *u aḫḫêšu* „und seine Brüder", ob wirklich alle Brüder der Erbengemeinschaft am Abschluß des Vertrages beteiligt waren, oder ob nicht nur der Chef Marduk-nâṣir-apli als direkter Stellvertreter seiner Brüder aufgetreten ist. Zur Möglichkeit der direkten Stellvertretung im nb. Recht ohne deren ausdrückliche Erwähnung in der Urkunde vgl. Petschow, SZ 76 (1959) S. 50 ff.

123 In Dar 316, 6 Bêl-uballiṭ, der Neffe des Marduk-nâṣir-apli und seiner Brüder, dessen Miteigentum von dem in Camb 217 dokumentierten Anteilskauf seines inzwischen verstorbenen Vaters Itti-nabû-balâṭu herrührt (vgl. Weingort, Egibi S. 17 f.). Offenbar aus der in Camb 215 (Camb. 3. Jahr = 527 v. Chr.) angesprochenen Ehe mit Ina-esaggil-bêlet hervorgegangen war Bêl-uballiṭ bei Vertragsschluß (Dar. I 11. Jahr = 511 v. Chr.) höchstens 17 Jahre. Vielleicht war sein geringes Alter Anlaß dafür, daß sein Onkel Marduk-nâṣir-apli auch für ihn rechtsgeschäftlich handelte.
In Liv 24 ein offenbar familienfremder Bêlet-êreš, Sohn des Šamaš-uballiṭ, dessen halber(?) Anteil zum Pachtgrundstück gehört: Z. 6 f.: *a-di(!) a-ḫi zitti šá* $^{I.d}$*bêlet-êreš apli-šú šá* $^{I.d}$*šamaš-uballiṭ*^{it} „einschließlich (Kopie: A. SU) des halben(?) Anteils des Bêlet-êreš, Sohnes des Šamaš-uballiṭ".

124 Die Filiation in Z. 7 $^{I.d}$*marduk-na-ṣir-apli apil-šú šá* ^{I}*mušêzib-*^{d}*marduk* (statt ^{I}*itti-*^{d}*marduk-balâṭu*) *apil* ^{I}*e-gi-bi* beruht wohl auf Schreiberversehen; dazu u. bei A. 347.

mell allein schließt. Es wäre also denkbar, daß die Vollmachterteilung durch den außenstehenden Grundstücksmitinhaber für die Miterben der Grund war, auch ihrerseits die etwa erforderliche Vollmacht zu erteilen.
Gemeinschaften von Grundstücksinhabern haben seit der Perserzeit nicht selten ihren Ursprung in der Umorganisation des Bodenwesens, die die persische Machtübernahme mit sich brachte. Stand bis zu dieser Zeit der Boden entweder in Privat-, Tempel- oder Palasteigentum, so wurde er nun offensichtlich zu einem erheblichen Teil vom Staat als Lehen vergeben – und insbesondere nach Urkunden des Muraššû-Archives – von Lehensinhabern anschließend verpachtet[125]. Meistens standen die Grundstücke einer Gruppe von Personen zu, die oft die Felder als ganze oder ihren Anteilen entsprechend verpachteten. Beim Vertragsabschluß handelten dabei teilweise alle Teilhaber gemeinsam, teilweise aber auch nur einzelne von ihnen für ihre Genossen. Letzteres liegt anscheinend in BE IX 10 vor, wo die Anteile der Brüder Zabidâ und Bêlšunu sowie der Brüder Lâbâši und Bêl-nâdin an dem *bît qašti* „Bogen(lehens)grundstück" an den *qallu* Mušêzib des Hauses Muraššû verpachtet werden; nur je einer aus den beiden Brüderpaaren – Zabidâ und Bêl-nâdin – handelt aber jeweils für sich und für seinen Bruder. Nach dem Vertragstext scheint es zwar, als ob alle vier Brüder den Vertrag unmittelbar abschlössen[126]. Der Urkunde sind jedoch nur die *ṣupru* „Fingernägel" des Zabidâ und des Bêl-nâdin als Persönlichkeitsmerkmale anstelle eines Siegels der am Vertrag Beteiligten[127] beigefügt. Das dürfte bedeuten, daß diese beiden den Vertrag persönlich abgeschlossen und teils für sich, teils als direkte Stellvertreter für ihre Brüder gehandelt haben.
Die bisher behandelten Urkunden erwähnen nicht das Innenverhältnis, auf dem die Vertretungsmacht beruht. Einen Hinweis auf die Beziehungen zwischen den Verfügungsberechtigten und der beim Vertragsabschluß auftretenden Partei finden wir dagegen in zwei Urkunden des Muraššû-Archivs[128]. Hier treten *paqdû* „Beauftragte, Verwalter" bei der Verpachtung von Grundstücken ihrer Herren auf, die nach Kr 148,3 *ina qâtê*^{II} „in den Händen (zur Verwaltung)" dieser *paqdû* sind. Formal berechtigt, den Pachtzins einzuziehen, sind dabei nicht die Herren der Grundstücke, sondern die *paqdû*[129], was aber wohl nicht

---

125 Zu den einzelnen Lehensformen u. bei A. 272.

126 Vgl. Z. 1 ff.: ^{še}*zêru . . . bît qašti šá* ^{I}*za-bi-da-a u* $^{\text{I.d}}$*bêl-šú-nu mârê*^{meš} *šá* ^{I}*iddina-a* ^{I}*la-ba-ši u* $^{\text{I.d}}$*bêl-na-din mârê*^{meš} *šá* ^{I}*aḫa-iddin . . . a-na* ^{I}*mu-še-zib . . . id-din-u'* „(betrifft die) Aussaat(fläche) . . . Bogengrundstück des Zabidâ und des Bêlšunu, Söhne des Iddinâ, (und des) Lâbâši und (des) Bêl-nâdin, Söhne des Aḫa-iddin, . . . dem Mušêzib . . . haben sie (es) gegeben".

127 Dazu u. bei A. 940.

128 Kr 148; UM II_1 20; in beiden Fällen ist ein Mitglied des Hauses Muraššû Pächter.

129 Kr 148, 7 ff.: *ina šátti ina* ^{araḫ}*aiari kaspa-a' 1 1/3 mana . . . sût* ^{še}*zêri šu'âti*^{meš} ^{I}*mu-ra-šu-ú a-na* $^{\text{I.d}}$*bêl-aḫa-ušabši*^{ši} *i-nam-din* „pro Jahr wird Muraššû (Pächter) im Monat Ajjar die 1 1/3 Minen Silber . . ., den Pachtzins dieser Aussaat(fläche), dem Bêl-aḫa-ušabši (*paqdu*) geben". UM II_1 20, 7 ff.: *ina šátti ina* ^{araḫ}*aiari 65(?) kùr uṭṭatu sût* ^{še}*zêri šu'âti*^{mes} ^{I}*ri-mut-*^{d}*ninurta a-na* $^{\text{I.d}}$*daiân-iddin ina-an-din* „pro Jahr wird Rîmût-Ninurta (Pächter) im Monat Ajjar 65(?) Kor Gerste, Pachtzins dieser Aussaat(fläche), dem Dajân-iddin geben".

bedeutet, daß ihnen auch materiell das Recht zusteht, den Pachtzins zu behalten. Sie hatten wahrscheinlich ihren Geschäftsherrn nicht nur beim Vertragsabschluß zu vertreten, sondern auch bei der Durchführung des Vertrags, um die sich der Herr nicht kümmern konnte oder wollte[130].
Um ein ähnliches Vertretungs- und Verwaltungsverhältnis wird es sich wohl in UM II_1 96 handeln. Hier tritt beim Vertragsabschluß *ana sûti* über ein „Bogen"grundstück für den Lehensberechtigten *Bêl-idiš* sein Bruder Hašdâja auf, in dessen Verwaltung (*ina qâtê*^{II}) das Grundstück ist. Hašdâja ist zwar hier nicht als *paqdu* bezeichnet; die Tafel ist außerdem dort, wo wir die Empfangsberechtigung für den Pachtzins erwarten dürfen, zerstört[131]. Der Vermerk, daß das Grundstück *ina qâtê*^{II} des Hašdâja ist, legt aber nahe, daß Hašdâja das Pachtverhältnis in vollem Umfang für Bêl-idiš durchführen sollte.
Auffällig ist in Kr 148 wie in UM II_1 96, daß der jeweilige Vertreter als alleiniger Eviktionsbürge des Vertrages erscheint[131a] und in UM II_1 96 daneben auch noch die Haftung für die vorzeitige Wegnahme des Grundstücks durch ihn und nicht durch den vertretenen Bêl-idiš übernimmt[131b]. Die rechtlichen Wirkungen der Vertretung beschränken sich hier also nicht – wie im geltenden Recht – allein auf den Vertretenen, sondern erstrecken sich in diesen Punkten auch auf den Vertreter selbst. Wenn das hier dokumentierte Vertretungsrecht nicht nur den besonderen – auch nach modernem Recht möglichen – Parteiabmachungen entsprang, sondern dem allgemeinen rechtlichen Verständnis der Vertretung entsprach, so war die direkte Stellvertretung offenbar nicht in der Form erfaßt, daß die Handlungen des Vertreters allein für und gegen den Vertretenen wirkten; der Vertreter konnte vielmehr selbst vom Vertragspartner haftbar gemacht werden und war diesem damit – anders als im modernen Recht – Garant für den Vertrag, der durch ihn abgeschlossen wurde. Offen bleibt dabei, wie die Inanspruchnahme des Vertreters durch den Vertragspartner im Innenverhältnis Vertreter – Vertretener wirkte. Maßgebend dafür werden ihr Verhältnis zueinander (Sklave oder freier Vertreter) und/oder – als den Vertragsgegner nicht betreffende und wohl deshalb in den Verträgen nicht enthaltene – Regreßabreden gewesen sein.
Der Abschluß von Pachtverträgen durch Sklaven für ihren Herrn auf der Verpächterseite ist nur selten belegt. Immerhin zeigen Nbk 115 und UM II_1 81, daß beide Gruppen dieser Personenklasse – ^{h}*qallû* und ^{h}*ardû* – diese Funktion

---

130 Ganz allgemein Cardascia, AM S. 128: „Nibâmardu et Pitibirî (die beiden Grundstücksinhaber) sont représentés par leur *paqdu* (UM II_1 20; TMHC 148)". Zur Vertretung beim Empfang des Pachtzinses vgl. Cardascia, AM S. 78.

131 UM II_1 96, 6 ff. (Ergänzung nach UM II_1 182, 6 ff.): *ina šátti* [*ina* ^{arah}*tašriti suluppa-a*$_4$ *50 kùr sût*] *eqli* [*š*] *u'âti*^{meš} ^{I}*ri-mut-*^{d}*ninurta* [*a-na* ^{I}*haš-da-a-a i*]*-nam-din* „[im Monat Tašrit w]ird Rîmût-Ninurta (Pächter) [die 50 Kor Datteln, Pachtzins d]ieses Feldes [dem Hašdâja (Verwaltungsberechtigter) g]eben".

131a Vgl. Kr 148, 11: *pu-ut la pa-qa-ri šá* ^{še}*zêri šu'âti*^{meš} $^{\text{I.d}}$*bêl-aḫa-ušabši*^{ši} *na-ši* „für die Nicht-Vindikation dieser Aussaat(fläche) ist Bêl-aḫa-ušabši (*paqdu*) Bürge". Entsprechend UM II_1 96, 8 f.: *pu-ut la pa-qa-ri* [*ša* ^{še}*zêri šu'âti*^{meš} ^{I}*ḫa-aš-da*]*-a-a* („Vertreter") *na-ši*.

131b UM II_1 96, 9 ff.; dazu u. bei A. 897.

ausüben konnten. Zwar ist in beiden Urkunden das Vertretungsverhältnis nicht direkt angesprochen, jedoch zeigt die Tatsache, daß der Herr des *qallu* in Nbk 115 als Verwalter des Königslandes[132] nicht selbst den Vertrag als Verpächter abschließt, sondern an seiner Stelle sein *qallu* Ḫaḫḫuru auftritt[135], daß der *qallu* als Vertreter seines Herrn bei der Verwaltung der diesem als „Bezirkschef" anvertrauten Felder handelt. Dasselbe Bild ergibt insoweit UM II_1 81, wo Mušêzib, der *ardu* des Mitlehensberechtigten Rîbât[134], für seinen Herrn zusammen mit dem anderen Lehensinhaber Ninurta-êṭir den Pachtvertrag über deren *bît qašti* abschließt. Um Stellvertretung des Herrn durch seinen *ardu* im Rahmen einer dauernden Verwaltung der Felder des Herrn wird es sich wohl auch in UM II_1 124 gehandelt haben. Zwar sagt die Urkunde nicht ausdrücklich, daß das Pachtobjekt dem Herrn des *ardu* Rîbât zusteht[135], doch liegt dies deshalb nahe, weil Rîbât das Feld nur zur Verwaltung (*šá qâtê*^{II}) innehat und somit als Inhaber des Pachtgegenstandes nur der ausdrücklich erwähnte Herr des Rîbât, nämlich Rîmût-Ninurta/Muraššû, in Frage kommen dürfte. Parallel zu Kr 148 und UM II_1 20 ist auch hier der „Stellvertreter" zur Einziehung des Pachtzinses berechtigt[136], der aber materiell dem Herrn zugestanden haben wird.

---

132 Vgl. Z. 4 ff.: ^{še}*zêru šá šarri . . . šá ina qâtê*^{II} ^{I}*zêri-iá* ^{lú}*bêl-piḫâti* „Aussaat(fläche) des Königs, . . . die in den Händen (in der Verwaltung) des Zêrija, des Bezirkschefs (ist)".

133 Vgl. Z. 2 ff., 8 f.: an Ḫaḫḫuru wird in der Zwiegesprächsurkunde der Vertragsantrag gerichtet und er nimmt ihn auch an. Für seine soziale Stellung ist bemerkenswert, daß ausnahmsweise auch sein Vatersname vermerkt ist (Z. 2).

134 Rîbât ist seinerseits *ardu* des Rîmût-Ninurta/Muraššû; dazu o. bei A. 79.

135 Die Grundstücksbeschreibung sagt zu den Eigentumsverhältnissen nichts, es sei denn, der noch ungeklärte terminus *usbarra ša šarri* (Z. 2 a. A.; dazu u. bei A. 370) enthält darüber eine Aussage.

136 Z. 6 ff.: *mim-ma ma-la ina* ^{še}*zêri šu'âti*^{meš} *il-l[a]-a' 3-šú zitti eqli* ^{I}*ni-din-tu*$_{4}$-^{d}*en-lil a-na* ^{I}*ri-bat i-nam-din* „(von) allem, was auf dieser Aussaat(fläche) wäch[s]t, wird 1/3 Anteil des Feld(ertrag)es der Nidintu-Enlil (Pächter) dem Rîbât (verwaltungsberechtigter Sklave des Rîmût-Ninurta) geben".

III. DIE PÄCHTER

Noch weit weniger als über die Verpächter lassen die Quellen Aussagen über die wirtschaftliche Situation der Pächter im einzelnen Pachtvertrag zu. Die Pächternamen tauchen zu allermeist nur jeweils in einer Urkunde auf, offenbar deshalb, weil sich die Pächter in aller Regel darauf beschränkten, das Grundstück mit eigener Arbeitskraft zu bewirtschaften und keine Gelegenheit hatten, das Pachtgeschäft auf kommerzieller Grundlage zu betreiben.

Pachtungen im großen geschäftsmäßigen Stil – meist wohl mit dem Ziel, die Grundstücke unterzuverpachten – finden wir nur im Hause Muraššû, wo uns Rîmût-Ninurta[137], Enlil-šuma-iddin[138] und, abgesehen von den hier nicht zu behandelnden Großpachten des Eanna-Archives, die geschäftstüchtigen *ardû* des Hauses namens Rîbât, Sohn des Bêl-erîba[139] und Raḫîmu, Sohn des Bêl-aba-uṣur[140] als Pächter begegnen. Keiner der Verträge verpflichtet sie dabei ausdrücklich[141] zu Arbeiten im Grundstück, die sie wie Kleinpächter selbst vornehmen müßten, die Leistungspflicht beschränkt sich vielmehr regelmäßig auf die Zahlung des *sûtu*-Pachtzinses. Pacht zur Unterverpachtung liegt daher nahe[142].

Im Gegensatz zu der umfangreicheren Betätigung des Hauses Muraššû als Pächter von Grundstücken zeigen die Verträge, die ein Mitglied des Hauses Egibi als Pächter ausweisen, daß das Pachtgeschäft hier wohl keinen bedeutenden Raum eingenommen hat. In nur drei Pachtverträgen treten Angehörige der Familie Egibi als Pächter auf. Šulâ, Sohn des Nabû-gâmil, pachtete im 18. Jahr Nebukadnezars II (587 v. Chr.) ein Feld *ana zâqipânûti* „zur Anpflanzung (eines Obstgartens)"[142a], ein gewisser Ḫabaṣîru, Sohn des Bêl-rèmanni, im 5. Jahr Darius' I (517 v. Chr.) ein Feld *ana sûti* „gegen Pachtabgabe"[143], und Marduk-nâṣir-apli, Sohn des Iddinâ[144], begegnet uns im 15. Jahr Darius' I (507 v. Chr.) als Pächter eines Feldes *ana sûti*[145]. Davon ist uns nur in NRV 489 die Größe

---

137 Kr 147; UM II_1 20; 96; 182.

138 BE IX 48(= Kr 144); 72; 102; X 15; 53; UM II_1 16.

139 Als *ardu* des Enlil-šuma-iddin in BE IX 52; UM II_1 175 und als *ardu* des Rîmût-Ninurta in BE X 99; UM II_1 106, wohl auch in Kr 146, hier allerdings ohne den Sklavenvermerk. Zu Rîbât als Verpächter vgl. o. bei A. 79.

140 UM II_1 106, wohl auch in UM II_1 39 (teilzerstört, vgl. aber Z. 15': ^{I}*ra-ḫi-im*) und BE X 112. Verpächter ist hier überall der eigene Herr; auffällig in BE X 112 das Fehlen des Sklavenvermerkes trotz Vertragsschluß mit dem eigenen Herrn.

141 Man kann das bei dem Vertrag *ana errêšûti* BE IX 102 vielleicht ebenso als stillschweigend vereinbart ansehen wie in den beiden Gesellschaftspachtverträgen BE IX 60 und Kr 146.

142 Vgl. o. bei A. 64.

142a Nbk 115.

143 NRV 489. Pächter und Grundstückseigentümerin (Mitgiftgrundstück, vgl. o. bei A. 111) gehören beide der Familie Egibi an.

144 Zu dessen Identität in der Familie Egibi vgl. Weingort, Egibi S. 15 und abweichend davon Ungnad AfO 14 (1941–44) S. 63.

145 Dar 409.

des Grundstücks mit 1 Kor (= ca. 1,3 ha) bekannt; die beiden anderen Urkunden lassen auch von der Höhe des Pachtzinses her keinen Schluß auf den Umfang der Felder zu[146]. Eine besondere wirtschaftliche Bedeutung werden diese Pachtungen wohl alle nicht gehabt haben.

Wesentlich häufiger als unter den Verpächtern finden sich unter den Pächtern *ardû* bzw. *qallû* „Knechte, Sklaven". Der Grund dafür wird, wie schon oben erörtert[147], in der wirtschaftlichen Situation der Unfreien gelegen haben, die in der Regel über Grundbesitz nicht verfügten. Für die Pachtungen durch *ardû* bietet wiederum das Muraššû-Archiv die meisten Belege. In 18 Urkunden treten *ardû* des Hauses Muraššû oder *ardû* dieser Unfreien als Pächter auf[148]. Ihre zumindesten faktische, aber wohl auch rechtliche Bewegungsfreiheit in geschäftlichen Dingen spiegelt sich in dem Umstand, daß sie mit ihrem eigenen Herrn Verträge abschließen[149] und sogar noch als „Untersklaven" mit ihrem Herrn, dem „Obersklaven" in rechtsgeschäftliche Beziehungen treten konnten[150]. Verträge zwischen Herrn und Sklaven lassen erkennen, daß der Sklave Geschäfte im eigenen Namen abschließen konnte, mithin nach modernrechtlichem Sprachgebrauch geschäftsfähig war und – obwohl seinem Herrn gegenüber Rechtsobjekt – Rechte wie Pflichten aus diesen Verträgen in seiner Person, nicht in der seines Herrn entstanden, der Sklave damit auch rechtsfähig war[151]. Dies wird wohl auch dann gegolten haben, wenn der Sklave mit einem Dritten in vertragliche oder sonstige rechtliche Beziehungen trat, ist doch immer der Sklave selbst als vertragschließende Partei beurkundet, während von einer Mitwirkung des Herrn beim Vertragsschluß keine Rede ist. Wir werden daher wohl von der Gültigkeit der Verträge auch ohne Zustimmung des Herrn ausgehen können.

Außerhalb des Muraššû-Archives ist die Pachtung durch *ardû* – soweit ich sehe – nur einmal belegt und zwar in der ebenfalls aus persischer Zeit stammenden Urkunde NRV 387, wo ein *ardu* Alla-bêli- înâja zusammen mit einer unbekannten Person ein Grundstück zur Anpflanzung (*ana zâqapnûti*) pachtet.

---

146 Der Vermerk einer Seitenlänge in Nbk 115, 9:
800 <ammâte> pûtu „800 Ellen (= ca. 400 m) Querseite" reicht für die Flächenberechnung nicht aus.

147 Vgl. o. bei A. 132.

148 *ardû* des Enlil-šuma-iddin:
BE IX 10; 26; 29; 30; 52; 65 (Doppelurkunde mit zwei *ardû* als Pächtern); 86a; 99; 101; 112; UM II_1 175.
ardû des Rîmût-Ninurta:
BE X 99; Kr 146; UM II_1 39; 106; 215.
ardu des Verpächters Rîbât, der seinerseits *ardu* des Rîmût-Ninurta ist: UM II_1 115; 123.

149 Vgl. dazu die Pachtverträge eines *ardu:* BE IX 26; 29; 30; 65; 86a (zusammen mit einem Freien, der nicht als vom Muraššû abhängig bezeichnet ist); 99 und eines *qallu:* NRV 376; YBT VI 33. Beachte auch BE IX 101: 2 *ardû* pachten vom Sohn ihres Herrn Enlil-šuma-iddin.

150 Pachtverträge zwischen einem *ardu* und dessen *ardu:* UM II_1 115 (Pachtobjekt ist ein *bît qašti* des Verpächters Rîbât); 123.

151 Vgl. Mendelsohn, Slavery S. 64; Petschow, NPR S. 59 A. 172; v. Bolla, Tiermiete S. 160 f.

Ob dieser Befund auf der freiheitlicheren Behandlung der *ardû* im Hause Muraššû beruht oder schlicht auf Überlieferungszufall, kann hier nicht festgestellt werden. Wie unter den Verpächtern finden sich im Vergleich zu den *ardû* nur wenige *qallû*[151a], im Muraššû-Archiv überhaupt nur in BE IX 10, nämlich ein *qallu* des Enlil-šuma-iddin namens Mušêzib. Gerade diese Urkunde zeigt aber, daß die termini *ardu* und *qallu* synonym verwendet wurden, ist doch eben dieser Mušêzib in BE IX 21 und UM II_1 55 als *ardu* des Enlil-šuma-iddin bezeichnet[152].

Ein anschauliches Beispiel einer Verrechnung von Ansprüchen des *qallu* mit Ansprüchen seines Herrn, die teils auf Sklaven-, teils auf Pachtrecht beruhen, bietet NRV 376: Der Geschäftsmann Ṭâbija verpachtet hier ein Grundstück zur Anlage eines Dattelpalmengartens (*ana zâqipânûti*) auf 10 Jahre. Der Pächter, sein *qallu*, muß nach 10 Jahren junge Dattelpalmen im Alter von 10 Jahren vorweisen und die nötigen Grabungsarbeiten verrichten. Normalerweise kann der Pächter in diesem Fall vom Verpächter *šissinnu* „Naturallohn" in Datteln als garantiertes Mindestentgelt für seine Arbeiten beanspruchen[153]. Andererseits müssen Sklaven, wenn sie nicht unmittelbar im Hause ihres Herrn für diesen arbeiten, ihm *mandattu* entrichten, eine zahlenmäßig fixierte Abgabe als Ausgleich für die entgangene Arbeitskraft. Diese entspricht nach Belegen aus chaldäischer und frühpersischer Zeit[154] dem Wert von 1 Kor Gerste pro Monat. Hier wurde nun die an sich geschuldete *mandattu* des *qallu* mit dem *šissinnu* verrechnet. Den überschießenden Betrag an *šissinnu* hatte Ṭâbija an die Leute des *qallu*, also wohl seinen Arbeitskräften als „ihr *šissinnu*" zu geben.

Eine entsprechende Verrechnung werden wir vielleicht auch in den Pachtverträgen zwischen Herrn und Sklaven annehmen können, bei denen wegen Arbeitspflichten des Pächters auch *šissinnu*-Vereinbarungen zu erwarten wären, wenngleich wir dort auch nirgends den Verrechnungsmodus ausdrücklich vereinbart finden. Dafür spricht in gewisser Weise, daß die Pachtverträge zwischen Sklaven und Herrn, bei denen die Arbeitspflichten des Pächters im Vordergrund stehen, also solche *ana nukaribbûti* „zur gärtnerischen Bebauung" und *ana dulli* „zur Bearbeitung" abweichend von der überwiegenden sonstigen Praxis keine *šissinnu*-Vereinbarungen enthalten[155], ebensowenig wie Vereinbarungen über *mandattu*. *mandattu* und *šissinnu* wurden hier vielleicht so gegeneinander aufgerechnet, daß weder dem Herrn noch dem Sklaven ein Anspruch zustand.

In zwei Verträgen des Muraššû-Archivs *ana sûti*, die vom Herrn und Sklaven abgeschlossen wurden, finden wir die Vereinbarung, daß der Sklave dem Herrn *mandattu*, bestehend meistens aus Tieren[156], neben dem *sûtu*-Pachtzins zu

---

151a Liv 24; NRV 376; YBT VI 33; BE IX 10.

152 Vgl. o. bei A. 96.

153 Dazu näher u. bei A. 689.

154 Vgl. dazu Petschow, NPR S. 108 f.

155 Vgl. UM II_1 115; YBT VI 33; auch BE IX 101 (Vertrag zwischen Sklaven und Sohn des Herrn) und BE IX 99 (zu der hier abweichenden Bedeutung des in Z. 11 erwähnten *šissinnu* u. bei A. 716).

156 Dazu näher u. bei A. 491.

entrichten hatte[157]. Hier hat *mandattu* eine grundsätzlich andere Bedeutung, nämlich die einer Nebenleistung zum *sûtu*-Pachtzins, die auch in mehreren anderen Verträgen des Murašû-Archives auftaucht, die nicht zwischen Herrn und Sklaven abgeschlossen sind[158]. Bei den Verträgen *ana sûti* liegt es nahe, daß man die oben nach A. 153 genannte *mandattu* – ohne daß dies besonders erwähnt wurde – zum Pachtzins hinzurechnete, die festgesetzte Menge *sûtu* also die Summe des eigentlichen Pachtzinses und der *mandattu* ist, wodurch der Verlust, der dem Herrn durch die Verwendung der Arbeitskraft des Sklaven für dessen eigene Rechnung entstand, ausgeglichen wurde.
Wie auf der Verpächterseite finden sich auch nicht selten unter den Pächtern Personenmehrheiten[159]. Der Grund ihrer Gemeinschaft ist uns meistens nicht bekannt, weil sich die Urkunden in diesem Punkt gewöhnlich auf die Aufzählung der Personen beschränken und die Filiationen meistens keine Familienbeziehungen zwischen ihnen erkennen lassen. Nur verhältnismäßig selten handelt es sich um nahe Angehörige, wie Vater und Sohn[160], Ehemann und Ehefrau[161] oder Geschwister[162]. Darüber hinaus erfahren wir aber auch hier nichts über die Art des Rechtsverhältnisses der Pächter untereinander, wie etwa Gesellschaft oder eine sonstige Gemeinschaftsform. Nach BE IX 45, einem Pachtvertrag des Murašû-Archives, setzt sich die Pächtermehrheit aus neun Personen zusammen, darunter ein Mann und drei seiner Söhne, und einer unbestimmten Anzahl von *kinattâte* „Kollegen"[163] zusammen. Wahrscheinlich gehören auch die neun namentlich erwähnten Pächter zu der Gruppe der *kinattâte*, die nach Cardascia[164] den häufiger belegten *bêlê qašti* „Bogen(lehens)herren" gleichzustellen sind, ihre Gemeinschaft damit auf Lehensrecht beruht. Die genauere rechtliche Gestaltung dieser Gemeinschaft – insbesondere hier ihre Ansprüche als Pächter untereinander – ist uns allerdings auch hier unbekannt. Mit Ausnahme der Gesellschaftspachtverträge *ana šutapûti*[165] ist auch die bedeutsamste Frage des Innenverhältnisses zwischen mehreren Pächtern, die Verteilung der Felderträge, nicht geregelt. Das ist verständlich, da diese Pachtverträge – wiederum mit Ausnahme derer *ana šutapûti* – nur Vereinbarungen zwischen Verpächter und Pächter, also im Außenverhältnis der Pächtergemeinschaft, zum Gegenstand haben, nicht aber das Innenverhältnis der Pächter zueinander. Die Verträge *ana šutapûti* machen in dieser Beziehung insofern eine grundlegende Ausnahme, als hier der Vertrag zwischen

157 BE IX 65; 86a.
158 BE IX 45; 67; UM II_1 158; 163.
159 Amherst 249; BE VIII_1 122; IX 35; 45; 86a; X 112; BIN I 125; Camb 142; UET IV 59; UM II_1 106; 123; 159; NRV 383; 387; 522; Cyr 200; Dar 427; Kr 133; 134; YBT VI 40.
160 Camb 142; BE IX 45 (Vater und drei Söhne zusammen mit anderen Pächtern).
161 Cyr 200.
162 NRV 522.
163 Vgl. AHw S. 479 rechts; ähnlich CAD K S. 381 links: „person of equal social status, comrade, colleague".
164 AM S. 29.
165 Dazu u. bei A. 581.

den Grundstücksinhabern und den Pächtern nicht als gegenseitiger verstanden wird, sondern als Gesellschaftsverhältnis sämtlicher Beteiligter, deren Anteile am Ertrag deshalb notwendig schon hier festzusetzen sind[166].
In den üblichen gegenseitigen Verträgen werden die Pächter jeweils kopfquotenmäßig am Ertrag beteiligt gewesen sein, soweit nicht andere Vereinbarungen getroffen waren, worüber mir aber keine Belege bekannt sind. Dagegen dürften regelmäßig Bestimmungen über das Außenverhältnis zu erwarten sein, insbesondere über die Art ihrer Haftung für Pachtverbindlichkeiten (Haftung als Gesamtschuldner, als Teilschuldner oder in einer sonstigen Form). Die Mehrzahl solcher Verträge, wenn auch bei weitem nicht alle[167], enthalten darüber Bestimmungen in der Form wechselseitiger Bürgschaften der Pächter gegenüber dem Verpächter und zwar in zwei Varianten: *ištên pût šanî našû* „sie sind einer für den anderen Bürgen" oder erweitert *istên pût šanî našû ša qereb iṭṭir* „sie sind einer für den anderen Bürgen, wer am nächsten ist, wird zahlen". Ihre Bedeutung für die Haftung der Gemeinschafter ist umstritten[168], fest steht jedoch wohl, daß es sich um eine Verschärfung der Haftung des einzelnen Gemeinschafters handelt, der damit in irgendeiner Weise die Haftung für die anderen übernimmt. Auffälligerweise ist diese Haftungsklausel – wenn auch unpersönlich stilisiert – ganz auf *Pächter*mehrheiten zugeschnitten. Nur ein Pachtvertrag[169] mit Personenmehrheit auf der Verpächterseite – Tempelfunktionäre von Ebabbara, die für den Tempel als Organe oder Vertreter tätig wurden – enthält die (kurze) wechselseitige Verbürgungsklausel. Sehr wahrscheinlich bezieht sich diese Bestimmung aber nur auf die Pächter (Ehemann und Ehefrau), da Tempelfunktionäre aus Verträgen, die sie für den Tempel abschlossen, wohl kaum hafteten und überdies Verpächterverpflichtungen, wie etwa zur Zahlung von *šissinnu* in der Urkunde nicht erwähnt sind. Auf die Ausgestaltung der Haftung von Verpächtermehrheiten – etwa die primäre Haftung für die Leistung des *šissinnu* oder die sekundäre für Schadensersatz bzw. Vertragsstrafen – haben wir demnach keine Hinweise. Vielleicht ist auch dieser Befund auf die ungleiche Verteilung der wirtschaftlichen Macht der Vertragsparteien zurückzuführen: Verpächtermehrheiten waren im Gegensatz zu den Pächtern nach den vorhandenen Belegen offenbar nicht gezwungen, diese Haftungsverschärfung in die Urkunde aufzunehmen.

166 Zur Höhe der Quoten vgl. u. bei A. 599.
167 Vgl. dazu näher u. bei A. 813.
168 Dazu u. bei A. 818.
169 Cyr 200.

IV. DAS PACHTOBJEKT

Die Beschreibung des Pachtgegenstandes nimmt in den Verträgen regelmäßig einen weiten Raum ein; gelegentlich erschienen den Schreibern allerdings detaillierte Angaben dazu überflüssig, besonders wohl dann, wenn zwischen den Parteien keine Unklarheiten hierüber entstehen konnten.
Im einzelnen sind die Pachtobjekte nach Größe, Bodenart und -nutzung und schließlich nach ihrer rechtlichen Situation beschrieben.

A) Beschreibung nach der Größe

Maßangaben über das Grundstück beschränken sich – soweit überhaupt vorhanden – in aller Regel auf das Flächenmaß. Das bei feld- und gartenwirtschaftlichen Grundstücken übliche nb. Flächenmaß ist – im Gegensatz zu Hausgrundstücken[170] – das *kurru* „Kor" mit seiner Unterteilung in 5 *pânû* „Pânu" = 30 *sâtu* „Seah" = 180 *qa* „Qa" = 1800 *akâlu*, übertragen von dem gleichnamigen und in gleicher Weise unterteilten Hohlmaß Kor (= etwa 150 Liter). Als Flächenmaß bezeichnet es diejenige Feldfläche, für deren Besäuung man 1 Kor Getreide benötigte oder rechnete[171].
Die Länge der Grenzen ist fast nie angegeben[172]. Dies entspricht der Praxis bei Feldkäufen. Dort ist die Größe des Grundstücks im Gegensatz zu Kaufurkunden über Hausgrundstücke häufiger durch das Flächenmaß, seltener auch anstelle dessen durch die Seitenmaße[173] oder durch Seiten- und Flächenmaße[174] vermerkt[175]. Im Gegensatz zu den Kaufurkunden[176] fehlen aber in den Pachturkunden[177] auch die Flächenangaben häufig[178]. Der Grund für die

---

170 Dazu San Nicolò, NRV S. 52, 69.

171 Dazu CAD K S. 564 rechts; CAD Z S. 92 rechts; E S. 252 links. Zur Umrechnung des *kurru* in Quadratellen und -meter Ungnad, Glossar S. 74 f. (für Babylon und Uruk); San Nicolò, Or 19 (1950) S. 224 (für Babylon und Ur); BR 6 S. 24; AHw S. 511 rechts „*kurru*"; Cocquerillat, Palmeraies S. 22 A. 42 (für Uruk). Nach Ungnad entspricht 1 Kor in Babylon 54 000 Quadratellen (ebenso nach UET IV 17 in Ur, so schon San Nicolò) = etwa 13 231 m^2, in Uruk 50 000 Quadratellen = etwa 12 349 m^2. Das andere in nb. Zeit bekannte Flächenmaß *qanû* „Rute" ist bei Feldgrundstücken nicht nachgewiesen. Anders aber für *eqlu kišubbû* „Feld, unbebautes Hausgrundstück" in BR 8/7 Nr. 4 (dazu Landsberger, Brief S. 31) und Nr. 6.

172 Beispiele für solche Angaben: Cyr 230, 3:
60 ammâte pûtu „60 Ellen Stirn/Querseite"; Nbk 115, 9:
800 <ammâte> pûtu „800 <Ellen> Stirn/Querseite".

173 NRV 48; BR 8/7 Nr. 31.

174 Cyr 188; UET IV 17; Nbn 116.

175 Vgl. dazu auch San Nicolò, NRV S. 51 f.

176 Vgl. NKF S. 8.

177 Die fragmentarische Tafel NRV 52, deren Grundstücksbeschreibung keine Maßangaben enthält, dürfte daher – entgegen der Vermutung San Nicolòs, NRV S. 82 – keine Kaufurkunde, sondern ein Pachtvertrag sein.

178 So immer, soweit das Pachtobjekt *eqlu* heißt, vielfach aber auch bei *šezêru*, z. B. Dar 35; 316; 427; Liv 24; BE IX 30; 40 u. v. a. Anders für *šezêru* z. B. BE IX 102, vgl. o. A. 75.

meist weniger genaue Beschreibung des Feldes in Pachtverträgen dürfte sein, daß den Angaben über Größe und Abgrenzung des Vertragsobjektes im Kaufvertrag, der endgültige Verhältnisse schuf, in der Regel mehr Bedeutung zugemessen werden mußte, als im zeitlich begrenzten Pachtvertrag[179].

B) Beschreibung nach Bodenart und -nutzung

Was Bodenart und -nutzung betrifft, werden die Pachtgrundstücke meist bezeichnet als $^{\check{s}e}$*zêru* „Aussaat(fläche)", *eqlu* „Feld", *kirû* „(Baum-)Garten" oder *taptû* „Neubruchland", seltener als *qaqqaru* „Grundstück, Grund und Boden", *tamirtu* „Sumpfland, bewässertes Land"[180], *oder mêrešu* „bestelltes Land"[181]. Daran schließt sich zumeist eine nähere Beschreibung der tatsächlichen Beschaffenheit bzw. Bebauungsform des Grundstücks an[182].
Die häufigste grundlegende Bezeichnung des verpachteten Grundstücks lautet in Pachtverträgen $^{\check{s}e}$*zêru*[183] „Aussaat(fläche)", so z. B. in Tafeln des Archives des Puḫḫuru/Ilûta-bani und seiner Nachkommen in Barsippa[184] oder einer Anzahl Urkunden aus dem 6. und 5. Jahrhundert[185]. Häufig wird $^{\check{s}e}$*zêru* aber noch näher definiert: $^{\check{s}e}$*zêru pî šulpi*[186] „Aussaat(fläche), (für Getreidebau) kultiviert"[187]; $^{\check{s}e}$*zêru bît* $^{i\underset{.}{s}}$*gišimmarê zaqpu*[188] „Aussaat(fläche), Grund-

---

179 Zur Pachtdauer vgl. u. bei A. 760.

180 Vgl. Cocquerillat, Palmeraies S. 27 rechts.

181 Vgl. Cocquerillat aaO. A. 27 rechts: „terres de haut rendement". AHw S. 645 f.: „bestelltes Feld"; GAG § 56 b: „Pflanzung"; CAD Ṣ S. 142 rechts: „arable field".

182 Diesen Angaben im einzelnen nachzugehen, würde den Rahmen dieser Arbeit sprengen. Es wird im folgenden auf die wichtigsten Grundstückbeschreibungen mit einzelnen beispielhaften Belegstellen hingewiesen ohne Anspruch auf Vollständigkeit. Rechtlich und wirtschaftlich interessant werden sie beim Vergleich des Pächterentgelts mit dem Nutzwert des Grundstücks. Für die Höhe des Pachtzinses mußte von Bedeutung sein, ob das Grundstück landwirtschaftlich bereits voll erschlossen war, so daß der Pächter, der den Pachtzins aus den Erträgen des Grundstücks zu bestreiten hatte, ohne größere Vorarbeiten Gewinn ziehen konnte, oder ob diese Arbeiten lange Zeit beanspruchten. Bei der Behandlung der Teilpachtquoten, die vom Bebauungszustand ersichtlich abhängen, wird darauf näher einzugehen sein, ebenso wie bei der Höhe des *šissinnu*-Naturallohns, der dem Pächter für seine Arbeiten nach einer Anzahl von Urkunden zustand.

183 In den Pachturkunden immer geschrieben mit dem Sumerogramm NUMUN, akkadisch *zêru* „Samen" (von Getreide und sonstigen Pflanzen und daher auch „Saatgut, Aussaat", sowie vom tierischen und menschlichen Samen) mit Praedeterminativ ŠE, akkadisch *še'u* „Korn". Von der Grundbedeutung abgeleitet bezeichnet es einerseits das mit Getreide zu besäende Land „Aussaat(fläche), Ackerland", andererseits auch die (männliche) Nachkommenschaft. Vgl. zu alledem CAD Z S. 89 ff. mit Belegen; Ungnad, Glossar S. 168: „Aussaatfläche, bezeichnet jede Art für Feld- und Gartenbau geeignetes Grundstück".

184 Kr 133–135 von 644 bis 557 v. Chr.

185 NRV 373; 375; 376; 377; 379 (sämtlich aus dem Archiv des Geschäftsmannes Ṭâbija bzw. dessen Sohnes Bêl-iddina); NRV 385; 515; Cyr 230; Nbk 115; YBT VII 162; BE IX 26; 29; 34; 35 u. v. a.

186 Z. B. NRV 389; UM II_1 182; BE IX 40; 86a; BE VIII_1 124; 125; Kr 147.

187 Dazu näher sogleich unten.

188 NRV 375 (= VS V 19. *zaqpi/u* in Z. 2 a. E. wohl zu ergänzen).

stück mit Dattelpalmen bepflanzt", *šezêru zaqpu u pî šulpi*[189] „Aussaat(fläche) (mit Bäumen) bepflanzt und (für Getreidebau) kultiviert"[190]; *šezêru bît isgišimmarê zaqpi u pî [šulpi]*[191] „Aussaat(fläche), Grundstück mit Dattelpalmen bepflanzt und (für Getreidebau) kultiviert".
Um wieviel wertvoller ein mit Dattelpalmen bepflanztes Grundstück im Vergleich zu unbebautem, aber urbarem Boden sein konnte, zeigt Nbn 116, wo der Kaufpreis für ein *šezêru isgišimmarê zaqpu* zehnmal höher ist als der für ein *šezêru merešu u kišubbû* „Aussaat(fläche), bestellt und unbebaut[192].
Häufig wurde das Grundstück *pi(-i)*/KA *šul-pu/i* genannt, wörtlich übersetzt: „Mund des Halmes"[193], wohl in dem Sinne von „Land, aus dessen „Mund" die Halme hervorgehen"[194]; nach den Wörterbüchern ist allerdings die genaue sachliche Bedeutung dieses terminus nicht klar.
Ungnad[195] und Ebeling[196] übersetzen „in Halmen stehend", offenbar in dem Sinne, daß das Feld bei Abfassung der Urkunde tatsächlich Getreidehalme trägt. Eine etwas weitere Bedeutung findet sich mit „(für Getreidebau) kultiviertes Feld" bei Augapfel[197], Kohler-Ungnad[198] und San Nicolò[199], sachlich entsprechend auch bei CAD[200], offenbar unabhängig davon, ob das Feld bei Vertragsschluß im Halm steht[201]. Andere deuten den terminus als „Stoppelfeld"[201 a].
Wenig wahrscheinlich ist die Deutung von Ungnad und Ebeling. Einige Kauf- und Pachturkunden zeigen, daß zur Zeit des Kaufvertragsabschlusses bzw. des

---

189 Z. B. Kr 144 = BE IX 48; 60; 72; UM II_1 16; 20; 175; Dar 316; Kr 148.
190 Vgl. CAD Z S. 61 rechts: „territory planted (with trees and) in stubble".
191 NRV 522.
192 Vgl. Z. 22 ff.: *ina lìb-bi . . . šezêru eqlu isgišimmarêmeš zaq-pu ki-i 6 akâluḫá šezêru a-na 1 šiqil kaspi . . . ù . . . šezêru me-re-šú ù ki-šub-bu-ú ki-i 1 sût šezêru a-na 1 šiqil kaspi* „davon . . . Aussaat(fläche), Feld mit Dattelpalmen bepflanzt, wobei 6 *akâlu* Aussaat(fläche) für 1 Sekel Silber (gerechnet werden) . . . und . . . Aussaat(fläche), bestellt und unbebaut, wobei 1 Seah Aussaat(fläche) für 1 Sekel Silber (gerechnet werden)". Für ersteres Feld also die Relation von 6 *akâlu* und für letzteres von 60 *akâlu* pro Sekel Silber.
193 Für die Schreibung KA *šul-pu* z. B. UM II_1 175, 1; BE X 15, 1;
für *pi-i šul-pu* UET IV 42, 1; 45, 1; 19, 2.
für *pi šul* <*-pu*> Kr 140, 1. Vgl. auch Ungnad, Glossar S. 149.
194 So Ungnad, Glossar S. 117.
195 Glossar S. 149.
196 Glossar S. 224.
197 BRAD S. 57 und passim.
198 HAU S. 34 und passim.
199 NRV 389 und passim.
200 Z S. 93 links: „under (cereal) cultivation".
201 Uneinheitlich Cardascia, AM S. 2: „terre labourable"; S. 129: „terre en chaumes". Unentschieden Petschow, NPR S. 67: „in Halmen stehend (zum Getreidebau kultiviert)".
201 a So CAD Z S. 58 rechts: „stubble fields"; S. 61 rechts: „in stubble" und Ḫ S. 44 links: „(territory) in stubble". Vgl. aber dagegen oben A. 200. Moore, NBAD S. 247: „stubble field(?)", so anscheinend auch Salonen, Agricultura S. 215: „Die Felder blieben in Stoppeln; *šulpu* „Getreidehalm" auch „Stoppel".

Pachtbeginns das ^{še}*zêru pî šulpi* nicht mehr „Im Halm stehend" gewesen sein kann, nämlich dann, wenn die Kaufurkunden in der Zeit zwischen Ernte[202] und etwa der nächsten Feldbestellung[203] oder wenig danach ausgestellt wurden[204], bzw. der Pachtbeginn[205] in diese Zeit fällt. Andererseits ist auch die Bedeutung „Stoppelfeld" nicht zweifelsfrei, da einige Verträge über ^{še}*zêru pî šulpi* anscheinend kurz vor der Erntezeit datiert und in Kraft getreten sind[206]. Die Deutung „(für Getreidebau) kultiviert" wird sachlich dem Ausdruck *pî šulpi* am besten gerecht.
Wesentlich seltener wird das Pachtobjekt[207] *eqlu* „Feld" genannt[208], hier anscheinend – anders als bei ^{še}*zêru* – nie in Verbindung mit einer Maßangabe Im Muraššû-Archiv erscheint das Wort in Pachtverträgen zur Bezeichnung des Pachtgrundstückes überhaupt nicht[209]. Es findet sich teils – ebenso wie ^{še}*zêru* – allein zur Grundstücksbezeichnung[210], teils in Kombination *eqlu* ^{iṣ}*gišimmarê zaqpu* „Feld, mit Dattelpalmen bepflanzt"[211] oder erweitert durch *u* ^{še}*zêru pî šulpi*" und Aussaat(fläche für Getreidebau) kultiviert"[212]. Dabei ist nach diesen und anderen Belegen *eqlu* gegenüber ^{še}*zêru* der weitere Begriff. Er bezeichnet – mit Ausnahme der Hausgrundstücke – Grundstücke, die mit Dattelpalmen bepflanzt sind[213] oder die ^{še}*zêru* „Aussaat(fläche)"[214]

202 Die Getreideernte fand regelmäßig im Nisan und Ajjar (1. und 2. Monat des Jahres) statt; vgl. Meißner BuA I S. 186; Salonen, aaO. S. 196 (201); Landsberger JNES 8 (1949) S. 248 ff. (284 ff.); CAD E S. 18 links unten f.

203 Etwa im Tašrit oder Araḫsamnu (7. und 8. Monat); vgl. Landsberger JNES 8 (1949) S. 284 ff; Salonen, aaO. S. 201; Cocquerillat, Palmeraies S. 28 bei A. 59.

204 BR 8/7 Nr. 31 (Dûzu = 4. Monat); NRV 46 (Ṭebet = 10. Monat); UET IV 19 (Araḫsamnu = 8. Monat).

205 Ohne ausdrückliche Vereinbarung des Pachtbeginns, also wohl Identität zwischen Pachtbeginn und Urkundenerrichtung: BE VIII$_1$ 124 (Ab = 5. Monat); Kr 146 (Ab); UM II$_1$ 150 (Siman = 3. Monat).

206 Kr 148 (Nisan = 1. Monat); ohne ausdrückliche Pachtbeginnsvereinbarung (vgl. A. 205): BRM I 83 (Addar = 12. Monat).

207 Häufiger erscheint *eqlu* für das Kaufgrundstück in Kaufurkunden als *eqlu kišubbû* „unbebautes Gelände, Baugelände" und mit Häusern und Gassen als Nachbarbegrenzungen; vgl. BR 8/7 Nrn. 3–6; 23.

208 Z. B. Camb 42, 1; UET IV 41, 1; 42, 1; NRV 380; 383.

209 Vgl. Cardascia, AM S. 129; anders aber bei Quittungen über *sûtu*-Pachtzins, wo vorwiegend *eqlu* verwendet wird, vgl. Cardascia, AM S. 36 A. 1.

210 Z. B. NRV 380; 381.

211 UET IV 41.

212 UET IV 42.

213 In Camb 42 ist z. B. das *eqlu ša šûmi* „Feld für Knoblauch" nach Z. 9 ebenfalls mit Dattelpalmen bepflanzt. Vgl. auch die Kauftafel BR 6 Nr. 8, die mit *tup-pi eqli* ^{iṣ}*kirî* ^{iṣ}*gišimmarê*^{meš} *zaq-pi . . . u ki-šub-ba-a* „Tontafel über das Feld(grundstück), Garten mit Dattelpalmen bepflanzt . . . und unbebautes Gelände" eingeleitet wird, im übrigen aber das Kaufobjekt in Z. 15, 20, 27 und 28 nur summarisch als *eqlu* bezeichnet ist. Vgl. auch die Kauftafeln AnOr 9, Nr. 4 col. I Z. 1, 46 und col. III Z. 45 (*ṭuppi eqli* ^{iṣ}*kirî* ^{iṣ}*gišimmarê zaqpu* „Tontafel über das Feld(grundstück), Garten, mit Dattelpalmen bepflanzt", das im Vertragstext im übrigen nur als *eqlu* wiederholt ist: col. I Z. 16, 19, 27, 30; col. II Z. 13, 18, 25; col. IV Z. 13, 24.

214 NRV 406; 462; 492; vgl. auch YBT VII 162, wo das Pachtgrundstück in Z. 1 als ^{še}*zêru*, in Z. 10 und 11 aber als *eqlu* bezeichnet ist.

bzw. ^{še}*zêru pî šulpi* „Aussaat(fläche, zum Getreidebau) kultiviert"[215], *taptû* „Neubruchland"[216] oder *kišubbû* „Ödland, unbebautes Gelände, Baugelände"[217] sind[218].

Bisher vereinzelt findet sich in Ur zur Bezeichnung des Pachtobjektes der Ausdruck *qaqqaru* ^{še}*zêru pî šulpi* „Grund und Boden, Aussaat(fläche, zum Getreidebau) kultiviert"[219]. Sachlich dürfte dies identisch sein mit der bloßen Bezeichnung ^{še}*zêru pî šulpi*[220]; alle drei in Anm. 219 genannten Texte stammen – über mindestens 7 Jahre verteilt – von dem gleichen Schreiber. Diese Stilisierung dürfte wohl auf dessen besonderer Gewohnheit beruhen, da die Texte im übrigen hinsichtlich Bebauung oder Entgeltart keine Besonderheiten aufweisen[221].

Die Ertragsfähigkeit des Bodens war – insbesondere bei Dattelkulturen – mangels ausreichender Niederschläge nur durch intensive künstliche Bewässerung zu schaffen und zu erhalten. Das gesamte Anbaugebiet des Zweistromlandes war deshalb mit einem dichten Netz künstlicher Bewässerungskanäle überzogen, die ihr Wasser von den beiden Hauptströmen Mesopotamiens erhielten und uns in Grundstücksbeschreibungen vieler Pachtverträge als Feldgrenzen begegnen[222]. Die Felder waren dann selbst zum größten Teil von entsprechend kleineren Kanälen oder Gräben durchzogen, deren Pflege nach mehreren Pachtverträgen ausdrücklich dem Pächter anvertraut war[223].

---

215 BR 6 Nr. 11; vgl. auch BR 8/7 Nr. 31, 1: *ṭup-pi eqli qaq-qar pi-i šul-pu* „Tontafel über das Feld, (für Getreidebau) kultivierter Grund und Boden".

216 VS V 86 (NRV 383), wo das *eqlu* (Z. 1) nach Z. 7 aus ^{še}*zêru bît* ^{iṣ}*gišimmar[ê zaq-pu]* „Aussaat(fläche), mit Dattelpalme[n bepflanztes] Grundstück" und nach Z. 10 aus *tap-tu-ú* „Neubruchland" besteht. Ebenso besteht das *eqlu* in VS V 55, 1 (NRV 380) nach Z. 11 aus *bît dul-lu* „bearbeitetem Land" und gem. Z. 7 aus *tap-tu-ú*.

217 Vgl. BR 6 Nr. 9, 1 (Kaufurkunde): *eqlu ki-šub-bu-ú* ^{iṣ}*gišimmarê zaq-pu* „Feld, unbebautes Gelände, mit Dattelpalmen bepflanzt", im übrigen Text (Z. 8, 20, 27) schlicht als *eqlu* bezeichnet.

218 Zum Problem Cardascia, AM S. 36, A. 1.

219 UET IV 45, 1: *qaq-qar* ^{še}*zêru pi-i šul-pu*; ebenso UET IV 47, 1; wahrscheinlich aus Raumgründen entsprechend Z. 6, 11, 16 zu ergänzen in UET IV 46, 1 [*qaq-qar* ^{še}*zêru pi-i*] *šul-pu;* sämtlich aus Ur und der Regierungszeit Artaxerxes II(?).

220 Vgl. dazu wohl gleichbedeutend die Kaufurkunde BR 8/7 Nr. 31, 1 aus Uruk 611 v. Chr.: *ṭup-pi eqli qaq-qar pi-i šul-pu* „Tontafel über das Feld, (zum Getreidebau) kultivierter Grund und Boden".

221 Von demselben Schreiber stammt die Gesellschaftspacht-Urkunde UET IV 59; vielleicht ist auch dort – entgegen den Zeichenspuren der Kopie, aber mit Rücksicht auf die Raumverhältnisse und Z. 5 und 10 – in Z. 1 am Anfang zu ergänzen: [*qaq-qar* ^{še}*zêr*]*u* (!). Die am Textanfang und -ende erhaltene Tafel VS V 65 (NRV 382) betrifft gem. Z. 1 einen *qaq-qa-ru ki-šub-bu-ú* ^{iṣ}*kirû ḫal-la-tú* „Grund und Boden, unbebautes Gelände, Donatgarten (des Gottes Bêl)". Fraglich ist aber wegen des fragmentarischen Zustandes der Tafel, ob es sich um einen „(Erb-)Pachtvertrag" handelt (wegen der Vertragsdauer von 40 [+10(?)] Jahren – vgl. Z. 4 a. E. – so in NRV S. 355) oder etwa um einen Miet- oder Bau-Mietvertrag. Für letzteres spricht vielleicht, daß die Nachbargrundstücke „städtische" Grundstücke sind.

222 Z. B. BE VIII_1 124, 1; 125, 1; Liv 24, 1; Kr 142, 2; 143,8 ff.

223 Z. B. BIN I 117, 12; 125, 7; Camb 142, 6; Dar 273, 7; YBT VI 67, 12; VS V 89, 14 f. (NRV 384).

Über die Berechtigung des Pächters, diese Kanäle für seine Felder nutzbar zu machen, erfahren wir in aller Regel nichts aus den Pachtverträgen, vielleicht deshalb, weil die Kanäle nicht dem Verpächter gehörten, oder die Wasserentnahme dem Bewirtschafter des Feldes selbstverständlich und ohne besondere Vereinbarungen zustand.
Einige Pachtverträge des Murašû-Archivs regeln jedoch auch diese Fragen, indem sie mit dem Pachtgrundstück ausdrücklich auch die dazugehörigen Kanäle dem Pächter zur Nutzung überlassen[224]. Wir müssen wohl in diesen Fällen davon ausgehen, daß die Kanäle hier im privaten Eigentum der Verpächter, deren Grundstücke an ihren Ufern gelegen waren, gestanden haben[225].
Neben seiner hauptsächlichen Verpflichtung, dem Pächter das Grundstück und gegebenenfalls die mitverpachteten Kanäle auf die Vertragsdauer zu überlassen, verpflichtet sich der Verpächter nach etlichen Pachtverträgen des Murašû-Archivs außerdem auch noch, Feldbestellungsmittel wie Zugtiere, Pflüge und Saatgut zu liefern. Bei Verpachtungen durch den Tempel ist gelegentlich auch Arbeitspersonal zu stellen.
Offenbar verfügte in diesen Fällen der Pächter entweder über keinerlei Produktionsmittel oder nur über eine unzureichende Menge. Wirtschaftlich starke Pächter, wie z. B. Angehörige des Hauses Murašû, hatten solche Unterstützungen von der Verpächterseite nicht nötig, sei es, weil sie selbst über die erforderlichen Mittel verfügten, oder weil sie die Grundstücke im Rahmen ihres Wirtschaftsunternehmens ohne Inventar weiterverpachteten. Dabei stellen im Hause Murašû Verpachtungen ohne Inventar die Ausnahme dar[226], was auch darauf hindeutet, daß diese Familie über einen gewaltigen Vorrat an landwirtschaftlichen Produktionsmitteln verfügte.
Die rechtliche Konstruktion dieser Art von Verträgen erscheint komplexer als die der gewöhnlichen Verträge, die den Verpächter nur zur Überlassung des Grundstücks, also einer unverbrauchbaren Sache, verpflichten. Cardascia[227] qualifiziert die Überlassung des Saatguts deshalb auch als selbständigen Verkauf oder Darlehen, da Gegenstand der Pacht nach modernem (französischem) Recht nur unverbrauchbare Sachen sein könnten. Das deutsche Bürgerliche Recht kennt demgegenüber die Überlassung der Pachtsache samt Inventar (landwirtschaftliche Erzeugnisse, die bei der Aussaat bestimmungsgemäß verbraucht werden, Geräte und Vieh), das zur Fortführung der Wirtschaft bis zur nächsten Ernte erforderlich ist, als gesetzlich geregelten Einzelfall der Pacht[228]. Eine Kombination verschiedener Verträge läge somit nach unserem zivilrechtlichen Verständnis nicht vor. Was also schon vor etwa zweieinhalb Jahrtausenden aus wirtschaftlicher Notwendigkeit zum Gegenstand einzelner Verträge

---

224 BE IX 29, 35, 45 (= Kr 143), 52, 65, 67, Kr 147; UM II_1 39(?); 158. Vgl. Cardascia, AM S. 130.

225 Vgl. dazu auch den Wassernutzungsvertrag BE IX 7, wonach die Benützer allein für die Bewässerung ihrer Felder aus einem *sibittu ša šarri* „Reservoir des Königs" u. a. an Enlil-šuma-iddin Entgelt zu zahlen hatten.

226 Vgl. Cardascia, AM S. 129 A. 1.

227 AM S. 128.

228 § 586 BGB, vgl. Palandt, § 586 A. 1.

gemacht wurde, ist im geltenden deutschen Recht sicher aus derselben Notwendigkeit heraus zu einem normierten Sonderfall ausgestaltet worden: ein bemerkenswertes Beispiel dafür, daß die Entwicklung eines Rechtsinstitutes in zeitlich und örtlich verschiedenen Rechtskreisen ähnlich oder gleich verlaufen kann, und zwar nicht aufgrund historischen Einflusses, sondern weil die Natur der Sache eine gleichartige Rechtsform geradezu zwangsläufig erfordert.

Eine ähnliche Parallele zum deutschen Bürgerlichen Recht findet sich hinsichtlich der Verpflichtung des Pächters zur Rückgabe der Tiere, die als Inventar mitgepachtet waren, in drei Pachtverträgen des Muraššû-Archivs[229] und zwei Urkunden über die Vergabe von Grundstücken an Großpächter aus dem Eanna-Archiv[230]. Der Pächter verpflichtet sich hier, die gestorbenen Tiere zu ersetzen, so in BE IX 29, 22 f.; 30, 36 mit den gleichen Worten:
*alpê*ḫá *šá ina lìb-bi i-mut-ti i-zaq-qap* „die Rinder, die davon (von den gepachteten) sterben, wird er (der Pächter) ersetzen"; ähnlich auch BE IX 26, 12 f.: *alpê šá ina lìb-bi i-mut-tú ultu (!) ram-ni-šú ú*-[xxx] „die Rinder, die davon sterben, wird er von sich aus . . ."[231]. Anders lautet dagegen die bedeutungsmäßig sicher gleiche Stilisierung der Klauseln in den Urkunden des Eanna-Archivs YBT VI 11,12 + VAT 8418, YBT VI 150,17 *alpê*me/meš *ù lâte rabâte ina lìb-bi ul i-mut-ti/tu*₄ „die Rinder und großen Kühe werden davon nicht sterben"[232]. Diese Stilisierung erinnert – wie v. Bolla gezeigt hat[233], an die Garantievereinbarung der πρόβατα ἀθάνατα in griechischen Papyri, eine Parallele, die sich über den germanischen „Eisern-Vieh-Vertrag" und das „cheptel de fer" des französischen Rechts[234] bis zum § 586/II des deutschen BGB verfolgen läßt. Auch nach dieser Vorschrift hat der Pächter – ohne Rücksicht auf sein Verschulden – zumindest den gewöhnlichen Abgabe der als Inventar gepachteten Herde durch junge Tiere zu ersetzen. Die Bastian'sche Theorie, wonach gleiche oder ähnliche wirtschaftliche, soziale und klimatische Verhältnisse gleiche oder ähnliche Rechtsinstitute selbständig und unabhängig voneinander hervorbringen können[235], bestätigt sich hier an Vereinbarungen über mitgepachtetes Inventar allgemein und speziell an der Regelung der Ersatzpflicht ausgefallener Tiere über einen Zeitraum von etwa zweieinhalb Jahrtausenden hinweg.

Die Überlassung des Inventars an den Pächter ist auf Pachtverträge *ana sûti*

---

229 BE IX 26; 29; 30.

230 YBT VI 11 + VAT 8418; YBT VI 150.

231 Das hier von BE IX 29; 30 abweichende Prädikat ist unklar, dürfte aber doch *izaqqap* entsprechen. Anders Augapfel, BRAD S. 64: *alpu ša ina lìb-bi i-mut-ti akal ram-ni-šu* . . . „Ochsen, soviel dabei nötig sind(?), sein eigenes Essen . . .". Diese Deutung ergibt wenig Sinn. Vgl. dazu v. Bolla, Tiermiete S. 169 A. 2.

232 Vgl. auch YBT VI 103, 20: *alpê*meš *ul i-mut-ti.*

233 aaO. S. 168 ff.

234 Dazu v. Bolla aaO. S. 170 ff. Im Röm. Recht ist dagegen dieses Rechtsinstitut nicht entwickelt, vgl. v. Bolla aaO. S. 80; Kaser, Röm. Privatrecht I S. 565 A. 25.

235 Vgl. Koschaker, SZ 49 (1929) S. 191; Lautner, Z. f. vgl. R. W. 47 (1933) S. 70 ff.; v. Bolla aaO. S. 30 f.; 170 ff.

„gegen (festen) Pachtzins" beschränkt[236]. Der Pachtzins ist in diesen Fällen in Naturalien zu zahlen, die der Pächter mit dem beigestellten Saatgut aus dem Grundstück innerhalb des Jahres erwirtschaften konnte, für das der Zins zu entrichten war. Das Quantum an Saatgut für eine bestimmte Kulturart (Gerste, Weizen, Emmer, Sesam u. ä.) steht zur Höhe des Pachtzinses, insbesondere bei den wichtigsten Ertragsarten Gerste, Weizen und Emmer, in verhältnismäßig einheitlicher Relation. So hat der Pächter zumeist das 10-fache des Saatguts an Gerste[237], das 7–15-fache an Weizen[238] und das 8 1/2- bis 10-fache an Emmer als Pachtzins zu entrichten[239].
Das beigestellte Saatgut scheint den größten Teil des Bedarfs des Pächters bei der Besäung des gepachteten Grundstücks ausgemacht zu haben. Dieses Bild wenigstens vermittelt z. B. BE IX 88. Für das 20 Kor große Feld wäre Saatgut von etwa 20 Kor Gerste erforderlich. Der Verpächter stellt hier 12 Kor Gerste, die zur Aussaat auf 12 Kor des Feldes genügen. Außerdem erhält der Pächter noch 2/3 Kor Weizen, 2 Kor Emmer und 3/10 Kor Sesam, womit die übrigen 8 Kor des Feldes zu besäen waren. Wurden diese Getreidesorten und der Sesam ebenso dicht gesät wie die Gerste, so hatte der Pächter etwa ein Viertel des Saatgutes selbst aufzubringen. Vielleicht entspricht dieser Rest dem Teil des Feldes, der offenbar mit anderen Kulturarten bestellt wurde, von denen zwar kleinere Mengen als Teil des Gesamtpachtzinses abzuliefern waren, für die aber kein Saatgut beigestellt wurde.
Soweit die Verträge von diesen Normalverhältnissen abweichen[240], werden die Pächter entweder selbst über Teile des Saatgutes verfügt haben oder es wird die Ertragslage des Feldes vom Normalen abgewichen sein, so daß der Pachtzins entsprechend niedrig bemessen wurde.

---

236 YBT VI 11 + VAT 8418 und YBT VI 150, zwei Großpachtverträge mit beigestelltem Inventar, sind materiell als *sûtu*-Pacht zu deuten, wenn dies auch nicht ausdrücklich erwähnt ist.

237 BE IX 86a, 88, UM II_1 44, 79; 106; 154, 157.
Abweichungen in BE IX 30: 20-fach; BE IX 34: etwa 15-fach; BE IX 65, 1. Teil: etwa 17-fach; BE IX 65, 2. Teil: etwa 12-fach; UM II_1 15: 6-fach; BE IX 26: etwa 11-fach (hier sind gem. Z. 4 nicht nur 1 Kor Gerste als Saatgut zu liefern (so BRAD S. 64 und Beilage zu S. 74), sondern 11 Kor), BE IX 49: etwa 10-fach (hier beträgt der Gerste-Pachtzins gem. Z. 3, 7, 8 nicht 65 Kor (so BRAD Beilage zu S. 74), sondern 75 Kor (so BE IX S. 39)).

238 7-fach: UM II_1 44, 49; 154; 157.
10-fach: BE IX 65 1. und 2. Teil; UM II_1 39.
15-fach: BE IX 88, UM II_1 106, BE IX 86a (hier beträgt der Weizen-Pachtzins gem. Z. 13, 20 nicht 200 Kor (so BRAD S. 66 für den subjektiv stilisierten Teil der Zwiegesprächsurkunde und auch in der Liste, Beilage zu S. 74) oder 140 Kor (so BRAD S. 66 für den objektiv stilisierten Teil), sondern einheitlich 100 Kor).
Abweichungen in BE IX 26; 34: 5-fach; BE IX 29: 20-fach; BE IX 30: etwa 4-fach; BE IX 35: 16-fach; UM II_1 15: 13-fach.

239 8 1/2-fach: BE IX 26; 88; UM II_1 49; 157.
10-fach BE IX 34, UM II_1 79.
Abweichungen in BE IX 29: 26-fach; BE IX 35: 30-fach; BE IX 65, 1. Teil: 50-fach; BE IX 65, 2. Teil: etwa 7-fach; BE IX 86a: etwa 12-fach, UM II_1 15, 154: 4-fach.

240 Vgl. die vorhergehenden Anmerkungen.

Das Inventar stand wohl dem Pächter – ebenso wie das Grundstück – mit Ausnahme des Saatgutes für die gesamte Pachtdauer zur Verfügung; eine Beschränkung auf das erste Pachtjahr findet sich zumindest in keinem der Verträge. Das Saatgut wird von dieser Regelung deshalb ausgenommen gewesen sein, weil es nach Verbrauch bei der ersten Aussaat in den folgenden Jahren aus der Ernte entnommen werden konnte. Eine Verpflichtung des Verpächters, das Saatgut jährlich zu stellen, hätte wohl in den Vertrag aufgenommen werden müssen. In der jährlichen Pachtzinszahlung war dann wohl die Rückgewähr des mitgelieferten Saatgutes eingeschlossen.
Vereinzelt in einem Vertrag aus dem 1. Regierungsjahr des Artaxerxes I. bzw. II.[241] gibt der Verpächter dem Pächter neben dem Grund und Boden auch noch einen Geldbetrag von einer Mine und 15 Sekeln Silber gegen *sûtu* – Pachtzins in Höhe von 25 Kor Gerste (?)[242], vielleicht um dem Pächter u. a. die Anschaffung des Saatgutes zu erleichtern. Setzt man den Normalzins für Silberdarlehen von 20 % jährlich auch hier an, so beträgt der Pachtzins für das Grundstück bei einem Kurs von 1 Sekel Silber zu 1 Kor Gerste jährlich 10 Kor Gerste. Im Gegensatz zu den erwähnten Verträgen mit beigestelltem Saatgut wird hier aber in der Pachtzinszahlung auch keine teilweise Tilgung des Darlehens zu sehen sein; der Geldbetrag war hier wohl vielmehr spätestens nach Ablauf der Pachtzeit in voller Höhe zurückzuzahlen; denn im Vergleich zu den Verträgen, die unmittelbar die Bereitstellung von Saatgut vorsehen, ist der Wert des mitgegebenen Silbers ungleich höher als der jährliche Pachtzins.

C) Die rechtliche Situation der Pachtobjekte

Nach der unter A und B besprochenen Beschreibung des Grundstücks folgen regelmäßig Angaben über seine rechtliche Beschaffenheit: Eigentum, Lehensberechtigungen, Pfand- oder Pachtrechte oder sonstige Berechtigungen, soweit sich daraus die Legitimation des Verpächters zur Verpachtung ergibt.

a) Eigentum des Verpächters

Zumindest in der chaldäischen Zeit war das häufigste Recht, das den Verpächter zur Verpachtung legitimierte, das Eigentum. Ein allgemeiner abstrakter

---

241 Straßmaier, actes 8e congrès Nr. 23.
242 Vgl. Z. 3 ff.: ^{še}*zêrâte*^{meš} *šá ina pa-na-a-ta a-na sûti a-na* $^{\text{I.d}}$*nabû-uballiṭ*^{it} *apli-šú šá* $^{\text{I.d}}$*bêl-aba-uṣur nadna*^{na}*-a' šá* ^{I}*bêl-šú-nu apil-šú šá* $^{\text{I.d}}$*bêl-uṣur-šú* ^{I}*bêl-šú-nu a-ḫi a-ḫu-ú-tu a-ḫi* ^{še}*zêrâte*^{meš} *ù 1 mana 15 šiqil kaspa a-na sûti a-di 10-ta šanâte*^{meš} *a-na šatti 25 kùr* [*uṭṭati(?)*] *a-na* $^{\text{I.d}}$*bêl-apla-uṣur apli-šú šá* ^{I}*man-nu-ni-*^{d}*bêl* [*id-din*] „(betrifft die) Aussaat(flächen), die früher gegen Pachtzins dem Nabû-uballiṭ, Sohn des Bêl-aba-uṣur gegeben waren, gehörig dem Bêl-šunu, Sohn des Bêl-uṣuršu. Bêl-šunu ist Bruder der Bruderschaft (vgl. CAD A I S. 187 rechts: „member of the collective of brothers“). Er hat die Hälfte(?) der Aussaat(flächen) und 1 Mine 15 Sekel Silber gegen Pachtzins auf 10 Jahre für pro Jahr 25 Kor [Gerste(?)] dem Bêl-apla-uṣur, Sohn des Mannuni-Bêl [gegeben]“.

terminus technicus für „Eigentum" fehlt im nb. Recht[243], ebenso wie ein allgemeiner Oberbegriff „Pacht". Der Träger des Herrschaftsrechts über eine Sache – im modernen Sprachgebrauch „Eigentümer", aber wohl darüber hinaus auch der Träger anderer „dinglicher" Herrschafts- bzw. Nutzungsrechte – wurde *bêlu* „Herr" genannt, die Zugehörigkeit einer Sache zu einem *bêlu* durch die Phrase *pân* PN *dagâlu* „dem PN gehören (wörtlich: das Gesicht des PN anschauen", von der Sache gesagt)[244] oder durch eine Genitivkonstruktion[245] ausgedrückt. *makkûru* bezeichnet im nb. Sprachgebrauch regelmäßig[246] nur Tempel-[247] oder Königs-[248]eigentum oder Besitz. Das trifft auch für die Pachturkunden zu.

So wird in NRV 380 ein Feld *makkûr šarri* „Eigentum des Königs" von einem Inhaber, dem es als *bît ritti*- Lehensgut zusteht, verpachtet, in Cyr 200[249] und Camb 42[250] je ein *eqlu makkûr* ^{d}*šamaš* „Feld Eigentum des Gottes Šamaš" durch denselben ^{h}*šangû sippar*^{ki} „Priester von Sippar"[251] des berechtigten Heiligtums Ebabbara. Daneben wird das Eigentum des Tempels oder des Königs auch – wie bei Privatpersonen – durch die Genitivkonstruktion wiedergegeben[252].

---

243 Vgl. Petschow, NPR S. 135 A. 406 mit Hinweis auf andere alte Rechtsordnungen ohne abstrakten Eigentumsbegriff. Termini wie *mimmû* „Habe" (so Ungnad, Glossar S. 90) „alles, irgendetwas von, Besitz u. s. w." (so AHw S. 654 rechts), *bušû* „bewegliche Habe, Besitz" (so AHW S. 144 links) „private property" (so CAD B S. 353 rechts) oder *nikkassu* „berechnetes Vermögen" (so Ungnad, Glossar S. 109) „Vermögen, Besitz" (so AHw S. 789 rechts) für Vermögen von Privatpersonen (dazu San Nicolò, Or 18 (1949) S. 297) sind mir aus Pachturkunden nicht bekannt. Vgl. auch Cardascia, RIDA 3. Ser. VI S. 22 ff., der u. a. aus diesem Mangel an allgemeinen termini schließt, daß eine gefestigte juristische Vorstellung vom Eigentum als umfassendem Herrschaftsrecht zu dieser Zeit noch nicht entwickelt war. Zu bedenken ist aber, daß immerhin für das öffentliche Eigentum – in welcher detaillierten Ausgestaltung auch immer – ein abstrakter terminus existierte.

244 Dementsprechend „übereignen" durch den zugehörigen Š-Stamm O *pâni* ^{I}PN *šudgulu* wörtlich: „das O(bjekt) das Gesicht des PN (Erwerbers) anschauen lassen"; dazu AHw S. 150 links.

245 O *ša* ^{I}PN „das O(bjekt) des (Eigentümers) PN"; O *ša* ^{I}PN *šû* „das O(bjekt), das des (Eigentümers) PN ist es".

246 Vereinzelte Ausnahme: *makkûru* für Private im syrischen Nerab; vgl. Dhorme, RA 25 (1928) S. 77 Nr. 6, Z. 1 (Verpflichtungsschein, Nbn. 3. Jahr).

247 Vgl. z. B. Camb 42, 1: *eqlu makkûr* ^{d}*šamaš* „Feld, Eigentum des Gottes Šamaš". Daher sprechen Ungnad, Glossar S. 88 und Ebeling, Glossar S. 132 von „(körperschaftlichem) Eigentum" und v. Soden, AHw S. 590 links, Ziff. 7 von „a) Gut, Kasse von Tempeln", „b) vom König".

248 Vgl. z. B. VS V 55, 1 (NRV 380): *eqlu makkûr šarri* „Feld, Eigentum des Königs".

249 (Cyr. 5. Jahr); vgl. Z. 1: [*x kùr* ^{še}*zêru*] . . . *makkûr* ^{d}*šamaš* „[x Kor Aussaat(fläche)] . . . Eigentum des Gottes Šamaš". Vgl. auch Dar 427, 1; für Ur UET IV 41, 5: *makkûr* ^{d}*sîn* „Eigentum des Gottes Sin". Ebenso, jedoch nur für die angrenzenden Grundstücke: UET IV 41, 3 f.; 42, 3 f.

250 Cyr. 1. Jahr (Unterkönigtum des Cambyses).

251 In Cyr 200, 5 treten auf der Verpächterseite mit ihm noch die ^{h}*tupšarrê*^{meš}-*šá é-babbar-ra* „Schreiber von Ebabbara" auf.

252 Z. B. für Tempelland: TCL XII 90, 2, 4: ^{še}*zêru šá* ^{d}*bêlti šá uruk*^{ki} „Aussaat(fläche) der Herrin von Uruk"; ebenso YBT VII 38, 1; und für Königsland: Nbk 115, 4 ^{še}*zêru šá šarri* „Aussaat(fläche) des Königs".

Das Eigentum von Privatpersonen wurde aber nicht nur durch die Genitivkonstruktion, sondern gelegentlich auch einfach durch die Erwähnung desjenigen zum Ausdruck gebracht, der das Grundstück zur Pacht „gab", also Subjekt der Verpachtungsklausel ist[253]. Klar ist als Beispiel für die Genitivkonstruktion der Pachtvertrag Nbk 90, 1 ff. mit seiner Stilisierung von Seiten des Pächters[254]: *4 pân* ^{še}*zêru* ^{iṣ}*kirû šá* $^{I.d}$*nabû-šumu-lîšir šá* $^{I.d}$*nabû-šàr-ilâni*^{meš} *ana* ^{h}*nukaribbu-ú-tu iṣ-ba-tu* „4 Pânu Aussaat(fläche), (Baum)garten des (d. h. gehörend dem) Nabû-šumu-lîšir, die Nabû-šar-ilâni zur Gärtnereiarbeit genommen hat"[255]. Entsprechendes gilt aber auch in den von Seiten der Verpächters[256] stilisierten Pachtverträgen wie etwa Dar 193, 1 ff.: *1 (pân) 4 (sât)* ^{še}*zêru zaq-pi šá ita . . . šá* ^{I}*šâpik-zêri apil-šú šá* ^{I}*ṣil-la-a apil* ^{I}*na-ba-a-a a-di(!) 5-ta šanâte*^{meš} *a-na* ^{h}*nukaribbu-ú-tu a-na* $^{I.d}$*bêl-uballiṭ*^{iṭ} *apli-šú šá* $^{I.d}$*nabû-bêl-ilâni*^{meš} *apil* ^{h}*rab-bâni id-din* „(betrifft) 1 Pânu 4 Seah Aussaat(fläche), (mit Bäumen) bepflanzt, die neben . . . (Grenzangaben) (gelegen ist), des (d. h. gehörend dem) Šapik-zêri, Sohn des Ṣillâ, Nachkommen des Nabâja. Auf 5 Jahre hat er (die Aussaat(fläche)) zur Gärtnereiarbeit dem Bêl-uballiṭ, Sohn des Nabû-bêl-ilâni, Nachkommen des Bauinspektors, gegeben"[257]. Derjenige, der das Feld einem

---

Der Umfang des öffentlichen Eigentums an Grund und Boden im Verhältnis zum privaten Grundbesitz ist schwer zu bestimmen. Zu zufällig ist die Überlieferung und zu wenig sagen die Urkunden über die Größe der Grundstücke aus. Bei isolierter Betrachtung des Eanna-Archivs z. B. läge der Schluß nahe, daß der größte Teil des Landes Tempeleigentum war. Viele Urkunden außerhalb dieses Archivs zeigen aber, daß das private Eigentum gleichfalls einen erheblichen Teil des Grundbesitzes ausgemacht haben muß. Die Urkundenlage läßt aber keine klaren Aussagen über die Verteilung des Grundbesitzes zu. Erkennbar ist jedoch, daß der Besitzstand der öffentlichen Hand in der Perserzeit ganz erheblich erweitert worden sein muß. Anders lassen sich die vielen Urkunden dieser Zeit, die von verschiedenen Lehensgütern handeln, nicht erklären. Neben dieser Art von Grundbesitz hat es freilich auch noch reines Privateigentum am Grund und Boden gegeben. (Vgl. z. B. UM II_1 20; BE IX 40; NRV 383; 385 u. v. a.).

253 Der in ab. Pachturkunden mindestens seit Samsuiluna übliche Eigentümer-Vermerk beim Verpächter: O . . . *itti* V LUGAL A. ŠÀ. GA (= *bêl eqlim*) P . . . *ušêṣi* „der P(ächter) hat das O(bjekt) vom V(erpächter), dem Herrn des Feldes, gepachtet"; vgl. z. B. Schorr UAR Nrn. 120–123; 133 (sämtlich Sippar); 131; 132; 135; 137 (sämtlich Dilbat) und Edzard, ed-Dēr, Komm. zu Nr. 32, findet sich m. W. in den nb. Pachturkunden in dieser Form nicht.

254 Dazu u. S. 55.

255 So vielleicht auch in Kr 134, wo am Anfang der Z. 3 wohl [*šá*] zu ergänzen ist. In den im übrigen parallelen Tafeln Kr 133; 135; 136 fehlt das zweite *šá*: . . . *eqlu šá* $^{I}PN_1$ . . . *(adi x šanâte)* $^{I}PN_2$ *(u* $^{I}PN_3$*)* . . . *iṣbat(u)* „(betrifft das) Feld . . . des PN_1 . . . (auf x Jahre) hat (haben) PN_2 (PN_2 und PN_3) . . . (es) genommen". Auch hier kann (wie in Nbk 90 und vielleicht Kr 134) *šá* $^{I}PN_1$ nur „Eigentum des PN_1" bezeichnen; syntaktisch klar ist dies in Nbk 90, wo das erste *ša* nur als Determinativ-Pronomen zum Ausdruck des Genitivs, nicht wie das zweite *ša* als „Relativpronomen" verstanden werden kann.

256 Dazu u. bei A. 412.

257 Sprachlich möglich wäre im Spätbabylonischen eine andere syntaktische Auffassung des Satzgefüges: „. . . Aussaat(fläche) . . . , welche (*ša* als „Relativpronomen") Šâpik-zêri . . . dem Bêl-uballiṭ gegeben hat (*iddin*)". Daß das Verbum *iddin* nicht im korrekten Subjunktiv (*iddinu*) steht, stünde nicht entgegen, da im Spätbabylonischen

anderen „gegeben hat", dürfte wohl i. d. R. auch der Eigentümer gewesen sein, wenn eine andere Berechtigung an dem Feld nicht ersichtlich ist. In diesen Fällen ist auch kaum von Unterverpachtung auszugehen. Obwohl dies mit letzter Sicherheit nicht festgestellt werden kann, ist doch wahrscheinlich, daß bei Unterverpachtung regelmäßig das Oberpachtverhältnis in den dafür bekannten Formen wenigstens angedeutet wurde[258].

Nicht selten werden in den Urkunden auch *zittu* „Anteile" an Grundstücken oder Lehensberechtigungen verpachtet. Es handelt sich dabei um Grundstücke, die einer Mehrheit von Inhabern – Eigentümern[259] oder Lehensberechtigten[260] – zustehen, von denen einer oder einige ihren – wie auch immer rechtlich gestalteten – Anteil an einen Mitgemeinschafter[261] oder einen Gemeinschaftsfremden[262] verpachten. Bezeichnet werden diese Anteile auch in den Pachtverträgen wie bei Verkauf[263] oder Verpfändung[264] als *pût zitti* „Stirn des Anteils"[265], *aḫi zitti*[266] bzw. *aḫi mala zitti (-šunu/šu)*[267] wörtlich „Seite des Anteils" bzw. „Seite, (soviel ihr/sein, nämlich der/des Verpächter/s) Anteil (ist)" oder schlicht *mala zitti*[268] „soviel der Anteil (ist)"[269].

---

gewisse vokalische Endungen – u. a. beim Verbum die Subjunktivendung *-u* – in der Aussprache abfallen. (Vgl. zu dieser Erscheinung allgemein GAG § 13 c und speziell für den Subjunktiv § 83 g). Daß das Subjunktiv *-u* aber nicht immer abfiel, zeigt neben Nbk 90, 2 f. auch TCL XII 90, 5: *šá* ^{I}PN *lâ iṣbatu* „die PN nicht genommen hat". Vgl. auch die Nachweise bei Hyatt, Final Vowels. Danach kann die Endung nach einzelnen Konsonanten (z. B. *iddin-u*) vorhanden sein (aaO. S. 15) oder auch nicht (aaO. S. 11). Immerhin würde man doch gelegentlich auch noch Formen mit Subjunktivendung *-u*, also *iddinu*, erwarten können analog dem *iṣbatu* in Nbk 90, 2 f. Die Entscheidung dieser philologischen Alternative kann aber offenbleiben, da sich sachlich gegenüber der oben gegebenen Übersetzung nichts ändert. Syntaktisch eindeutig ist die Variante dieser Klausel, bei der das *šá* vor dem Namen des Verpächters fehlt, so z. B. in Camb 102, 1 ff.: [^{še}*zêru bît*] *tap-tu-ú* ^{še}*zêru(!) 50 kù*[*r x x šá ina*] *bir-tu₄ šá* ^{I}*ku-na-a* $^{I.d}$*marduk-šuma-iddin*, [^{h}*šangû sippar*]^{ki} *a-na tap-tu-ú a-na* ^{I}*bêl-šú-nu apli-šú šá* ^{I}*ba-ku-ú-a adi 3-ta šanâte*^{meš} *id-din* „[(Betrifft die) Aussaat(fläche)], Neubruch[land], eine Aussaat(fläche(!) von) 50 Ko[r x x, die in] Birtu-ša-Kunâ (gelegen ist). Marduk-šuma-iddin, [der Priester von Sippar] hat (sie) zur Erschließung dem Bêl-šunu, Sohn des Bakûa auf 3 Jahre gegeben".

258 Dazu u. bei A. 330a.

259 NRV 383.

260 Kr 142; UET IV 41; 42; 44; BE IX 10, sämtlich *zittu*-Anteile an *bît qašti* „Bogengrundstücken".

261 Kr 142: Zamaspâ verpachtet seinen Anteil an seinen Mitteilhaber Midâ gegen *sûtu*-Pachtzins.

262 UET IV 41; 42 (in beiden etwa 8–9 Jahre auseinanderliegenden Urkunden je der gleiche Pächter); UET IV 44. Aus dem Muraššû-Archiv: BE IX 10.

263 NRV 50: *bît zitti* „Anteilsgrundstück", anders Ungnad, Glossar S. 89: *mal zitti* „voller Anteil"; NRV 51: *pût zitti* „Stirn des Anteils"; BR 8/7 Nr. 8: *1*^{et} *zittu* „ein Anteil"; BR 8/7 Nr. 9: *šal-šú šá zitti* „Drittelanteil"; BR 8/7 Nr. 11, Z. 3: *a-ḫi* ^{iṣ}*kirî* „Seite(nanteil) des (Baum)gartens" und Z. 5: *zitti-šú ina* ^{iṣ}*kirî* „sein (des Verkäufers) Anteil am (Baum)garten (Verkauf des Anteils an den Mitgemeinschafter).

264 Vgl. die Belege bei Petschow, NPR S. 67 f.

265 NRV 383.

266 UET IV 47 Rs. Z. 2.

267 UET IV 41, 9; 42, 11; 44, 4.

268 Kr 142, 6; BE VIII$_1$ 124, 2.

Wahrscheinlich rückt der Pächter durch die Verpachtung in die Teilhaberstellung des Verpächters ein, allerdings begrenzt nur auf das Fruchtziehungsrecht und gegebenenfalls die Arbeitspflichten, wobei alle weiteren Rechte dem Verpächter bleiben, insbesondere diejenigen zur Abtretung oder Verpfändung des Anteils. Solche *zîzâtu* konnten – gleich wie ganze Grundstücke – auch verpfändet, vom Pfandgläubiger anscheinend pachtweise weitervergeben und vom Pächter schließlich unterverpachtet werden[270].

Die Größe der Pachtanteile ist, nach den Pachtzinsvereinbarungen zu schließen, schwankend und teilweise offensichtlich wenig bedeutend, so etwa in den Pachtverträgen über „Bogen(grundstücke)" aus jenem Archiv in Ur, zu dem UET IV 41 ff. gehören. In UET IV 44 beträgt die jährliche Pachtabgabe (*mandattu*) für die *aḫi mala zittišunu* „Seiten, soviel ihr (der Verpächter) Anteil (ist)" (in Z. 7 f. als *a-ḫi ina(!)* ^{še}*zêri šu'âti*^{meš} bezeichnet) nur 2 Sekel Silber, für jeden der 3 Verpächter also 2/3 Sekel. Ein ähnliches Bild ergeben für gleichartig bezeichnete Anteile die Urkunden UET IV 41, wo sich 6 namentlich erwähnte Teilhaber und eine unbekannte Anzahl von *bêlê qaštišunu* „Herren (Mitteilhaber) ihres Bogen(grundstücke)s" in den *mandattu* – Pachtzins von 12 Sekeln Silber jährlich teilen müssen, und UET IV 42, wo 3 Teilhabern jährlich eine *mandattu* von nur 10 Sekeln Silber zusteht.[271]

b) Lehensberechtigungen

aa) Das *bît ritti,* wörtlich „Handhaus"[272]

Als Gegenstand von Pachtverträgen ist das *bît ritti* seit der Perserzeit[273] in zunehmendem Maß bekannt. Wie Petschow nachweist[274] handelte es sich dabei weder um „Pachtland"[275] noch um „Erbpachtland"[276], sondern um ein vom

---

269 Zur Bereinigung der kontroversen Übersetzung von *pût zitti* „Anteil in ungeteilter Gemeinschaft" im Gegensatz zu *aḫi zitti* „Seite des Anteils" als dem nach Teilung auf den einzelnen entfallenden Realanteil einerseits – so Landsberger, ZA 39 (1930) S. 282 f.; dazu jeweils etwas modifiziert auch San Nicolò, NRV S. 5 und Petschow, NPR S. 68 – und „Hauptanteil, ungleicher Anteil" andererseits – so Ungnad AfO 14 (1941–44) S. 59 A. 16; Glossar S. 124; v. Bolla, Tiermiete S. 138 A. 4; BR 8/7 S. 85 – tragen die Pachtverträge nichts bei. Die Formulierung *aḫi mala zittišu* „Seite, soviel sein Anteil (ist)" erweckt allerdings Zweifel an der Deutung von *aḫu* = Halbpart – so CAD A I S. 209 links: „half, half share, first half" –, da die Hälfte als klar abgegrenzter Anteil einer näheren Umschreibung mit „soviel sein Anteil (ist)" wohl nicht bedürfte.

270 Dazu u. bei A. 330 a.

271 Zur Höhe des Pachtzinses u. bei A. 507.

272 AHw S. 134 Nr. 25; geschrieben É *rit-tú/tu*$_4$*/ti* (VS V 49, 2 (NRV 379); VS V 120,13 (NRV 389); Kr 145, 2 und 4) oder É KIŠIB (VS V 55, 2 (NRV 380)).

273 Vorachämenidisch m. W. vereinzelt belegt in Moldenke Nr. 46 S. 92 (Sippar, Nabonid 3. Jahr), sonst erst achämenidisch in YBT VII 38, 1 (Uruk, Cyrus 4. Jahr) bis seleukidisch.

274 NPR S. 143 f. mit Lit. A. 432; ebenso AHw S. 134 Nr. 25; vgl. auch schon vermutungsweise San Nicolò, NRV 380 A. 4; Beiträge S. 235 A. 1.

275 So Ungnad, Glossar S. 136; Kohler-Ungnad, HAU S. 6 zu BE IX 30, 3; Augapfel, BRAD S. 103 rechts.

König oder von einem Tempel vergebenes Lehen[277]. Dabei enthalten die Urkunden gewöhnlich keinen Hinweis auf die Berechtigung des königlichen Hauses oder des Tempels, sondern lediglich auf die Lehensberechtigung des Verpächters[278] oder des Pächters[279] selbst. Dies wohl deshalb, weil das Lehensrecht eine sehr weitgehende Befugnis über das Grundstück gab[280] und insbesondere bei Pachtverträgen regelmäßig diese Angabe genügte. Im übrigen waren die rechtlichen Befugnisse und die Pflichten der Pächter für die Beteiligten durch die Bezeichnung *bît ritti* ausreichend gekennzeichnet. Das Recht des Lehensberechtigten zur Verpachtung dokumentiert eine Fülle von Urkunden, wovon die Mehrzahl aus dem Muraššû-Archiv in Nippur stammt[281].

---

276 So Schwenzner AfK II (1924–25) S. 118 A. 2. Die Übersetzung „pasture" in CAD E S. 370 links zu BE IX 45, 10, 20 steht m. W. allein und bedarf wohl keiner weiteren Erörterung.

277 Königslehen: NRV 380 (Sippar, Camb. 7. Jahr): Tempellehen: YBT VII 38 (Uruk, Cyrus 4. Jahr) Z. 1 f.: ^{še}*zêru* . . . *šá* ^{d}*bêlti šá uruk*^{ki} *bît rit-ti šá* ^{I}PN „Aussaat(fläche) . . . der Herrin von Uruk, *bît ritti* des PN"; Dar 427 (Birtu-ša-Kinâ, Darius I 16. Jahr) Z. 1 ff.: ^{še}*zêru* . . . *makkûr* ^{d}*šamaš* ŠA PI IŠ *šá* ^{d}*šamaš* . . . *bît rit-*tu_4 *šá* ^{I}*mar-duk-a* ^{hš}*i-rik* ^{d}*šamaš šá sûti šá* ^{I}*bul-ṭa-a apli-šú šá* $^{I.d}$*marduk-erîba apil* ^{h}*isin*^{ki} ^{I}*bul-ṭa-a a-na* ^{h}*nukaribbu-ú-tu a-di-i 3-ta šánâte*^{meš} *a-na* $^{I}PN_1$ *u* $^{I}PN_2$ *i-din* „(betrifft die) Aussaat(fläche) . . . Tempelgut des Gottes Šamaš ŠA PI IŠ des Gottes Šamaš . . . *bît ritti* des Marduka, *širku* des Gottes Šamaš, gehörend zum Pacht(land) des Bulṭâ, Sohnes des Marduk-erîba, Nachkommen des Mannes von Isin. Bulṭâ hat (das Feld) zur gärtnerischen Bearbeitung auf 3 Jahre dem PN_1 und PN_2 gegeben". Inhaber des *bît ritti* ist hier ein *širku* des Šamaštempels, zu dessen Tempelgut das *ritti*-Lehensgrundstück gehört. Verpächter ist in dieser Urkunde aber nicht der *širku*, sondern ein gewisser (tempelfremder) Bulṭâ, der wohl seinerseits das Grundstück von dem *širku* gepachtet hatte und jetzt als *bît sûti* „Pachtland" unterverpachtete. Vgl. dazu teilweise abweichend Petschow, NPR S. 143 A. 436.

278 Etwa in BE IX 60, 6; Kr 145, 4; BE IX 30, 3.

279 Vgl. BE IX 30, 6; 34, 6; Kr 143, 10 = BE IX 45: in allen drei Fällen hatte wohl der Pächter sein *ritti*-Lehen vorher an den Verpächter Enlil-šuma-iddin/Muraššû verpfändet, wenngleich davon in der Urkunde nicht die Rede ist. So auch Cardascia, AM S. 127 mit A. 9 und vermutungsweise Petschow, NPR S. 143 A. 436.

280 Zur eigentümerähnlichen Stellung des Lehensberechtigten einerseits und zur Eigentümerstellung des Königs bzw. Tempels andererseits Petschow, NPR S. 143 f. (nach ihm sog. „geteiltes Eigentum"). Teilweise gegen Petschow: Dandamajew, Lehnsbeziehungen S. 38 f. A. 10, der die Veräußerung des *bît ritti* im Gegensatz zur Verpachtung und Verpfändung für ausgeschlossen hält, weil das Land letztlich dem König gehörte. Dem widerspricht nicht unbedingt die Bezeichnung des Lehensberechtigten als *bêl eqli* „Herrn des Feldes" in VS V 55, 10 (NRV 380). Der terminus *bêlu* braucht nicht dem „Eigentümer" i. S. des modernen Bürgerlichen Rechts entsprochen zu haben (so auch Cardascia, RIDA 3. Ser. VI (1959) S. 22: „un terme, qui rend approximativement „propriétaire" (*bêlu*)"). Wesentlich deutlicher weisen auf das Veräußerungsrecht des Lehensberechtigten die von Petschow, NPR S. 144 erwähnten Eigentumsbestätigungsklauseln in seleukidischen Kaufurkunden über *bît ritti* hin. Denkbar wäre allerdings ein Wandel in der rechtlichen Bedeutung des *bît ritti* zur seleukidischen Zeit.

281 BE IX 26 (Artax. I 31. Jahr); 30 (Artax. I 32); 34; 35 (beide Artax. I 34); 45 (Artax. I 36); 60 (Artax. I 37); 67 (Artax. I 39); 86a (Artax. I 41(?)); Kr 145 (Artax. I 40); BE X 44 (Dar. II 1) (sämtlich aus Nippur); Dar 427 (Birtu-ša-Kinâ, Dar. I 16); NRV 380 (Sippar, Camb. 7); 389 (Artax. I oder II 33).

bb) Das *bît qašti* „Bogenland“[282]

Anders als das *bît ritti* enthält schon der Name dieser Art von Grundstücken einen Hinweis, daß es sich um Lehensland handelt. Das Grundstück wurde entweder Bogenschützen für ihre Dienste als Soldaten des Reiches zugeteilt, damit sie daraus den Unterhalt für ihr Militärdasein erwirtschaften konnten, oder Privatpersonen, die aus den Erträgen des Lehens einen Bogenschützen auszurüsten hatten[283].

Inhaber[284] dieser *bît qašti* konnten demgemäß auch nichtmilitärische Personengruppen[285] sein, wie in BE IX 72,2 die *šangû* „Priester“ der Stadt Larag oder einzelne Privatpersonen, etwa Mitglieder des Hauses Muraššû wie Enlil-šuma-iddin oder Rîbât, der *ardu* des Rîmût-Ninurta/Muraššû[286].

Ähnlich wie bei dem *bît ritti* wurde auch beim *bît qašti* gelegentlich die Herkunft des Lehens klargestellt durch den Vermerk, das *bît qašti* stamme vom Tempel oder König, so ein *eqlu makkûr* ᵈ*sîn* „Feld, Eigentum des Gottes Sin“[287], während BE IX 99,1 das Pachtobjekt als *bît* ⁱˢ*qašti ni-din-tú šarri* „Bogengrundstück, Gabe des Königs“ bezeichnet wird, eine Formulierung, die die Vergabe des königlichen Bodens als „Bogen“lehen plastisch wiedergibt[288].

Bekannt sind uns diese Lehen seit der frühen Perserherrschaft, während der sie wahrscheinlich nach einer grundlegenden Bodenreform[289] auftauchen. Wie die

---

282 Vgl. AHw S. 134 Nr. 20; geschrieben: É GIŠ. BAN = *bît* ⁱˢ*qašti* „Bogenland“ (Kr 145, 3); É LÚ. BAN = *bît* ⁱˢ*qašti* (Kr 146, 3) „Bogenmannland“.

283 So auch Cardascia, AM S. 8 A. 7: „Le fief est la terre affectée à l'entretien ... d'un archer (ou d'un groupe d'archers)“; ebenso Fief, S. 61: „fonds-d'arc“ ou „fonds d'archer“; Ebeling, RlA III S. 38 rechts: *bît qašti* „Felder, die von einem Bogenschützen bewirtschaftet werden sollten“; AHw S. 134 Nr. 20: Bogenland, d. h. Lehensgüter mit Ausrüstungspflicht für Reiter“ (wohl irrtümlich statt: Bogenschützen; für Reiter vgl. *bît sîsî* in AHw S. 134 Nr. 29). Entsprechend auch die Lehen *bît sîsî* „Pferdeland, Lehensland für Reiter“: AHw S. 134 Nr. 29; Petschow, NPR S. 67 und *bît narkabti* „Lehen für Wagenkämpfer“: AHw S. 134 Nr. 16, worüber aber Pachtverträge nicht bekannt sind. Zu *bît sîsî* vgl. aber u. bei A. 310.

284 Gelegentlich bezeichnet als ʰ*bêlê qaštišunu* „Herren ihres Bogen(grundstück)s“: UET IV 41, 9 oder ʰ*bêlê*ᵐᵉˢ *qašâte*ᵐ⁽ᵉ⁾ˢ-*šú(!)-nu* „Herren ihrer Bogen(grundstücke)“: UET IV 42, 11, insoweit parallel zu NRV 380 (dazu o. A. 280).

285 Ausdrücklich als Soldaten sind die Inhaber der *bît qasti* nur selten bezeichnet, wie z. B. in BE X 15, 3 als ʰ*a-lik ma-dak-ta* „einer, der zum Heerlager geht, der im Lager Dienst tut, Felddienstpflichtiger“ (vgl. AHw S. 571 rechts und Eilers, Vāspuhr S. 56). Die andere Personengruppe in BE X 15, 3, die ʰ*gi-ri-su-a-kar-ra-nu* (vgl. Eilers aaO. S. 55; AHw S. 291 links: „ein Beruf“) wird vielleicht auch militärischer Art gewesen sein; vgl. dazu Cardascia, AM S. 128 A. 1 und Ḫatru (mir nicht zugänglich).

286 BE IX 86a; UM II_1 115.

287 So UET IV 41, 3; 42, 3.

288 Vgl. dazu die – allerdings nicht auf ein Lehensland bezogene – Formulierung in TCL XII 38, 4: *300 qaq-qar ina lìb-bi ina ni-din-tú šarri* „300 (Maße) Grund und Boden davon (von den 600 (Maßen) in Z. 1) (sind) von der Gabe des Königs“. Vgl. Moore, NBAD S. 47: 300 measures of this, being in a grant, belonging to the king“.

289 Dazu näher Eilers, OLZ 37 (1934) S. 95, Dandamajew, Lehnsbeziehungen, S. 37 ff. und Cardascia, AM S. 8 mit A. 7. Auffällig ist allerdings, daß ein *bît qašti* schon zur Regierungszeit des Cambyses auftaucht (Camb 85, 1: ˢᵉ*zêru bît* ⁱˢ⁽ᵎ⁾ *qašti šá* [Iᴘɴ] „Aussaat(fläche), Bogengrundstück des [PN]“); also nicht allzulange Zeit nach Er-

bît ritti-Lehen waren sie verpfändbar[290] und konnten verpachtet werden[291]. Die Lehensträger scheinen dabei nicht an die Genehmigung des Lehensherrn gebunden gewesen zu sein; zumindesten fehlt jeder Vermerk in den entsprechenden Verträgen. Die Annahme Eilers'[292], Veräußerung und Erwerb dieser Grundstücke seien an ein Gesuch an den König gebunden gewesen, läßt sich aus den angeführten Urkunden[293] m. E. nicht ableiten. Diese Verträge enthalten keine Grundstücksveräußerungen, es handelt sich vielmehr teils dem Wortlaut nach, teils sachlich um Pachtverträge *ana šutapûti*[294]. Der Terminus *ṣullû*, wörtlich „anflehen", den Eilers als terminus technicus für den Antrag des Lehensberechtigten an den König zur Genehmigung der Übereignung von Lehensgrundstücken ansieht, ist bisher auf die Gesellschaftspacht beschränkt nur in diesen drei Urkunden nachgewiesen[295] also wohl eher eine pachtrechtliche Besonderheit als eine lehensrechtliche. Die Bindung des *bît qašti*-Lehens an den hoheitlichen Eigentümer zeigt hingegen vielleicht BE X 15, wo *qašti*-Grundstücke dem Hause Murašŝû *ana* PA. Ú *šarri* „gegen PA. Ú des Königs" auf 3 Jahre gegeben werden. Dieser PA. Ú *šarri* – gem. Z. 12 ff. bis zur Höhe von 6 Minen Silber als bezahlt quittiert – ist wahrscheinlich normalerweise eine

---

richtung der Perserherrschaft unter Cyrus im Jahre 539 v. Chr. Die Datierung dieser Urkunde ist nicht zweifelsfrei. San Nicolò, Prosopographie S. 52 mit A. 3 setzt sie schon im 1. Jahr des Cyrus (538 v. Chr.) an, also im Jahr des Unterkönigtums des Cambyses in Babylon (dazu San Nicolò aaO. S. 51 ff. mit Lit.). Sie lautet in ihrem entscheidenden Teil Z. 21 f.: *šáttu 1^et ^Ikam-bu-zi-ia(!) šàr bâbili^ki* KAM „1. Jahr des Cambyses, Königs von Babylon KAM". Ist KAM am Ende der Datierung zu übersetzen mit „(König von Babylon) ist er" – eine in diesem Zusammenhang ganz ungebräuchliche Ausdrucksweise –, so stammt die Tafel in der Tat aus dem Jahr des Unterkönigtums des Cambyses, der zu dieser Zeit den zusätzlichen Titel „König der Länder" noch nicht führte. Möglich ist allerdings, daß das Zeichen KAM auf einem Schreib- oder Kopierfehler beruht und in Wahrheit *u(!) mâtâte(!)* „und der Länder" zu lesen ist. Anordnung und Anzahl der Keile würden diese Lesung nicht unbedingt ausschließen. In diesem Fall würde die Urkunde aus dem ersten Jahr der Alleinherrschaft des Cambyses stammen, also 529 v. Chr., 9 Jahre nach Errichtung der Perserherrschaft. Ein weiterer früher Beleg für „Bogenlehen": AnOr 9 Nr. 11, 13 (Akzessionsjahr Dar. I = 521 v. Chr.) *qaq-qar ^hqašti* „Grund und Boden eines Bogenmannes".

290 Vgl. Petschow, NPR S. 67 mit A. 187.

291 BRM I 83 (Dar. I 31); BE VIII$_1$ 122 (Artax. I 8); 125 (Artax. I 28); BE IX 30 (Artax. I 32); 60 (Artax. I 37); 72 (Artax. I 40); 86a (Artax. I 41(?)); UM II$_1$81 (Dar. II 4); 96 (Dar. II 4); 115 (Dar. II 5); 175 (Dar. II 1); Kr 146 (Dar. II 3) (sämtlich aus Nippur); UET IV 41 (Artax. II 27); 42 (Artax. II 35); 44 (Artax. II 33) (sämtlich aus Ur); BE X 15 (Babylon, Dar. II 1).

292 aaO.; vgl. auch San Nicolò, RIA II S. 310 links.

293 BE IX 60; X 44; 55.

294 Das ist in BE IX 60 und X 44 nicht durch den üblichen terminus *šutapûtu* ausgedrückt, kann aber in diesen Urkunden nicht anders verstanden werden als in BE X 55, wo in Z. 6 von *šutapûtu* die Rede ist; vgl. u. bei A. 581. Dazu kommt, daß nur BE IX 60, 5 von *bît qašti* handelt. In BE X 44, 3 ist ein *bît ritti* verpachtet, was Eilers nicht als Lehen versteht, während BE X 55 von einer Lehensberechtigung überhaupt nicht spricht, das Feld, das Gegenstand der Pacht *ana šutapûti* ist, nach Z. 3 lediglich als *ina eqli ^hrab-mun-gu* „im (oder vom) Felde des *rab-mungu*" bezeichnet ist. Zu *^hrab-mungu* vgl. AHw S. 667 rechts (mugu I): „ein hoher Beamter".

295 Zur Bedeutung der Klausel für die Verträge *ana šutapûti* vgl. u. bei A. 607.

sonst unbelegte[296] Abgabe an den König, die dem vertragsschließenden Vertreter[297] des wohl zuständigen *šaknu* „Statthalters" zu zahlen ist[298]. Ob hier eine echte Verpachtung oder die Übernahme einer Verwaltung durch das Haus Muraššû vorlag, ist unsicher; ein terminus technicus für Pacht fehlt hier, es sei denn, man setzt PA. Ú *šarri* dem Terminus *sûtu* „fester Pachtzins" gleich[299] was aber gerade wegen der Erwähnung des Königs bei dieser PA.Ú-„Abgabe" zweifelhaft ist.

cc) „Fünfziger"[300]-Grundstücke

Ebenfalls um eine Art von Lehensland wird es sich bei dieser Grundstücksart gehandelt haben, die als Gegenstand zweier Pachtverträge (VS V 33,1 = NRV 378 und Kr 137,1) belegt ist. Diese Lehen wurden wohl ebenfalls für den Dienst zugunsten des Königs an die ^{h}*rabê-ḫanši* „Große (Befehlshaber) von Fünfziger-(Soldatengruppen)"[301] oder an die Fünfziger-Gruppe vom König[302] vergeben.
Solche Grundstücke sind für verschiedene Städte, wie Uruk[303], Babylon[304], Ḫarrân-Kiš[305] und hauptsächlich Barsippa[306] vom ausgehenden 8. Jhdt. bis – soweit ich sehe – Darius I[307] belegt.
Trotz ihrer Herkunft sind sie offensichtlich verkehrsfähig, insbesondere vererblich und teilbar[308], auch veräußerlich[309] und konnten, was die oben erwähnten Pachtverträge *ana errêšûti* bzw. *ana sûti* zeigen, auch verpachtet werden. Diese Urkunden weisen im übrigen keine Unterschiede zu den gewöhnlichen Verträgen der jeweiligen Art auf, insbesondere erwähnen sie keine gesonderte Verpflichtung des Pächters zur Zahlung von Abgaben neben dem Pachtzins.

---

296 Vielleicht aber in der – an der einschlägigen Stelle leider zerstörten – Quittungsurkunde über *mandattu*-Pachtzins aus nachpersischer Zeit (Philipp Arrhidaeus 7. Jahr) UET IV 43, 8 erwähnt: *a-na* PA. Ú *š[arri(?)]* „gegen PA. Ú des K[önigs(?)]". Die Bedeutung ist hier aber ganz unklar.

297 Bezeichnet in Z. 7 als ^{h}*aḫu* „(Berufs-)Kollege"; vgl. AHw S. 21 rechts.

298 Vgl. Cardascia, AM S. 133 f.: „Le PA. Ú *šarri* est un impôt dû au roi par le bailleur".

299 So vermutungsweise Augapfel, BRAD S. 59.

300 Geschrieben *50-ú* oder *50-e*.

301 Vgl. CAD Ḫ S. 81 links: „a field held in feudal tenure by 50 men"; AHw S. 318 links: „50-er Land"; anders San Nicolò BR 8/7 S. 16: „50-Hufner" und Ebeling, NBB S. 150 A. zu Z. 16.

302 Vgl. AnOr 9 Nr. 1, 1 ff. (Marduk-apla-iddin); BIN I 159, 1 ff., 46 ff. (Kandalanu); dazu Cocquerillat, Palmeraies S. 25 A. 45, 46.

303 BR 8/7 Nr. 31.

304 NRV 45; 46; 47.

305 NRV 378.

306 NRV 15; 51; TCL XII 9; BR 8/7 Nrn. 2; 7; 8; 9; 18; 22; 42. Kr 137.

307 NRV 51.

308 BR 8/7 Nrn. 2; 7; 8; 9.

309 NRV 45; 46; 47; 51.

dd) Andere Lehensberechtigungen

Pachtverträge über Lehensländer der Kategorien *bît sîsî* „Pferdeland" oder *bît narkabti* „Wagenland", also Grundstücke, die entsprechend dem *bît qašti* zum Unterhalt oder zur Ausrüstung eines Reiters bzw. Streitwagenführers dienten[310], sind mir nicht bekannt. Ob diese Grundstücke im Gegensatz zu den *ritti-* und *qašti*-Lehen nicht verpachtet werden konnten, läßt sich nicht feststellen. Zumindesten das *bît sîsî* war dem Rechtsverkehr nicht ganz entzogen, konnte es doch – wie Urkunden aus dem Muraššû-Archiv zeigen[311] – verpfändet werden.
Bemerkenswert ist in diesem Zusammenhang der Vertrag aus dem 7. Jahr des Cambyses über die Verpachtung u. a. eines *bît aspatu*[312]. Die Übersetzung des bisher nur hier belegten Wortes ist noch nicht gesichert. v. Soden[313] liest emendiert *bît as-pa<-as>-tum* „Luzernenfeld", Cardascia[314] und Dandamajew[315] deuten es dagegen als ein dem *bît sîsî* ähnliches Lehensgrundstück[316]. Der Etymologie Dandamajews (Ableitung vom iranischen aspa „Pferd" mit akkadischem Pluralsuffix *-âtum*) kann hier nicht nachgegangen werden. Trifft sie zu, so ist diese Urkunde ein Hinweis darauf, daß auch das *bît sîsî* verpachtet werden konnte.

c) Pfandrecht

In einer Anzahl von Urkunden erscheinen Pfandgläubiger als Verpächter: Das Pfandgrundstück war vom Schuldner/Eigentümer oder für ihn von einem dritten Eigentümer dem Gläubiger als *(bît) maškânu* „Pfand(grundstück)"[317] verpfändet worden und wurde darauf vom Pfandgläubiger verpachtet. Pächter ist zumeist eine dritte Person[318], gelegentlich aber auch der Verpfänder und

---

310 Dazu Cardascia, AM S. 8 A. 7; Fief S. 60 ff.; Ebeling, RlA III S. 38 rechts; Dandamajew, Lehnsbeziehungen S. 37 f.; Eilers, OLZ 37 (1934) S. 94 ff.

311 BE X 51; UM II$_1$ 228.

312 VS V 55, 1 f. (NRV 380): *eqlu makkûr šarri . . . bît as-pa-tu$_4$ bît ritti šá* ^{I}PN „Feld, Eigentum des Königs, *aspatu*-Grundstück, *ritti*-Lehensgrundstück des PN".

313 AHw S. 75 links; dagegen CAD A II S. 339 links: „meaning unknown".

314 AM S. 8 A. 7; Fief S. 63.

315 Lehnsbeziehungen S. 38 ff.

316 Ähnlich schon Ungnad, Glossar S. 31: „Rittergut".

317 Zum nb. Pfandrecht allgemein Petschow, NPR; zum antichretischen Pfand und zur Pfandverwertung im besonderen ebenda S. 103 ff.; 124 ff.

318 BE IX 60; 67; 99; X 79; UM II$_1$ 210.
Z. B. UM II$_1$ 210, 1 ff.: ^{še}*zêru . . .* ^{iṣ}*qaštu ša* ^{I}PN$_1$ *. . .* ^{iṣ}*qaštu šá* ^{I}PN$_2$ *. . . naphar [2]-ta* ^{iṣ}*qašâte*^{meš} *. . . šá [x x x x x x]-ú-nu bît maš-ka-nu šá* ^{I}P[N$_3$]*. . .* ^{I}PN$_3$ ^{še}*zêra šu 'âti*^{meš} *a-na sûti . . . a-na* ^{I}PN$_4$ *. . . id-din* „(betrifft) die Aussaat(fläche) . . . das Bogen(grundstück) des PN$_1$ . . . (und) das Bogen(grundstück) des PN$_2$ . . . , zusammen [2] Bogen(grundstücke) . . . des (?) [x x x x x x]- unu, das Pfandobjekt des PN$_3$ . . . PN$_3$ hat diese Aussaat(fläche) gegen Pachtabgabe . . . dem PN$_4$ . . . gegeben". BE VIII$_1$ 124 ist kein Pachtvertrag zwischen Pfandgläubiger/Verpächter und einem Dritten, spricht aber einen derartigen Vertrag an: Z. 1 ff.: ^{še}*zêru . . . ma-la zitti* ^{I}PN$_1$ *. . . bit maš-ka-nu šá* ^{I}PN$_2$ *. . . šá ina pân* ^{I}PN$_3$ *. . .* ^{I}PN$_3$ ^{še}*zêra šu 'âti*^{meš} *a-na er-re-šu-tu . . .*

Pfandschuldner/Eigentümer bzw. Lehensinhaber[319], dem der Pfandgläubiger auf diese Weise das Pfandobjekt gegen Pachtzinszahlung zur Bewirtschaftung überläßt. Die Klauseln über den Pachtabschluß sind in diesen Fällen sprachlich parallel zu solchen konzipiert, die von der Verpachtung verpächtereigener Grundstücke handeln[320], es scheint sich also – obwohl dies nirgendwo ausdrücklich erwähnt ist – bei jenen Grundstückspfandobjekten um Besitzpfänder, nicht um besitzlose Pfänder, also Hypotheken gehandelt zu haben und zwar um Besitznutzpfänder, bei denen der Pfandgläubiger den Pfandgegenstand zum Zwecke der Nutzung im Besitz hat. Unklar ist dabei, ob und in welchen Fällen es sich vertragsmäßig von vornherein um Bestellung antichretischer Pfänder gehandelt hatte, oder ob gelegentlich oder in der Regel ursprünglich ein besitzloses Pfand vorgelegen hatte und der Pfandgläubiger erst im Pfandfalle bei Zahlungsunfähigkeit oder -unwilligkeit des Schuldners Besitz am Pfand ergriff und zu seiner Befriedigung Nutzungen aus der Pfandsache zog und sie eventuell auch verwertete[321].

---

a-n[a] $^{\text{I}}\text{PN}_4$ . . . *id-din* „(betrifft) die Aussaat(fläche) . . . soweit sie Anteil des PN_1 . . . (Eigentümers ist), das Pfandgrundstück des PN_2 . . . (Pfandgläubigers), das zur Verfügung des PN_3 . . . (wohl Pächters und Unterverpächters ist). PN_3 hat diese Aussaat(fläche) zur Bebauung . . . dem PN_4 . . . (wohl Unterpächter) gegeben". Der als Verpächter in diesem Vertrag auftretende PN_3 dürfte seinerseits das Grundstück vom Pfandgläubiger PN_2 gepachtet haben. Dafür die charakteristische Klausel ^{še}*zêru* . . . *šá ina pân* PN_3 = die Aussaat(fläche), die zur Verfügung des PN_3 (ist)". Vgl. u. bei A. 331. Ebenso Petschow, NPR S. 106 A. 325; Cardascia, AM S. 197.
Aus Verpachtungen von Nutzpfandgrundstücken ergeben sich auch jene Verpflichtungsscheine über *imittu*-Pachtzins, nach denen nicht dem Grundstückseigentümer, sondern dem Pfandgläubiger die *imittu* zusteht: UM II_1 134; 223; Dar 405; Camb 54; NRV 406.

319 BE IX 25, 9 f.: *bît maš-ka-nu*^{meš}*-ti-šá* . . . *a-di 3-ta šánâte*^{meš} *ina pâni-šú ú-maš-šir* „seine (des Pächters und Pfandschuldners/Eigentümers) Pfandgrundstücke überließ er (der Verpächter) auf 3 Jahre zu seiner (des Pächters) Verfügung".
Ohne ausdrücklichen Vermerk, daß das Feld Pfandgrundstück ist: BE IX 30; 34; 45. Hier ergibt sich das Pfandrecht des Verpächters (in allen drei Fällen ebenso wie in BE IX 25 Enlil-šuma-iddin/Muraššû) jeweils daraus, daß dem Pächter die eigenen Grundstücke gegen Pachtzins gegeben wurden. Ein anderes Recht des Verpächters zur Verpachtung als Nutzpfand ist kaum denkbar; so auch Cardascia, AM S. 127. Für Parallelen in anderen Perioden der Keilschriftrechte vgl. Koschaker, GRÖR S. 94 ff.
Dazu auch der *imittu*-Schein BE IX 62, nach dem der Pfandschuldner/Miteigentümer des Feldes dem Pfandgläubiger die *imittu* schuldete. Entsprechend wohl auch BE IX 63: der Z. 3 ohne Filiation angeführte Bogenlehen(?)inhaber Ninurta-uballiṭ ist wohl mit dem Z. 6 f. erwähnten dritten der vier Schuldner des Verpflichtungsscheines identisch, die den *imittu*-Pachtzins an den Pfandgläubiger/Verpächter Enlil-šuma-iddin zu entrichten hatten. Vgl. dazu auch UM II_1 214: Aḫušunu, der Sohn des Pfandschuldners/Bogenlehensinhabers Nabû-nâdin-aḫi und seine *kinattâte* „Genossen" hat den *imittu*-Pachtzins an den Pfandgläubiger Rîmût-ninurta zu entrichten.

320 Ausgedrückt durch *muššuru* „herauslassen" (so in BE IX 25, 10) oder *nadânu* „geben" (so in BE IX 30, 11, 18; 34, 6, 14; 45, 14, 25).

321 Vgl. Cardascia, AM S. 37 ff.
Vielleicht handelt es sich um einen derartigen Fall in der Zwiegesprächsurkunde BE IX 25, wo der Vertragsantrag abweichend vom üblichen Formular lautet: Z. 3 ff.: ^{nâr}*šá urâte*^{meš} *bît rit-ti-ia eqlu na-áš-par-ti-iá u bît maš-ka-nu*^{meš} *at-ta aḫḫê*^{meš}*-ka u* ^{h}*ardê*^{meš}*-ka la te-ek-ma-a-a-in-ni u ina qât*^{II} *man-am-mu šá-nam-ma la tŭ-mă-šar u ina šátti 200 kùr uṭṭata lud-dak-ka* „den Stutenkanal, mein *ritti*-Lehensgrundstück,

Das Pfand hat hier eine doppelte Funktion: einmal wie jedes nb. Pfand die Sicherung einer Forderung des Gläubigers gegen seinen Schuldner (Sicherungsfunktion), zum anderen dienten die Nutzungen zum Ausgleich des Kapitalzinses, indem der Schuldner keinen Zins für das geschuldete Kapital und der Pfandgläubiger keinen Miet- oder Pachtzins für das Pfandobjekt zahlte (Befriedigungsfunktion). Wie viele Urkunden zeigen, blieb es dabei dem Pfandgläubiger offenbar überlassen, in welcher Weise er die Nutzungen zog, ob durch Bebauung der Felder in eigener Regie oder durch Verpachtung zum Zwecke der Nutzung durch Einbehaltung des Pachtzinses. Dabei dienten die Nutzungen – bei Verpachtung des Pfandobjekts also der Pachtzins – primär dem vollständigen oder teilweisen Ausgleich der Zinsen für das dem Gläubiger geschuldete Kapital, ein Überschuß der Nutzungen über den Kapitalzins sekundär vielleicht auch der Kapitaltilgung; im einzelnen richtete sich dies nach den Verhältnissen des individuellen Falles[322].

Die Wirksamkeit des Pachtvertrages wird vom Bestand des Pfandrechts abhängig gewesen sein, zumindesten in den Fällen, in denen der Pfandgläubiger an den Pfandschuldner/Eigentümer das Pfandobjekt verpachtete. Zwar ist diese Abhängigkeit in keinem dieser Verträge erwähnt, doch dürfte sie sich aus der Natur der Sache ergeben. Nach Erlöschen des Pfandrechts etwa durch Tilgung der Schuld[323] ist kein rechtlicher Grund mehr ersichtlich, weshalb der Eigentümer, dem das Grundstück jetzt unbelastet von fremden Rechten zusteht, dem (Nicht-mehr-)Gläubiger weiterhin Pachtzinsen für das Fruchtziehungsrecht an seinem eigenen Grundstück zahlen sollte. Auffällig ist aber immerhin, daß sämtliche Pachtverträge zwischen Pfandgläubiger und Pfandschuldner eine fest bestimmte Zeit – jeweils 3 Jahre – laufen. Vielleicht enthielten die Darlehensverträge, die dem Pfandrecht zugrundelagen – wohl Verpflichtungsscheine über das Kapital – die Vereinbarung einer Laufzeit von 3 Jahren[324], wobei die vorzeitige Begleichung der Schuld bei Vertragsschluß entweder nicht erwogen oder gar ausgeschlossen war[325].

---

das Feld meines Auftrages (Verwaltung?) und die Pfandgrundstücke, du, deine Brüder und deine Sklaven, nehmt sie mir nicht weg und laßt sie an niemand anderen heraus und ich werde dir im Jahr 200 Kor Gerste geben".

Diesem devoten Antrag war vielleicht die Drohung des Gläubigers Emlil-šuma-iddin vorausgegangen, er werde die noch vom Pfandschuldner genutzten Pfandgrundstücke wegnehmen und zur Befriedigung seiner Ansprüche an einen Dritten verpachten. Unklar bleibt dabei aber, ob der Pfandschuldner schon vor diesem Vertrag Pachtzins gezahlt hatte, also von Anfang an Antichrese vorlag und der Pfandschuldner hier lediglich zur Beruhigung des Gläubigers einen neuen Vertrag mit vielleicht erhöhtem Pachtzins anbot, oder ob zunächst nur ein besitzloses reines Sicherungspfand vereinbart war, das wegen Zahlungsschwierigkeiten des Schuldners auf diese Weise verwertet werden sollte.

322 Zu der bei Nutzpfandbestellung üblichen Phrase *idi bîti (amêlûti) iânu u ḫubul kaspi iânu* „Mietzins des Hauses (des Sklaven) gibt es nicht und Zins des Silbers (Kapitals) gibt es nicht" für das Haus- (bzw. Sklaven-)Nutzpfand und *ebûr eqli iânu u ḫubul kaspi iânu* „Ertrag des Feldes gibt es nicht und Zins des Silbers (Kapitals) gibt es nicht" für das Feldnutzpfand Näheres bei Petschow, NPR S. 103 ff.

323 Vgl. Petschow, NPR S. 74.

Anders kann die Bedeutung des Pfandrechts für den Bestand des Pachtvertrages in den Fällen gewesen sein, in denen das Grundstück an Dritte verpachtet wurde. Der Dritte hätte in diesem Fall bei Erlöschen des Pfandrechts wenigstens nicht Pachtzins für die Nutzungen seines eigenen Feldes zu zahlen, er würde ihn lediglich an den falschen Empfänger, den Nicht-mehr-Pfandgläubiger zahlen und der Eigentümer könnte wohl das Grundstück vom Pächter herausverlangen. Ob damit der Pachtvertrag selbst hinfällig wurde oder ob er auch gegenüber dem Eigentümer/früheren Verpfänder wirksam wurde oder ob schließlich der Pachtvertrag zwischen dem Verpächter und dem Pächter wirksam blieb und ersterer dem letzteren schadensersatzpflichtig wurde, ist nicht feststellbar. Vielleicht waren aber auch hier die Laufzeiten der Pachtverträge der jeweils fest vereinbarten Pfanddauer[326] angepaßt und damit der Schutz des Pfandgläubigers wie des Pächters vor vorzeitiger Leistung und damit Erlöschen des Pfandrechts gewährleistet. Der Vollständigkeit halber sei hier noch erwähnt, daß der umgekehrte Fall, nämlich eine Pfandbestellung zur Sicherung einer *sûtu-* oder *mandattu-* Pachtzinsforderung in keinem Pachtvertrag, jedoch in einigen Urkunden über *imittu*-Pachtzinsforderungen[327] belegt ist[328]. Das Fehlen von Verpflichtungsscheinen über *sûtu-* oder *mandattu*-Pachtzins mit Pfandbestellung mag darauf beruhen, daß Verpflichtungsscheine über Natural- oder Silberschulden meist abstrakt sind[329], also ihren Verpflichtungsgrund nicht angeben; vielleicht verbergen sich hinter manchen dieser abstrakten Verpflichungsscheine mit Pfandsicherung Urkunden über Pachtzinsforderungen. Von einem nicht vertraglichen „gesetzlichen" Pfandrecht des Verpächters am vom Pächter eingebrachten Inventar – etwa ähnlich dem der §§ 559/581 II des deutschen BGB – zur Sicherung der Pachtzinsforderung ist nichts bekannt[330].

324 Zu „Fälligkeitsklauseln" als nicht notwendigem Bestandteil der Verpflichtungsscheine vgl. Petschow, NPR S. 14; 20 f.

325 Die Einheitlichkeit dieser Verträge insoweit mag davon herrühren, daß Verpächter/Nutzpfandgläubiger in allen Fällen Enlil-šuma-iddin/Muraššû ist, dem diese Kredit- und Sicherungspraxis besonders zusagte.

326 Von der Laufzeit der Pachtverträge – 3 Jahre nach BE IX 99; 5 Jahre nach UM II_1 210 und jeweils ein Jahr nach BE IX 60; 67; X 79, die keine Laufzeit ausdrücklich vereinbaren (dazu u. bei A. 774), ließe sich dann auf eine jeweils entsprechende feste Pfanddauer schließen.

327 Dazu u. bei A. 615.

328 Z. B. UM II_1 12; NRV 413 (Generalpfand); Camb 257 (nur ein Teil der gesamten durch Pfand gesicherten Forderung ist *imittu*); BE IX 93 (ob das in Z. 8 f. neu verpfändete Grundstück mit dem Pfandgrundstück in Z. 1 f. identisch ist, von dem die *imittu*-Forderung stammt, ist unsicher. Während dieses in Z. 1 als *bît maš-kan* „Pfandgrundstück" mit ausführlicher Lagebeschreibung bezeichnet ist, ist jenes in Z. 8 verhältnismäßig knapp als *eqlu bît* ^iṣ^*qašti-šú-nu* „Feld, Bogengrundstück" eingeführt. Wären die beiden Grundstücke voneinander verschieden, so hätte man hier wohl genauere Angaben gemacht. Zweit-/Nachverpfändung desselben Feldes unter denselben Parteien liegt deshalb nahe. Vgl. dazu auch Cardascia, AM S. 39 A. 2).

329 Über die *u'iltu* als abstrakte, d. h. vom Rechtsgrund losgelöste Verpflichtung vgl. Petschow, NPR S. 10 ff. Die *imittu*-Verpflichtungsscheine enthalten demgegenüber die Angabe des Rechtsgrundes, eben der *imittu*.

330 Vgl. Petschow, NPR S. 9 A. 20a.

d) Pachtrecht

Einzelne Urkunden machen wahrscheinlich, daß der Verpächter seine Legitimation zur Verpachtung auch von einem (Ober-)Pachtvertrag herleiten konnte, den er seinerseits vorher als Pächter mit dem Eigentümer oder sonstwie Berechtigten abgeschlossen hatte. So versteht sich wohl UM II$_1$ 182,1 ff.:

30 kùr ^{še}*zêru . . . bît sûti šá* $^{\text{I.d}}$*en-líl-it-tan-nu apli šá* ^{I}*mu-šal-lim-*^{d}*en-líl* $^{\text{I.d}}$*en-líl-it-tan-nu* ^{še}*zêra šu'âti*^{meš} *a-na sûti a-di-i 5-ta šánâte*^{meš} *. . . a-na* ^{I}*ri-mut-*^{d}*nínurta apli šá* ^{I}*mu-ra-šu-u id-din*

„(betrifft) 30 Kor Aussaat(fläche) . . . Grundstück des Pachtzinses des Enlil-ittannu, Sohnes des Mušallim-enlil. Enlil-ittannu hat diese Aussaat(fläche) gegen Pachtzins auf 5 Jahre . . . dem Rîmût-ninurta, Sohn des Muraššû, gegeben."

Offensichtlich verpachtete Enlil-ittannu hier an das Mitglied des Hauses Muraššû ein Grundstück, das er selbst von einem hier ungenannten Dritten *ana sûti* „gegen Pachtzins" gepachtet hatte. Er erhielt für die 30 Kor Feld (ca. 40 ha) 30 Kor Gerste jährlich, pro Kor Feld also durchschnittlich 1 Kor Gerste. Sein eigener Pachtzins müßte erheblich niedriger gewesen sein, damit für ihn ein gewisser Gewinn abfiel und auch das Risiko einer Vertragsstrafe, die ihn bei durch ihn erfolgender vorzeitiger Vertragsauflösung in Höhe von 5 Minen Silber traf, wenigstens bis zu einem gewissen Grad abgedeckt war. Der Urkunde UM II$_1$ 182 ähnlich ist auch Dar 427, 1 ff. abgefaßt.

^{še}*zêru . . . makkûr* ^{d}*šamaš. . . bît rit-tu*$_4$ *šá* ^{I}*mar-duk-a . . . šá sûti šá* ^{I}*bul-ṭa--a . . .* ^{I}*bul-ṭa-a a-na* ^{h}*nukaribbu-ú-tu . . . a-na* ^{I}*iš-ki-i(!) . . . u*$^{\text{I.d}}$*bêl-ibni . . . i-din*

„(betrifft) die Aussaat(fläche), . . . Eigentum des Gottes Šamaš . . . *bît ritti* des Marduka . . . , die Pachtzins des Bulṭâ. . . (ist). Bulṭâ hat (sie) zur gärtnerischen Bebauung dem Iškî . . . und dem ^{I}Bêl-ibni . . . gegeben."

Das Bindeglied in der Berechtigungskette zwischen dem *bît-ritti*-Lehensinhaber und dem Verpächter ist der *sûtu*-Pachtzins des Verpächters. Auch wenn – weniger plastisch als in UM II$_1$ 182 – von einem Pachtzins-*Grundstück* als Vertragsobjekt hier nicht die Rede ist, ist doch wohl auch hier anzunehmen, daß ein (Ober-)Pachtvertrag *ana sûti* hier den (Unter-)Verpächter zur Verpachtung legitimierte. Auffällig ist dabei allerdings, daß nach den Zeichenresten in Z. 12 ff. der *imittu*-Pachtzins, der von Bultâ im Auflageverfahren festzusetzen war, offenbar nicht an Bultâ, sondern an den Šamaštempel als Lehensherren unmittelbar zu entrichten war[330a]. Denkbar wäre deshalb auch, daß Bultâ nicht als (Unter-)Verpächter in eigener Sache, sondern als Agent des Tempels auftrat. Um Unterverpachtung wird es sich auch in BE VIII$_1$ 124,1 ff. gehandelt haben.

^{še}*zêru . . . ma-la zitti* $^{\text{I.d}}$*en-líl-mu-tir-ri-gimil . . . bît maš-ka-nu šá* $^{\text{I.d}}$*en-líl-ḫa-tin . . . šá ina pân* ^{I}*nâdin-šumi . . .* ^{I}*nadin-šumi* ^{še}*zêra šu'âti*^{meš} *a-na er-re-šu-tu . . . a-na* ^{I}*šu-zu-bu . . . id-din*

„(betrifft) die Aussaat(fläche) . . . soviel der Anteil des Enlil-mutirri-gimil . . .

330a Vgl. den Ergänzungsvorschlag u. bei A. 624.

(ist), Pfandgrundstück des Enlil-ḫâtin . . . , die zur Verfügung des Nâdin-šumi . . . (ist). Nâdin-šumi hat diese Aussaat(fläche) zur Bebauung . . . dem Šûzubu . . . gegeben".

Die Formulierung *ša ina pân* ^{I}*nâdin-šumi* „(die Aussaat(fläche)), die zur Verfügung des Nâdin-šumi (ist)", ist allerdings recht allgemein gehalten und sagt über den Grund dieses Verfügungsrechts nichts aus. Es könnte sich hierbei theoretisch ebenso um ein Nutzpfand zwischen dem Pfandgläubiger Enlil-ḫâtin als Unterpfänder und dem Verpächter Nâdin-šumi handeln[331]. Dann läge Unterverpfändung des Pfandgrundstücks vor, die zwar nb. belegt[332], gerade hier aber unwahrscheinlich ist, da kaum anzunehmen ist, daß Enlil-ḫâtin, ein Mitglied des Geschäftshauses Muraššû, im Rahmen seines Wirtschaftsbetriebes ein ihm verpfändetes Grundstück schuldenhalber an private Personen weiterverpfändete. Näher liegt hier Verpachtung des Grundstücks durch den Pfandgläubiger an Nâdin-šumi, der seinerseits das Grundstück weiterverpachtete[333]. Eindeutig nachweisbar wäre die Unterverpachtung dann, wenn der Rechtsgrund in der Klausel mit den Worten vermerkt wäre *ša ana sûti ina pân* ^{I}*nâdin-šumi* „(die Aussaat(fläche)), die gegen Pachtzins zur Verfügung des Nâdin-šumi (ist)", entsprechend der deutlichen Formulierung des Untermietvertrages Dar 163, 1 ff.:

> *bîtu šá* $^{I}PN_1$ . . . *ù* $^{I}PN_2$ . . . *šá a-na i-di bîti ina pân* $^{I}PN_3$ . . . $^{I}PN_3$ . . . *a-na i-di bîti* . . . *a-na* $^{I}PN_4$ *u* $^{f}PN_5$ *id-din*

„(betrifft) das Haus des PN_1 . . . und des PN_2 . . . (beide Eigentümer und Obervermieter), das gegen Mietzins des Hauses zur Verfügung des PN_3 . . . (Untervermieters ist). PN_3 hat (es) . . . dem PN_4 und der PN_5 (beide Untermieter) gegen Mietzins des Hauses gegeben".

Einen Hinweis auf das Oberpachtverhältnis in dieser Form enthält – wenn folgende Ergänzungen zutreffen – die leider sehr fragmentarische Tafel über einen *šutapûtu*-Gesellschaftspachtvertrag BE VIII_1 125, 1 ff.:

> ^{še}*zêr[u]* . . . *bît* ^{h}*qašti šá* $^{I}PN_1$ . . . *š[á a-na]* ^{h}*er-ru-šu-tú ina pân* $^{I}PN_2$ . . . *u* $^{I}PN_3$ . . . *š[e(!) zêra šu'âti*^{meš}*] a-na* ^{h}*er-ru-šu-tú u šu-tap-ú-tú a-n [a* ^{I}*P]N*$_4$ . . . ^{I}*P[N*$_2$ *iddinu]*

„(betrifft) die Aussaat(flä[che]) . . . Bogen(mann)grundstück des PN_1 . . . , die [zur] Bebauung zur Verfügung des PN_2 . . . und des PN_3 . . . (ist); [diese] A[ussaat(fläche)] haben zur Bebauung und Kompanie der P[N_2] und der P[N_3] de[m P]N_4 . . . [gegeben]".

Daß die Wendung ^{še}*zêru ina pân* ^{I}PN auch allein ein Pachtverhältnis umschreiben konnte, zeigt CT XLIV 79, eine Liste über verschiedene Pachtverträge, wo die Inhaberstellung der einzelnen *sûtu*-Pachtzinspflichtigen nur durch diese Phrase beschrieben ist[334].

---

331 Dazu auch Cardascia, AM S. 193 f. Zur verbal parallelen Phrase *bîtu maškânu ina pân* ^{I}PN „Das Haus (ist) als Pfand zur Verfügung des PN" in Pfandklauseln sowie in Mietverträgen *bîtu ana idi bîti ina pân* ^{I}PN „das Haus (ist) gegen Mietzins zur Verfügung des PN" vgl. Petschow, NPR S. 56.

332 Vgl. Petschow, NPR S. 69 ff.

333 Ebenso Cardascia, AM S. 197; Petschow, NPR S. 106 A. 325.

334 Vgl. die *ina pân*-Stilisierung wohl als Hinweis auf ein Oberpachtverhältnis außerhalb des Muraššû-Archives in NRV 378 (Ḫarrân-Kiš, Nabonid 15. Jahr) und die *ina-pân*-Klausel in Pachtverträgen, die von seiten des Pächters stilisiert sind (dazu u. bei A. 412).

Unterverpachtungen dürften insbesondere in den großen Geschäftsunternehmen der Zweck der Pachtungen gewesen sein, da nicht anzunehmen ist, daß etwa das Haus Muraššû die Bewirtschaftung der gepachteten Ländereien[335] in eigener Regie durchgeführt hat[336]. Ein Beispiel für die ausdrückliche Weiterverpachtung innerhalb des Hauses Muraššû selbst bietet UM II_1 123. Wie Cardascia[337] bemerkt, handelt es sich dort um dasjenige Grundstück, das der Muraššû in UM II_1 106 an zwei seiner *ardê* „Knechte/Sklaven" namens *Rîbât* und *Râḫîm*[338] verpachtetet hatte. Im darauf folgenden Jahr verpachteten diese *ardê* in UM II_1 123 das Grundstück weiter an zwei Personen, davon einen *ardu* des Rîbât[339], möglicherweise allerdings nur einen größeren Bruchteil davon, da sie nicht das gesamte Saatgut und nicht alle Arbeitsochsen samt Geschirr und Säpflügen[340] weiterverpachten, die sie vom Muraššû neben dem Grundstück als Inventar erhalten hatten. Das Bemerkenswerte an UM II_1 123 ist der in dieser Form und Ausführlichkeit sonst nicht belegte Hinweis auf das Oberpachtverhältnis. So wenigstens verstehe ich die Zeilen 4 und 5 dieser Zwiegesprächsurkunde, die leider an entscheidenden Stellen stark beschädigt ist. Das Vertragsangebot der beiden Pächter lautet: Z. 4 f.:

*šezêrâte*meš š[*á*] *nak-am-du šá a-na* [*s*]*ûti la-pa-ni*[341] I*r*[*i*]-*m*[*ut*]-
-d*ní* [*nurta*](*!*)[342] [*ku*]*l*[343]-*la-tu-nu a-na sûti bi*-[*i*]*n-na-š*[*i*]*m-m*[*a*]

„die Aussaat(fläch)en, d[ie] vom Schatz(haus) (sind), die ihr gegen [Pa]chtzins von[344] R[î]m[û]t-Ni[nurta hal]tet,[345] ge[b]t u[n]s gegen Pachtzins."

---

335 Z. B. BE IX 48; 60; 72; X 15; 53; UM II_1 16; 20; 182.

336 So auch Cardascia, AM S. 197.

337 aaO. S. 127; 197.

338 Zu diesen im Hause Muraššû bedeutenden Persönlichkeiten und ihrem Verhältnis zu ihren eigenen *ardû* Cardascia, AM S. 12 ff.

339 Ob der zweite Unterpächter ebenfalls *ardu* ist, kann wegen der Beschädigung der Urkunde in Z. 1 nicht festgestellt werden. Möglicherweise ist in Z. 1 zu ergänzen: I[PN h*ardu šá*] I.d*bêl-aba-uṣur* „[PN, *ardu* des] Bêl-aba-uṣur"; dann würde es sich vielleicht um einen Sklaven des Vaters des Râḫîm handeln (vgl. die Filiation des Râḫîm in Z. 2 f.). Dazu auch Cardascia, AM S. 197 gegen S. 127.

340 In UM II_1 123, 6 a. E. ist zu lesen: *4 iṣ*[APIN]*pê = nardappê*; dazu und zur Bedeutung als pars pro toto für „Säpflug" vgl. v. Soden, Or NS 16 (1947) S. 169 ff. gegen Cardascia, RA 60 (1966) S. 153 ff.

341 In Frage käme u. U. auch *ina šupalu*, allerdings nur dann, wenn das Ende der Zeile nicht als Personenname zu lesen ist, da man sonst den letzten senkrechten Keil des *lu* als Personenkeil zu lesen hätte. In diesem Fall wäre wohl eine Grenzangabe der Inhalt des zerstörten Zeilenendes: „unterhalb von" irgendeinem Gebiet. Die Lesung *ni* ist deswegen nicht ganz sicher, weil die Kopie einen Querstrich innerhalb des Zeichens aufweist, der zu *ni* nicht paßt (vgl. dazu das Zeichen *ni* in Z. 19). Andererseits fehlt diesem Querstrich der Keilkopf, so daß man ihn als Teil einer Schraffur ansehen oder auf ein Schreiber- oder Kopierversehen zurückführen könnte.

342 Auch diese Zeichen sind unsicher. Sachlich würde die Angabe des Rîmût-Ninurta als Oberverpächter passen. Andererseits ist besonders das Ende der Zeile nicht eindeutig als d*ninurta* zu identifizieren.

343 Das Ende dieses Zeichens deutet auf *kul* hin, jedoch nicht der nach der Kopie allerdings wohl teilzerstörte Anfang. Eine Lesung [*u*]*l-la-tu-nu* ergibt keinen Sinn.

344 Für die Bedeutung von *lapâni* „von" vgl. AHw S. 534 rechts *eṣêru lapân* „einfordern von" und BE IX 82, 21. Die Bedeutung *lapâni* „von" bezüglich der Pachtung von einem Verpächter scheint daher nicht ausgeschlossen zu sein.

Aus dem folgenden objektiv stilisierten Teil der Zwiegesprächsurkunde ist eine Ergänzung dieser Zeilen wegen ihres äußerst fragmentarischen Zustandes nicht möglich. Trifft die vorgeschlagene Ergänzung zu, so haben wir in dieser Urkunde den von allen Belegen wohl anschaulichsten Nachweis einer Unterverpachtung eines Hauptpachtvertrages, welcher uns seinerseits glücklicherweise in UM II_1 106 erhalten geblieben ist. Wie gesagt handelt es sich hier aber um Pacht- und Unterpachtverhältnisse innerhalb des Hauses Muraššû[346].
Nur einen normalen *nukaribbûtu*-Pachtvertrag, keinen Unterpachtvertrag bietet – entgegen dem ersten Anschein – die Tafel Dar 316. Nach Z. 4 ff. gehört das Pachtgrundstück der Erbengemeinschaft nach Itti-Marduk-balâṭu/Egibi (I.d*marduk-nâṣir-apli u aḫḫê*meš-*šú* „Marduk-nâṣir-apli und seinen Brüdern") sowie einem Bêl-uballiṭ, Sohn des Itti-Nabû-balâṭu/Bêl-eṭêru. Verpächter des Grundstücks, d. h. derjenige, der das Grundstück an den Pächter Aplâ gegeben hat, ist dagegen nach Z. 7 angeblich ein Marduk-nâṣir-apli, Sohn des Mušêzib-Marduk, ebenfalls aus dem Hause Egibi. Nach dem Wortlaut der Urkunde hat der Verpächter mit all den Eigentümern nichts zu tun. Unterverpachtung in folgender Form wäre deshalb denkbar: Die Erbengemeinschaft hatte das Grundstück früher an Marduk-nâṣir-apli, Sohn des Mušêzib-Marduk/Egibi verpachtet; dieser wiederum verpachtet es in Dar 316 an einen Dritten. Dies wäre der einzige Fall in dem bei Divergenz von Eigentümer und Verpächter die Legitimation des Verpächters überhaupt nicht ausgedrückt wäre. Dazu kommt weiterhin, daß abgesehen von dieser Urkunde ein Mitglied des Hauses Egibi namens Marduk-nâṣir-apli, Sohn des Mušêzib-Marduk, nicht nachgewiesen ist[347]. Es liegt nahe, in der Filiation ein Schreiberversehen zu sehen. Statt Marduk-nâṣir-apli, Sohn des Mušêzib-Marduk, dürfte Marduk-nâṣir-apli, Sohn des Itti-Marduk-balâṭu, zu lesen sein. Dann hätten wir es mit einem der Fälle zu tun, in denen die Verpachtung nur durch ein Mitglied der Eigentümergemeinschaft erfolgt, das die anderen Mitglieder vertritt[348]. Dafür spricht auch, daß diese Filiation nur einmal im Text auftaucht und in den übrigen Fällen der Erwähnung des Verpächters nur von Marduk-nâṣir-apli die Rede ist[349]. Vielleicht ist dieses Versehen durch die Erwähnung eines Mušêzib-Marduk bei den Grenzangaben[350] verursacht.

---

345 Für die aktivische Bedeutung des Stativs von *kullû*, speziell für „in Pacht halten" vgl. AHw S. 502 rechts 6 d und BE IX 48, 6 f.: še*zêru šá* IPN . . . *kul-lu* „Aussaat(fläche), die PN (in Pacht) hält" und BE IX 60, 2 ff.: še*zêrâte*meš *šá* . . . *kul-la-ni* „Aussaat(flächen), die . . . wir (in Pacht) halten".

346 Wahrscheinlich zutreffend vermutet Cardascia, AM S. 127 mit A. 10, daß in einzelnen Pachturkunden, nach denen das Haus Muraššû Grundstücke oder Kanäle verpachtete, die als (*ša*) *šarri* „(des) Königs" bezeichnet sind, diese Objekte zunächst durch das Haus Muraššû von der königlichen Verwaltung gepachtet worden waren und nun von den Muraššû weiterverpachtet wurden. Vgl. z. B. UM II_1 124, wo das Pachtobjekt *usbarra ša šarri* (dazu u. bei A. 370) ist und vom *ardu* Rîbât des Hauses Muraššû verpachtet wurde.

347 Tallqvist, NNB S. 104 rechts bezweifelt offensichtlich aus diesem Grunde die Richtigkeit der Filiation.

348 Dazu o. bei A. 124.

349 Z. 17, 19, 21.

350 Z. 3 f.

e) Sonstige Berechtigungen

aa) Der *kirû ḫallatu* „*ḫallatu*-Garten."

Aus einigenUrkunden der frühen Perserzeit ist uns die Verpachtung eines *kirû ḫallatu* „*ḫallatu*-Gartens" bekannt. Grundstücke dieser Art sind im Zusammenhang mit verschiedenen Tempeln in verschiedenen Städten Nord- und Südbabyloniens mindestens seit Mitte des 7. Jhdts v. Chr. bis in das frühe 2. Jhdt. v. Chr. belegt[351]. Nach den meisten vorseleukidischen Belegen sind diese *ḫallatu*-Gärten mit *rab-banê*-Pfründen der Tempel verbunden[352] oder den *rab-banê*[353] überlassen. Obwohl sie als *ḫallatu*-Garten der *rab-banûtu*-Pfründe bezeichnet werden, können sich diese Grundstücke auch im Besitz von Privatpersonen – auch von Frauen – befinden[354], sind den allgemeinen Rechtsgeschäften zugänglich und können insbesondere veräußert oder als Mitgift vergeben werden[355]. Dementsprechend können sie auch – als weniger umfassende „Verfügung" – von ihren Inhabern verpachtet werden[356]. Unsere Pachturkunden betreffen *ḫallatu*-Grundstücke in Beziehung zum Uraš-Tempel im nordbabylonischen Dilbat[357], zu Eanna im südbabylo-

---

351

Eanna-Uruk:	YBT VI 11 + VAT 8418 (Nbn. 1. Jahr)
	AnOr 8 Nr. 23 (Nbn. 8. Jahr)
	YBT VII 162 (Camb. 3. Jahr)
	TCL XIII 182 (Dar. I 2. Jahr)
	BRM II 4 (S. Ä. 29)
	BRM II 12 (S. Ä. 48)
Bêlet-ṣêri-Uruk:	TCL XIII 244 (S. Ä. 132 = 180 v. Chr.).
Uraš-Dilbat:	NRV 54 und 55 (Dar. I 32. Jahr)
	NRV 522 (Dar. I 36. Jahr)
Ebabbara-Sippar:	NRV 393 (Nbk. II 3. Jahr)
Šarbânu:	NRV 435 (Dar. I 11. Jahr)
Bêl-Babylon:	NRV 382 (Dar. I 4. Jahr)
Ausstellungsort Babylon, Grundstück in Âl Qutânu:	PSBA 10 (1888) S. 146 (Šamaš-šuma-ukîn 18. Jahr = 650/49 v. Chr.).

352 Vgl. VS III 160, 1f. (NRV 520): ^{iṣ}*kirû ḫal-lat* ^{h}*rab-banû-ú-tu šá ûmi 30*^{kám} „*ḫallatu*-Garten der *rab-banî*-Pfründe des 30. Tages"; entsprechend auch in NRV 521 und zu ergänzen in VS V 110, 2 (NRV 522): ^{še}*zêru* ^{iṣ}*kirû ḫal-lat šá ûmi 30*^{kám} ^{h}[*rab-banû-ú-tu*] vgl. NRV S. 461.

353 Ungnad, Glossar S. 44: „Oberbaurat"; AHw 938 rechts: „Bauinspektor"; anders Ebeling, Glossar S. 75: „Vorsteher der Patrizier".
Vgl. TCL XIII 182, 25: *e-lat* ^{še}*zêri* ^{iṣ}*kirî ḫal-la-tu*$_{4}$ *šá ina pân* ^{h}*rab-banê*^{me} „abgesehen von der Aussaat(fläche), dem *ḫallatu*-Garten, der zur Verfügung der *rab-banê* (ist)". Entsprechend auch YBT VI 11 + VAT 8418 Z. 22, vgl. auch AnOr 8 Nr. 23, 18 f., wo ein (Nachbar)grundstück zur Verfügung eines Bêl-îpuš, Nachkommen des *rab-banû* steht, sowie YBT VII 162, wo der Grundstücksinhaber/Verpächter des *ḫallatu*-Gartens ebenfalls ein Nachkomme des *rab-banû* ist.

354 Vgl. NRV 54 mit 55; 515–522 (sämtlich aus dem Archiv der Amat-Baba, Tochter des Šamaš-iddina).

355 NRV 54/55; 515.

356 YBT VII 162 (Uruk, Camb. 3. Jahr); NRV 382 (Babylon, Dar. I 4); 515 (Babylon, Dar. I 31); 522 (Dilbat, Dar. I 36).

357 NRV 515; 522.

nischen Uruk[358] und zum Bêl-Tempel in Babylon[359]. Die Urkundenformulare für jene Rechtsgeschäfte folgen vollständig denjenigen für reine Privatgrundstücke, also z. B. auch beim Kaufvertrag dem Immobiliarschema mit der üblichen gegen Vindikation seitens der Sippe des Verkäufers gerichteten Nichtanfechtungsklausel[360].

Nach den „privatrechtlichen" Kauf- und Pachtverträgen scheinen die jeweiligen Inhaber „Eigentümer" der *ḫallatu*-Grundstücke zu sein. So heißt es in VS VI 157, 15 (NRV 55) ^{še}*zêru šá* ^{f}PN . . . *šu-ú* „die Aussaat(fläche) (ein *ḫallatu*-Grundstück vgl. Z. 11. f.) ist die der PN (gehört der PN)" analog der Terminologie der sogenannten Eigentumsbestätigungsklausel der seleukidischen Immobiliarkaufverträge[361]. Andererseits ist nach AnOr 8, 23, 18 f. ein *ḫallatu*-Garten der im Eigentum des Eanna-Tempels von Uruk steht, lediglich *ina pân* „im Besitz, zur Verfügung" eines Bêl-îpuš, Nachkommen des *rab-banî*[362]. Wie in diesem Fall ist auch sonst oft durch die Formulierung ^{iṣ}*kirû ḫallat/i/u ša* ^{d}GN „*ḫallatu*-Garten des Gottes x" zum Ausdruck gebracht, daß das Grundstück im Eigentum des Tempels steht[363]. Als Königsland ist der *kirû-ḫallatu* dagegen nicht belegt. Es wird sich also bei dem *ḫallatu*-Garten[364] um Tempelland gehandelt haben, das an Privatleute oder an Angehörige der Personenklasse *rab-banê* dauernd vergeben wurde und zwar anscheinend in der Form, daß dem Tempel weiterhin das Obereigentum verblieb, der Empfänger seinerseits aber auch Eigentümerbefugnisse als Untereigentümer erhielt[365], die ihn zu rechtsgeschäftlichen „Verfügungen" wie Verkauf oder Verpachtung des Grundstücks berechtigten[366].

Der jeweilige Inhaber des *ḫallatu*-Gartens war dabei mit der *ḫallatu*-„Gartenertragsabgabe"[367] zugunsten eines bestimmten Tempels belastet. In NRV 515 sind diese Abgaben – offensichtlich Naturalerträge des betreffenden Grundstücks – für das (Kult-)Mahl *(naptanu)* des Gottes Uraš von Dilbat bestimmt und zwar nur für einen bestimmten Tag jedes Monats im Jahr[368]. Sie

---

358 YBT VII 162.

359 NRV 382.

360 NRV 54.

361 Dazu näher Krückmann, BRVU S. 38; Lewenton, Studien S. 84 ff.; Petschow, NPR S. 144.

362 Vgl. auch TCL XIII 182, 25; YBT VI 11 + VAT 8418 Z. 22.

363 So in NRV 382; 393; 515; 519; YBT VI 11 + VAT 8418; YBT VII 162.

364 Unklar in PSBA 10 (1888) S. 142 Z. 29 f. wegen Textzerstörung.

365 Vgl. zu der Konstruktion des „geteilten Eigentums" Petschow, NPR S. 143, 145.

366 Vgl. San Nicolò, NRV S. 85 A. 3: „dauernd vergebenes Tempelland"; BR 8/7 S. 48: „Donatgut"; Ungnad, Glossar S. 61: „Stiftsgut; ebenso Schwenzner, AfK II (1924–25) S. 111; AHw S. 312 links: „Erbpachtgarten (gegen Gartenertragsabgabe an den Tempel)".

367 Zur Ableitung des Wortes vgl. v. Soden, Or NS 35 (1966) S. 9 Ziff. 40.

368 Daher auch die Bezeichnung *kirû ḫallatu ša ûmi 30*^{kam} „*ḫallatu*-Garten des 30. Tages" in NRV 516–522 oder *kirû ḫallatu ša ûmi 30*^{kam} *ša arḫussu u kal šatti* „*ḫallatu*-Garten des 30. Tages jeden Monats und das ganze Jahr hindurch" in NRV 54 oder in zwei seleukidischen Belegen: *kirû ḫallatu ša arhussu kal šatti* „*ḫallatu*-Garten jeden Monats das ganze Jahr hindurch": VS XV 4; BRM II 4.

bilden dann auch Bestandteile von Tempelpfründen, nach den obigen Belegen der *rab-banûtu*-Pfründe.
Nach VS V 104, 10 f. (NRV 515) hat der Verpächter die Ernte aus dem 31. Jahr des Darius I einem Dritten namens Nidintu gegeben *ak-ku-ú qur-ru-bu nap-ta-nu šá* ᵈ*uraš* „anstelle des Herbeischaffens der Mahlzeit des Gottes Uraš". Dieser in Pachtverträgen nur hier belegte Zahlungsvermerk gibt in seiner lakonischen Form keinen Aufschluß darüber, ob die Abgabepflicht rechtlich den jeweiligen Inhaber – also hier den Pächter – traf oder wie nach der Formulierung prima facie wahrscheinlich – trotz der Verpachtung – den *ḫallatu*-„Eigentümer" des Grundstücks. Unklar ist in dieser Klausel schon die Identität des Leistungsempfängers Nidintu, der im Vertragstext ansonsten nicht erscheint[369] und weder durch eine Filiation noch durch Standesattribute genauer bezeichnet ist. Die Vermutung liegt nahe, daß er ein zur Einziehung der Abgabe berechtigter Tempelbeamter ist, da sonst der Sinn der Klausel kaum verständlich wäre. Außerdem können wir nicht feststellen, ob die Zahlungspflicht, die in der Klausel angesprochen ist, eine atypische Erscheinung war und deshalb in dieser Form festgehalten werden mußte, oder ob sie den Regelfall darstellte und nur die besondere Zahlungsmodalität – einmalige, vielleicht jährliche Begleichung einer im Regelfall monatlich fälligen Schuld – die Parteien zur Aufnahme der Klausel in den Vertragstext bewogen hat.

bb) *usbarra ša šarri* „*usbarra* des Königs"[370].

In drei Urkunden des Muraššû-Archives ist die Verpachtung eines Grundstücks *usbarra ša šarri* überliefert[371]. Grundstücke dieser Art sind erst seit der Perserzeit belegt, was durch die iranische Herkunft des Wortes *usbarra* unterstrichen wird, dessen genaue Bedeutung noch ungeklärt ist[372]. Es handelt sich hier wohl nicht um Lehensland, sondern vielleicht um unmittelbares Kronland. Diese Vermutung legt Kr 147 nahe, wo ein Mitglied des Hauses Muraššû ein *usbarra ša šarri* gegen festen Pachtzins von einem Pächter erhält, der nach Z. 1 f. <*šá*> *a-na muḫ-ḫi sûti šá* ⁿᵃʳ·ᵈ*sîn* „der über die Pacht(abgaben) des (Gebietes des) Sîn-Kanals (Gesetzte)" tituliert ist. Nicht eindeutig zu klären ist die Rechtslage des *usbarra ša šarri* in UM II_1 124, das dort in der Verwaltung *(ša qâtê)* eines *ardu* des Hauses Muraššû steht. Wenn auch von einer Berechtigung des Hauses Muraššû am Grundstück keine Rede ist, dürfte der *ardu* das Feld doch für seinen Herrn und nicht für den König unmittelbar verwaltet haben, da man bei unmittelbarer Verwaltung für den König doch Angaben über den Grund des Verwaltungsrechts in irgendeiner Weise

369 Lediglich ein Zeuge (Z. 18) und der Schreiber (Z. 19) tragen diesen Namen.

370 Geschrieben: *us-bar-ra šá šarri:* UM II_1 124, 2; 150, 7; Kr 147, 5, 11, 12; *us-ba-ri šá šarri:* BE IX 67, 4, 8; 73, 1.

371 UM II_1 124; 150; Kr 147.

372 Vgl. Ebeling, RlA III S. 38 rechts; Cardascia, AM S. 130 A. 1: „*usbarra,* terme iranien dont le sens précis nous est inconnu, mais qui désigne certainement des immeubles"; HAU S. 8 zu BE IX 73: „königliche Steuer(?)"; ebenso unübersetzt CAD Ṣ S. 156 rechts.

erwarten würde. Das *usbarra ša šarri* wird hier dem Muraššû in einer – allerdings anhand der Urkunde nicht konkretisierbaren – Form zugestanden haben. Die Klärung der rechtlichen Situation des *usbarra ša šarri* in UM II_1 150 ist schon wegen des fragmentarischen Zustands der Tafel ausgeschlossen. Bemerkenswert ist in diesem Zusammenhang der Pachtvertrag BE IX 67, wo von den durch Enlil-šuma-iddin/Muraššû verpachteten Grundstücken ein *usbarra ša šarri* ausdrücklich ausgenommen ist[373]. Der Grund dafür kann wegen UM II_1 124 kaum gewesen sein, daß das *usbarra ša šarri* wegen seines Charakters als Kronland der Verpachtung durch einen Privatmann nicht zugänglich war. Klare Antworten sind anhand des spärlichen Urkundenmaterials zu diesen Fragen vorderhand noch ausgeschlossen.

cc) Das *bît ešrû* „Zehnt-Land"[374].

In BE IX 45 = Kr 143 wird von Enlil-šuma-iddin/Muraššû neben anderen Grundstücken ein *^{še}zêru bît 10-ú bît rit-ti* „Aussaat(fläche), Zehnt-Land, *ritti*-Lehensgrundstück" *ana sûti* „gegen Pachtgabe" verpachtet, wobei nach dem Vertragskontext dieses Grundstück einem der Pachtbewerber selbst zustand, vielleicht also dem Verpächter verpfändet oder von ihm gepfändet worden war. Ob es sich dabei um Königs- oder Tempelland handelte, läßt sich weder aus dieser kurzen Angabe noch aus dem übrigen Kontext entnehmen.
Die Herkunft eines großen Grundstückskomplexes, genannt *ešrû* „Zehnt"[375] oder „Zehntland"[376] in TCL XII 73 ist dagegen klar: Die Urkunde handelt von Eigentum des Tempels Eanna in Uruk, wie Z. 3 f. klarstellt: *eš-ru-ú šá bêlti šá uruk*^{ki} „Zehnt(land) der (gehörend der) Herrin von Uruk".
Dasselbe wird auch für den *ešrû šá bît a-muk-a-nu* „Zehnt(land) des Amukânu-Gebietes" gegolten haben, das gem. Z. 9. ebenfalls zu den Vertragsobjekten gehörte. Die *ešrû*-Grundstücke dieses Vertrages wurden gegen hohe festbestimmte Naturalleistungen in Gerste und Datteln an eine Privatperson ver„geben", also wohl verpachtet, wenn auch ein spezieller Terminus für Pacht im Vertragskontext fehlt.
Von den nur nb. belegten Zehntleistungen an Tempel oder Palast[377] ist in den beiden Urkunden nichts erwähnt; welche Vertragspartei bei Verpachtung des *bît ešrû* die Abgabepflicht traf, mit der das Grundstück belastet war, muß daher ungeklärt bleiben.

---

373 Vgl. Z. 4, 7 f.: *e-lat us-ba-ri šá šarri* „abgesehen vom *usbarra* des Königs".
374 Geschrieben: *10-ú*: Kr 143, 9, 19; *eš-ru-ú*: TCL XII 73, 3, 9; UET IV 138 Rs. 5 ff.
375 So Moore, NBAD S. 75: „The tithe".
376 So CAD E S. 370 links und AHw S. 258 links.
377 Vgl. die Nachweise bei CAD E S. 369 f. und AHw S. 257 f.; zu *ešrû* Dandamajew, Festschrift Altheim Bd. 1 S. 82 ff. (85).

V. Das Formular

Im folgenden soll nun das den objektiv stilisierten Pachtverträgen im wesentlichen gemeinsame Grundschema des Immobiliar-Pachtformulars rekonstruiert werden.

Der nb. terminus technicus für den Pachtvertrag als Urkunde – mindestens für den Typ *ana sûti*[378] – dürfte *u'iltu ša sûti* „Urkunde über die Pacht(abgabe)" sein[379]. Das Formular setzt sich aus einigen obligatorischen, mehr oder weniger stereotyp wiederkehrenden Klauseln und einzelnen – den individuellen Verhältnissen des Einzelfalls entsprechenden – fakultativen Klauseln zusammen:

I. 1. Pachtobjekt, Beschreibung variierend nach Art, Lage und Grenzen, selten mit Maßangaben[380], sowie nach der rechtlichen Situation.
   2. Pachtabschlußklausel,
      a) meist ex latere locatoris, d. h. des Verpächters (im folgenden „Verpachtungsklausel" oder „Typ A")
      b) seltener ex latere conductoris, d. h. des Pächters (im folgenden „Pachtklausel" mit den Typen B_1 und B_2);

II. Klauseln über Verpflichtungen – insbesondere Arbeitsverpflichtungen – des Pächters, formal teilweise als Selbstverbürgung des Pächters stilisiert;

III. [Wechselseitige Verbürgungen bei Pächtermehrheit;]

IV. [Klausel über Leistungspflichten und Eviktionshaftung des Verpächters;]

V. [Sehr selten Quittungsklauseln über Vorauszahlung von Pachtzins(teilen);]

VI. [Schlußklauseln über Vertragsstrafen, Beginn des Pachtbesitzes und wechselseitige Vertragsausfertigung;]

VII. 1. Zeugen, Schreiber, Ort und Datum
   2. [Teilweise Siegel oder Nagelabdruck einer der Parteien mit den zugehörigen Beischriften.]

Die in eckige Klammern gesetzten Formularteile III–VII fehlen teilweise. Die obige Reihenfolge – abgesehen von den Teilen I und VII – ist außerdem nicht immer in dieser Form eingehalten. Auf die Abweichungen soll, soweit dies rechtlich oder sonst von Bedeutung ist, bei der Beschreibung der einzelnen Formularbestandteile eingegangen werden.

1) Die Beschreibung des Pachtobjekts

Uralter, bis ins 3. Jahrtausend v. Chr. zurückreichender Formularpraxis entspricht es, daß das Pachtobjekt als Gegenstand des Vertragsabschlusses an den

---

378 Dazu u. bei A. 488.

379 So in Dar 409, 9, 13. Über die verschiedenen Bedeutungen von *u'iltu* vgl. Petschow, NPR S. 10 A. 23.

380 Dazu o. bei A. 170.

Urkundenanfang gestellt wird, was auch noch im nb. Immobiliarkaufformular beibehalten ist.
Daneben findet sich bei einer Anzahl nb. Vertragstypen – so z. B. beim Mobiliarkaufvertrag sowie formal bedingt bei allen Zwiegesprächsurkunden – ein weiterer Typ, bei dem der Vertragstext mit der Angabe einer der Vertragsparteien beginnt, z. B.: „A hat den Sklaven B für x Silber zum vollen Kaufpreis dem C gegeben (= verkauft)“[380a].
Zur Beschreibung des Grundstücks enthalten die Verträge – mit Varianten insbesondere hinsichtlich der Reihenfolge der einzelnen Elemente – folgende Angaben:

1. Flächengröße (sehr selten)[381].
2. Grundstücksart (^{še}*zêru, eqlu, kirû, qaqqaru*)[382].
3. Eigentümer (*ša PN* „des PN“); Lehensberechtigter (*bît ritti ša PN* „*ritti* – Grundstück des PN“; *bît qašti ša PN* „Bogengrundstück des PN“); Pfand – (*bît maškânu ša PN* „Pfandgrundstück des PN“) oder Pachtberechtigung (*bît sûti ša PN* „Pachtgrundstück des PN“), sowie sonstige zur Verpachtung legitimierende Berechtigungen des Verpächters[383].
4. Lage: Flur[384], an einem Wasserlauf[385] u. ä., Ortschaft und/oder Bezirk[386].
5. Grenznachbarn (^{še}*zêru ... ša ita* ^{I}*PN* „Aussaat(fläche) ..., die neben PN (gelegen ist))“; selten Himmelsrichtung, Art des Nachbargrundstücks.

Als besonders vollständiges Beispiel einer Pachtgrundstücksbeschreibung (allerdings ohne Maßangaben) diene UET IV 41,1 ff.:

eqlu ^{is}.*gišimmarê zaq-pu kišâd* ^{nâr}*ḫar-ri* {*ḫar-ri*} *ina a-ḫi uri*^{ki} *ugar* ^{âl}*ma-du-me-e pîḫât u*[*ri*^{ki}] *ita elû eqli makkûr* ^{d}*sîn bît* ^{h}*qašti(!) šá* ^{I}*rê'û-u' ita šaplû eqli makkûr* ^{d}*sîn bît* ^{h}*qašti(!) šá* ^{I}*nâdin-apli apli šá* ^{I}*nidintu*^{tú}*-apli eqlu šu'âti*^{meš} *makkûr* ^{d}*sîn*

(„Betrifft das) Feld, mit Dattelpalmen bepflanzt, am Ufer des Ḫarri-Kanals am Rande von Ur, Flur der Stadt Madumê, im Bezirk von U[r], oben angrenzend an das Feld, (Tempel-)Gut des Gottes Sîn, Bogenmanngrundstück des Rê'û, unten angrenzend an das Feld, (Tempel-)Gut des Gottes Sîn, Bogenmanngrundstück des Nâdin-apli, Sohnes des Nidintu-apli. Dieses Feld (ist Tempel-)Gut des Gottes Sîn“.
Inwieweit hier und im folgenden die im Text wiedergegebenen Klauselteile im Einzelfall jeweils in gleicher, verkürzter oder erweiterter Form vorhanden sind oder fehlen, ist nach der jeweiligen Sachlage und wohl auch Schreibergewohn-

---

380a Diesem Formulartyp folgt offenbar auch der wegen Textzerstörung teilweise unklare Pachtvertrag *ana nukaribbûti* YBT VI 46 (Uruk, Nbn. 3. Jahr).

381 Dazu o. bei A. 170.

382 Dazu o. bei A. 170.

383 Dazu o. bei A. 243.

384 *ugar x* „(in der) Flur x“.

385 *kišâd* ^{nâr}*x* „am Ufer des Kanals x“.

386 Vgl. z. B. VS V 49, 1 (NRV 379): ^{še}*zêru šá i-na kar-ri-*^{d}*taš-me-*tu_4 „Aussaat(fläche), die in Kâr-Tašmêtu (gelegen ist)“ oder VS V 26, 1 (NRV 377): ^{še}*zêru šá(!)* ^{âl}*bár-sip*^{ki} „Aussaat(fläche in) der Stadt Barsippa“ oder Dar 427, 1 f.: ^{še}*zêru ... šá ina bir-*tu_4 *šá* ^{I}*ki-na-a* „Aussaat(fläche) ..., die in Birtu-ša-Kinâ (gelegen ist)“.

heit individuell verschieden und braucht hier, da rechtlich weniger von Interesse, nicht im einzelnen aufgeführt zu werden. So variiert z. B. die Zahl der angeführten Grenznachbarn – teils mit, teils ohne Angabe „oberhalb" und „unterhalb" –; oft sind es zwei, seltener ein[387] oder mehr als zwei[388] Nachbargrundstücke, manchmal fehlt eine solche Angabe ganz[389]. Ebenfalls unterschiedlich wird neben den Namen der Nachbarn teilweise auch die Grundstücksart des Nachbargrundstücks angegeben (*eqlu* „Feld"; $^{\check{s}e}$*zêru* „Aussaat(fläche)"; *bîtu* „Haus"), was dann u. U. die Rekonstruktion der Lage des betreffenden Pachtgrundstücks im Zusammenhang mit anderen Grundstücken erlaubt. Bemerkenswert ist, daß – im Gegensatz zu zahlreichen Grundstückskaufurkunden – bei der Angabe der Grenznachbarn fast nie die Himmelsrichtung (*iltânu* „Norden", *amurru* „Westen" usw.) vermerkt wird[390], in der sich die Nachbargrundstücke vom Vertragsobjekt aus gesehen befinden. Alle diese gegenüber den Grundstückskaufurkunden erheblich beschränkteren Lagebeschreibungen für Pachtobjekte dürften sich auf den oben bei A. 178 genannten Grund zurückführen lassen.

2) Die Pachtabschlußklauseln

Wie schon bei der Übersicht über das Gesamtformular der Pachtverträge angedeutet, finden sich hier zwei Haupttypen: einmal die häufigere ex latere locatoris, d. h. des Verpächters stilisierte, im folgenden „Verpachtungsklausel" oder „Typ A" genannt, zum anderen seltener zwei Formen der Stilisierung ex latere conductoris, d. h. des Pächters, im folgenden als „Pachtklauseln" oder „Typ B" mit den Varianten B_1 und B_2 bezeichnet.

A. Verpachtungsklausel (Typ A)

Sie lautet mit Varianten im einzelnen etwa:

1. $^{\check{s}e}$*zêru . . . ša* $^{I}PN_1$ „(betrifft) die Aussaat(fläche) . . . *des* PN_1:
2. $^{\check{s}e}$*zêra (šu'âti)* „(diese) Aussaat(fläche)"[391]

---

387 NRV 375; 377.

388 Z. B. UET IV 47: 5 Nachbargrundstücke.

389 Z. B. NRV 373; 374; 515; Kr 133; 134; Camb 42.

390 Ausnahme z. B. BE IX 48. Die besonders genaue Beschreibung hier wohl deshalb, weil der Vertrag außergewöhnlich lange (60 Jahre) läuft.

391 Diese Wiederholung des Pachtobjekts ist selten: NRV 389; BE VIII_1 124. Der Zusatz *ina ḫûd libbišu* „in der Freude seines Herzens (= freiwillig) – bei nb. Mobiliarkaufabschlußklauseln üblich (vgl. Petschow, NKF S. 45) – findet sich in Pachtabschlußklauseln m. W. nur in Kr 142, 2 ff.: $^{\check{s}e}$*zêru . . . ina ḫu-ud lìb-[bi-šu] ita eqli šá . . .* ^{is}*qaštu šá* ^{I}*mi-da-a' . . . u* ^{I}*za-ba-as-pa-a' . . .* ^{I}*za-ba-as-pa-a' ma-la zitti . . . a-na* ^{I}*mi-da-a' id-din* „(betrifft die) Aussaat(fläche) . . . in der Freude [seines] Her[zens], benachbart dem Feld des . . ., das Bogen(grundstück) des Midâ . . . und des Zabaspâ . . . : Zabaspâ hat (sie), soviel (sein) Anteil (ist), . . . dem Midâ gegeben". Ungewöhnlich ist die Stellung des Zusatzes vor den Grenzangaben. Daß er sich auf das Prädikat *iddin* bezieht, dürfte dennoch unzweifelhaft sein, da er sonst überflüssig wäre.

3. *adi x šanâte* „auf x Jahre[392]
4. *ana* Pachtart „zur Pachtart“ (Qualifizierung des Vertragsverhältnisses nach Art der Bebauung oder des Entgelts)
   a) nach der Bebauungsart
      aa) *ana nukaribbûti* „zur Gärtnerarbeit/Gartenbebauung[393]
      bb) *ana errêšûti (u šutapûti)* „zur Feldbestellung[394] (und Kompanie)“[395]
      cc) *ana zâqipûti/zâqipânûti* „zur (Baum)-Anpflanzung“[396]
      dd) *ana taptû* „zur Erschließung (von Neubruchland)“
      ee) *ana dulli (dulli ḫirûti epêši)* „zur Bearbeitung (um Grabungsarbeiten zu verrichten)“

oder
   b) nach Entgeltart
      aa) *ana sûti* „gegen Pachtabgabe/-zins“
      bb) *ana mandatti* „gegen mandattu – Pachtzins“
5. *ana* $^{I}PN_2$ „dem PN_2 (Pächter)“
6. *iddin* „hat er (der Verpächter sie) gegeben“.

Von der rechtstheoretischen Seite dieser Verträge her ist die durchgehende Stilisierung des Verbums *nadânu* im Präteritum[397] am bemerkenswertesten. Sprachlich scheint sich daraus zu ergeben, daß die Hingabe des Pachtobjekts nicht zu den Pflichten des Verpächters gehört, der Vorgang der Übergabe des Feldes vielmehr bereits als geschehen festgestellt wird[398], während die übrigen Vertragspflichten – besonders häufig die des Pächters zu Arbeitsleistungen – im Präsens/Futur ausgedrückt werden.

Isoliert betrachtet könnte die sprachliche Gestaltung der Klausel den Schluß nahelegen, daß der nb. Pachtvertrag nicht Konsensual –, sondern Realvertrag war[399], zu seiner Wirksamkeit also nicht zwei übereinstimmende Willenserklärungen genügten, sondern erst die Übergabe eines der Vertragsobjekte den Vertrag rechtsverbindlich machte. Da bei Vertragsschluß das Feld nach dem

392 Die Angabe der Pachtdauer kann auch fehlen: Dar 35; Cyr 200; NRV 375; 377; 385; Nbn 578 u. v. a., oder statt an dieser Stelle in einer besonderen Klausel für sich beurkundet sein, wie z. B. in Dar 316, 20: *a-di 5-ta šánâte*^{meš} ^{še}*zêru ina pâni-šú* „auf 5 Jahre (ist) die Aussaat(fläche) zu seiner (des Pächters) Verfügung“.

393 AHw S. 802 links.

394 AHw S. 243 rechts.

395 Vgl. CAD E S. 307 rechts: „partnership“.

396 Vgl. CAD Z S. 57 rechts: „planting and caretaking of an orchard“.

397 Ausnahmsweise wurde das Perfekt des Verbums *epêšu* „machen“ für die Stilisierung der Pachtabschlußklausel verwendet in einem Gesellschaftspachtvertrag BE X 55, 6 f.: ^{še}*zêra-a' 5 kùr a-na šu-ta-pu-tú(!) i-te-pu-šu-u'* „die Aussaat(fläche) von 5 Kor haben sie zur Kompanie gemacht“.

398 Im Gegensatz zum Perfekt, das in nb. Zeit die Behauptungsform der Vergangenheit ist, kommt dem Präteritum in dieser Zeit keine weitergehende Bedeutung zu als die der bloßen Tatsachenfeststellung; vgl. GAG §§ 79b; 80 f.

399 An die sprachliche Gestaltung knüpft auch Koschaker, Bürgschaftsrecht S. 111 für die sumerische ŠU-BA-AN-TI-Urkunde und die assyrischen Urkunden seinen Schluß auf den Realkontrakt. Ebenso San Nicolò, NRV S. 192.

Wortlaut bereits übergeben sei, habe auch die Wirksamkeit des Vertrages die Verschaffung des Grundstücksbesitzes zur Voraussetzung.

Daß dieser Schluß nicht berechtigt ist, zeigen Pachtverträge, die trotz des *iddin* „er hat gegeben" noch eine besondere Feststellung des Besitzverschaffungstermines enthalten. Die Klausel lautet regelmäßig:

ultu araḫ x šatti y ${}^{\check{s}e}$*zêru ina pân* ^{I}*PN*

„vom Monat x des Jahres y an (ist) die Aussaat(fläche) zur Verfügung des PN (Pächters)".

Aufschlußreich ist dabei das Verhältnis dieses Termines zur Datierung der Urkunde besonders deshalb, weil alle denkbaren Möglichkeiten belegt sind:

1. Der Monat der Übergabe stimmt mit dem der Datierung überein[400].
2. Der Monat der Übergabe liegt vor dem der Datierung[401].
3. Der Monat der Übergabe liegt nach dem der Datierung[402].

Schon der erste Fall legt die Vermutung nahe, daß dem Verbum *nadânu* nicht die enge Bedeutung „übergeben = Besitz verschaffen" zukommt, da die Besitzverschaffungsklausel dann gegenüber der Pachtabschlußklausel nichts Selbständiges aussagen würde und damit überflüssig wäre. Anders dagegen im zweiten Fall: hier wäre in der Besitzverschaffungsklausel über die Pachtabschlußklausel hinaus ausdrücklich der Übergabezeitpunkt des Pachtobjekts vermerkt, der aus der Pachtabschlußklausel nicht hervorgeht, aber für die Zahlung des Pachtzinses und gegebenenfalls für die Vertragsdauer bzw. Vertragsbeendigung von Bedeutung war.

Völlig unverständlich wäre aber die enge Übersetzung im dritten Fall. Wie Cardascia[403] bemerkt, könnte der Schreiber konsequenterweise nicht erklären, daß der Verpächter das Pachtobjekt übergeben habe, wenn die Übergabe erst erhebliche Zeit nach Vertragsausfertigung liegt[404]. Die einzige denkbare Erklärung wäre, daß diese Verträge vordatiert sind, der Vertrag also in Wahrheit bei oder nach der Besitzverschaffung geschlossen wurde, als Datum des Vertragsabschlusses oder versehentlich oder absichtlich der Wirklichkeit nicht entsprechend ein vorhergehender Zeitpunkt beurkundet wurde[405]. Schreiberversehen

---

400 UM II_1 182; BE IX 88; 102; 107; X 112.

401 BE IX 29; 34; 35; 40; 45; 67; UM II_1 16; UET IV 42.

402 BE IX 48; 72; X 43; 79; UM II_1 20; 96; 210(?); NRV 489(?) (vgl. A. 404).

403 AM S. 145.

404 Der Zeitabstand reicht von weniger als einem Monat (BE IX 72; X 79; UM II_1 96) bis zu 6 Monaten (BE IX 48; X 43). Der Abstand von 13 Monaten, der sich aus NRV 489 ergibt, könnte auf einem Schreiber- oder Kopierfehler beruhen, da der Monat der Ausstellung und der Übergabe identisch sind.

405 Der Begriff „Vordatierung" ist bei Lautner, Personenmiete S. 62 f., im Anschluß an Walther ZDMG 69 S. 422 anders verwendet. Die mißverständliche Verwendung dieses Ausdrucks scheint San Nicolò, Lehrvertrag S. 26 A. 2 bei seiner Argumentation gegen Lautner in die Irre geführt zu haben. Daß es sich bei den „Vordatierungen" Lautners in verständlicher Ausdrucksweise um Nachdatierungen handelt, zeigt dagegen Cardascia, AM S. 144 f.: „Lautner à la suite de Walther a montré, que certains contrats étaient postdatés".

bei der Datierung dürften in Anbetracht der Anzahl der Urkunden[406] dieser Art kaum der Grund für diese Erscheinung gewesen sein.
Auch absichtliche Vordatierung ist wenig wahrscheinlich, da weder ein rechtlicher noch ein wirtschaftlicher Grund für diese Maßnahme einzusehen ist. Sinnvoll wäre sie wohl nur dann, wenn durch die Vordatierung auch der Beginn des Pachtverhältnisses vorverlegt werden sollte; doch deutet nichts darauf hin, daß der Beginn des Pachtverhältnisses mit seinen Austauschleistungen von der Datierung der Urkunde abhing. Im Gegenteil, es zeigen die Urkunden, die erst nach Besitzübergabe datiert sind, daß der Vertrag auch ohne Urkunde laufen konnte. Es dürfte danach keinem Zweifel unterliegen, daß dem Verbum *nadânu* eine wesentlich farblosere Bedeutung beizumessen ist als die übliche Übersetzung „geben" ausgedrückt. Der Vergleich mit dem lateinischen *tradere*[407] ist nicht angebracht, bedeutet *traditio* im römischen Recht doch immer die Übergabe einer Sache[408]. *nadânu ana* Pachtart bedeutet aber nicht die Hingabe eines Pachtobjekts zu einer Pachtart[409], sondern lediglich den Abschluß eines Pachtvertrages. Bei dieser Interpretation hat die Verwendung des Präteritums ihren Sinn: Ein bereits vor der Abfassung der Urkunde liegender Vertragsabschluß wird als bereits abgeschlossenes Faktum beurkundet. Dies ist auch ein wesentlicher HInweis darauf, daß jedenfalls im Pachtrecht die Vertragsurkunde keine konstitutive Wirkung hatte, eine Vermutung, die auch durch die Praxis in den A. 401 angeführten Fällen unterstrichen wird, den Vertrag erst einige Zeit nach Beginn des Pachtverhältnisses schriftlich zu fixieren.
Eine weitere Frage ist freilich, ob der Vertrag ohne Übergabe des Grundstücks für die Parteien bindend war, oder ob der Verpächter an seine Verpflichtung, das Pachtobjekt dem Pächter für die Vertragsdauer zur Verfügung zu stellen, erst ab Übergabe der Sache gebunden war. Letzteres ist unwahrscheinlich: der Aufwand, den die Abfassung von Verträgen erforderte, mußte ja wohl seinen Zweck erfüllen, der aber bei Verträgen nur darin bestehen kann, Verpflichtungen der Parteien zu begründen. Andernfalls wäre die ganze, mit der Beurkundung zusammenhängende Mühe umsonst. Mag man auch den Menschen dieser Zeit einen gewissen Mangel an Rechstdogmatik nachweisen, an praktischer Denkfähigkeit wird es ihnen kaum gefehlt haben.
Die Zweifel Petschows[410] am Konsensualcharakter dieser Art von Verträgen sind wohl nicht begründet. Zwar könnten in diesen Fällen Vertragsstrafen einen mittelbaren Erfüllungszwang ausüben und so die mangelnde Verbindlichkeit des (Real)vertrages vor Übergabe der Sache überbrücken, doch enthält keiner der hier einschlägigen Pachtverträge Vertragsstrafen, die diesen Fall der Nichterfüllung betreffen. Der Verpächter könnte sich daher nach dieser Theorie wohl vor Übergabe des Grundstücks ohne weiteres von den schriftlichen Vereinba-

---

406 Bei anderen Vertragstypen findet sich die Erscheinung noch häufiger, vgl. die Belege bei San Nicolò, Lehrvertrag S. 26 A. 2 zur Miete und Petschow, NPR S. 56 mit A. 161.
407 So San Nicolò, Lehrvertrag S. 10; Beiträge S. 178 f.; Aegyptus 27 (1947) S. 127.
408 Vgl. Kaser, Römisches Privatrecht I S. 416.
409 So aber Thureau-Dangin, RA 26 (1929) S. 94.
410 NPR S. 57 f.; A. 161.

rungen lösen, was sehr gegen die Wahrscheinlichkeit der These spricht. Allein die Willensübereinstimmung der Vertragsparteien wird die Vertragsbindung erzeugt haben[411], nicht einmal die Schriftform dürfte erforderlich gewesen sein. Prozeßurkunden, aus denen sich die erfolgreiche Klage auf Besitzübergabe im Rahmen eines noch nicht vollzogenen Pachtvertrages ergibt, würden allerdings den letzten Beweis für den auch sonst nahezu eindeutig erwiesenen Konsensualcharakter der nb. Pachtverträge erbringen.

B. Die Pachtklauseln (Typ B)

Neben den häufigeren Verpachtungsklauseln finden sich seltener und teilweise anscheinend lokal beschränkt Stilisierungen ex latere conductoris (Pächters). Die eine Form – hier Typ B$_1$ genannt – lautet beispielsweise nach Kr 136,1 ff.[412]:

1. *eqlu šá* ^{I}*PN*$_1$ . . .[413] „(betrifft) das Feld des PN$_1$ (Verpächters) . . . "
2. *adi 3 šánâte*^{meš} „auf 3 Jahre"
3. ^{I}*PN*$_2$ *ana nukaribbûti* „hat (es) PN$_2$ zur Gärtnerarbeit/Gartenbebauung"
4. *iṣbat*[414] „genommen"

Die zweite Formulierung ex latere conductoris – hier Typ B$_2$ – findet sich z. B. in VS V 86, 1 ff. (NRV 383)[415]:

1. *eqlu . . . šá* ^{I}*PN*$_1$ „das Feld . . . des PN$_1$ (Verpächters)"
2. *ana nukaribbûti* „(ist) zur Gärtnerarbeit/Gartenbebauung"
3. *ina pân* ^{I}*PN*$_2$[416] „zur Verfügung des PN$_2$ (Pächters)"

Eine kumulierende Mischform von B$_1$ und B$_2$ stellt Kr 137, 1 ff. dar: ^{še}*zêru . . . šá* ^{I}*PN*$_1$ . . . *ina pân* ^{I}*PN*$_2$ . . . *a-na sûti iṣ-ba-tu* „(betrifft) die Aussaat(fläche . . . des PN$_1$ (Verpächters)[417] . . . zur Verfügung des PN$_2$ (Pächters) . . . gegen Pachtabgabe hat der (Pächter sie) genommen".

---

411 BE IX 48 und UM II$_1$ 96 enthalten die spezielle, gegen die vorzeitige Wegnahme des Grundstücks durch den Verpächter gerichtete Vertragsstrafenvereinbarung, die aber gerade den hier abzusichernden Fall nicht betrifft.

412 Weitere Belege: Kr 133; 134; 135; Nbk 90.

413 Fehlt in Nbk 90 und Kr 133 (hier aber vielleicht in einer Sonderklausel im zerstörten Mittelteil der Urkunde).

414 Abweichende Konstruktion in Nbk 90 und vielleicht auch Kr 134: ^{še}*zêru ša* ^{I}PN$_1$ *ša* ^{I}PN$_2$ . . . *iṣbatu* „(betrifft) die Aussaat(fläche) des PN$_1$, die PN$_2$ . . . genommen hat".
Vereinzelt in BE X 53, 9 ff. stilisiert mit *kullu* „gepachtet haben" (vgl. AHw S. 502 rechts): ^{še}*zêra . . . [a-n]a sûti a-di 3-ta šá[nâ]te*^{meš} *a-na šátti 12 ši[qi]l [k]aspiu-ki-il* „die Aussaat(fläche) . . . [geg]en Pachtzins auf 3 Ja[hr]e für pro Jahr 12 Se[ke]l [S]ilber nahm er in Pachtung". Vgl. die parallele Stilisierung in BE IX 48, 7; 60, 4; UM II$_1$ 123, 5(?), jeweils im Stativ.

415 Weitere Belege: NRV 384; Amherst 249; Kr 139; vgl. Kr 140.

416 Nicht hierher dürfte Dar 409 (Babylon, Dar. I 15. Jahr) trotz ähnlicher Formulierung in Z. 1 ff. gehören: ^{še}*zêru šá* ^{I}PN$_1$ *ù* ^{I}PN$_2$ . . . *šá a-na sûti i-na pa-ni* ^{I}PN$_3$ „(betrifft) die Aussaat(fläche) des PN$_1$ und PN$_2$ (beide Verpächter) . . . , die gegen Pachtzins zur Verfügung des PN$_3$ (Pächters) (ist)". Die Urkunde bezieht sich offenbar auf ein bereits bestehendes Pachtverhältnis und hat die vergleichsweise Regelung des früheren Pachtvertrages für die nächste und letzte Ernte sowie einen Streitverzicht der Vertragsparteien zum Gegenstand.

Bemerkenswert ist, daß alle hierher gehörigen mir bekannten Belege für B_1 und B_2[418] sowie Kr 137 aus Barsippa oder – wie wohl Nbk 90 – aus dessen Umgebung stammen, nnd zwar B_1 aus dem 4. Jahr Kandalânus (644 v. Chr.)[419] bis zum 4. Jahr Nabonids (552/1 v. Chr.)[420], die Belege für B_2 aus der Zeit vom 19. Jahr des Darius I. (503 v. Chr.)[421] bis 484/3 v. Chr.[422], während das Mischformular in Kr 137 zwischen diesen beiden Zeiträumen liegt, nämlich im 2. Jahr des Cambyses (528 v. Chr.). Wahrscheinlich handelt es sich hierbei um eine der Schreiberschule in Barsippa eigentümliche Stilisierung, wie in Urkunden aus dieser Stadt auch bei anderen Formularteilen – etwa der noch zu besprechenden *ikkal*-Klausel und der Selbstbürgschaftsform für die Festsetzung von Verpächterpflichten – Abweichungen von den sonst gebräuchlichen Mustern festzustellen sind. Ähnliche Erscheinungen lassen sich auch bei nb. Immobiliarkaufurkunden aus Barsippa erkennen[423].

Elemente des Typs B_2 und A enthält eine bisher nur im Muraššû-Archiv belegte[424] Variante, die ex latere locatoris stilisiert ist[425]:

*eqla . . . adi x šanâte*meš *ina pânišu úmaššir*

„das Feld . . . auf x Jahre überließ er (Verpächter) zu seiner (des Pächters) Verfügung".

Cardascia[426] sieht in dieser Variante gegenüber der geläufigen Stilisierung ex latere locatoris nach Typ A eine auf die Fälle begrenzte Stilform, in denen der Verpächter nicht Eigentümer war, sondern lediglich Besitzer, also z. B. Pfandgläubiger, und durch den Pachtvertrag sein Besitzrecht übertrug. Die beschränkte Zahl von Pachtverträgen läßt m. E. diesen Schluß nicht zu. Zwar sind in den drei mir bekannten Verträgen dieses Typs die Verpächter nicht Eigentümer, sondern nur Lehensberechtigte, Nutzpfandgläubiger oder sonstige Besitzer; trotzdem bleibt aber zweifelhaft, ob es sich um eine spezifische Formularvariante handelt, da andererseits auch Typ A für die Verpachtung von Lehen[427] und Pfandgrundstücken[428] belegt ist.

---

417 Daß dies der Verpächter ist und nicht derjenige, der das Grundstück (zur Pacht) genommen hat, ergibt die Pachtzinszahlungsklausel in Z. 5 ff., wonach die Dattel-(Pachtabgabe) im Hause des PN_1, allerdings „im Maße des Königs" (*ina ma-ši-ḫu šá šarri*) zu leisten ist. Das *-u* der Form *iṣbatu* gibt hier keinen Subjunktiv wieder; vgl. dazu GAG § 18e und Gelb, BiOr 12 (1955) S. 95 b; 100 f.

418 Der Ausstellungsort ist in VS V 89, 22 zwar zerstört, aber Barsippa ist mit San Nicolò, NRV S. 357 als wahrscheinlich anzunehmen.

419 Kr 133.

420 Kr 136.

421 NRV 383; 384.

422 Amherst 249. Zur Datierung dieser Urkunde aus dem Akzessionsjahr eines Usurpators Šikušti(?) oder Širikti(?) aus der Zeit des Xerxes vgl. Ungnad, AfO 19 (1959–60) S. 75 ff., 80.

423 Vgl. Petschow, NKF S. 30, 38.

424 BE IX 25; 67; Kr 145 (sämtlich mit Enlil-šuma-iddin als Verpächter).

425 Formular nach BE IX 25, 9 f.

426 AM S. 125; 127 A. 9; 164.

427 Vgl. für alle Kr 143.

428 BE IX 99.

Abgesehen von den örtlichen Unterschieden der Formulartypen konnte in den Typen B_1 und B_2 sowie Kr 137 auch die weitergehende rechtliche Aussage enthalten sein, daß der Pächter spätestens bei Vertragsschluß im Besitz der Sache war. Dem entspräche an sich, daß keiner der Verträge dieser Art die Besitzübergabeklausel enthält. Verträge des Typs B_1 sind uns jedoch bisher nur aus vorpersischer Zeit überliefert, in der Klauseln über den Beginn des Pachtbesitzes m. W. auch in anderen Pachtvertragstypen nicht enthalten sind. Es wäre also möglich, daß die letzterwähnte Klausel als persische Neuerung in diesen Verträgen noch gar nicht enthalten sein konnte, auch wenn sie nach den tatsächlichen Verhältnissen angebracht gewesen wäre. Anders dagegen bei Typ B_2, der uns aus persischer Zeit bekannt ist, zu der die Besitzübergabeklausel andernorts schon belegt ist[429]. Das Urkundenmaterial ist aber zu gering, als daß endgültige Schlüsse aus diesem Befund zu ziehen wären.

Aus allen Arten der Pachtabschlußklausel ergibt sich mehr oder weniger deutlich das Recht des Pächters zum Besitz; über das Nutzungsrecht am Grundstück sagen jedoch weder die Verben *nadânu, muššuru* und *ṣabâtu,* noch die Feststellung etwas aus, daß das Grundstück *ina pân* „zur Verfügung" des Pächters sei. Erst der Gesamtzusammenhang der Urkunde klärt diese Frage. Zweifelsfrei ist die Nutzungsbefugnis in Urkunden, die Bestimmungen über die Verteilung des Ernteertrages enthalten, also hauptsächlich in allen Teilpachtverträge: dem Pächter steht entweder der gesamte Ertrag oder wenigstens ein Teil davon zu. Aber auch in allen Fällen, in denen einer Leistung des Pächters – sei es Pachtzinszahlung in irgendeiner Form oder Arbeit allein – eine Gegenleistung des Verpächters nicht ausdrücklich gegenübergestellt ist, müssen wir von der Nutzungsbefügnis des Pächters am gesamten Grundstück ausgehen. Wofür sonst sollte sich der Pächter zu solchen Leistungen überhaupt verpflichten?

Soweit Verträge als Pächterpflicht nur Arbeit, nicht auch Pachtzinszahlung vorsehen, wohl aber die Pflicht des Verpächters zur Zahlung des *šissinnu* – Naturallohnes in Datteln[430], ist die Nutzungsbefugnis des Pächters nicht so offensichtlich. Kohler[431] hat diese Verträge als reine Arbeitsverträge qualifiziert, die nach einer bestimmten Zeit in Pachtverträge umgewandelt werden konnten. Dies kann nur dann zutreffen, wenn *šissinnu* der volle Gegenwert für die Arbeitsleistung des Pächters war. Unten wird darzustellen sein, daß *šissinnu* nicht als voller Arbeitslohn, sondern lediglich als Lebensminimum des Pächters bei Mißernten gedacht war[432]. Auch in diesen Verträgen müssen wir dann von einer stillschweigend vereinbarten Nutzungsberechtigung ausgehen[433].

Nicht jede der Pachtabschlußklauseln bringt das rechtliche Verhältnis des Pächters zum Grundstück nach Vollzug des Pachtvertrages zum Ausdruck. Die Formulierungen *^{še}zêru ina pân* und *^{še}zêra ina pâni muššuru* deuten aber an, daß der

---

429 Vgl. NRV 489 (Typ A, Babylon, Dar. I 5. Jahr).
430 Z. B. Camb 142; Cyr 230; Dar 35; 273.
431 Z. f. vgl. R. W. 35 (1918) S. 456 f.
432 Bei A. 715.
433 Vgl. auch Augapfel, BRAD S. 76 ff. zu Verträgen dieser Art: „Verträge über landwirtschaftliche Arbeiten", aber Pachtverträge, wie die einzelnen Inhaltsangaben zeigen.

Pächter in einer besonderen – vom Eigentümer abweichenden – rechtlichen Beziehung zum Grundstück stand, die durch die Wendung *ina pân* „zur Verfügung" konkretisiert ist. Daß dem Pächter das Grundstück auch dann *ina pân* „zur Verfügung" stand, wenn der Vertrag nach einem anderen Formular abgefaßt war, zeigt wohl die Liste CT XLIV 79, in der eine Anzahl von Pachtverhältnissen in Kurzform jeweils mit den Worten registriert ist:
$^{\check{s}e}$zêru . . . ina pân ^{I}PN (u) ultu araḫ x šatti y^{kam} *ina šatti z kaspa (suluppê, uṭṭata) sûta inandin* „Aussaatfläche . . . zur Verfügung des PN (Pächters) vom Monat x des Jahres y an wird er jährlich z Silber (Datteln, Gerste) als Pachtzins geben". Die einzelnen Verträge, die dieser Liste zugrundelagen, werden kaum alle nach Typ B_2 oder den erwähnten Mischformen stilisiert gewesen sein.

Sprachlich klar unterschieden wurde damit das Recht des Pächters vom Recht des Eigentümers, den mangels eines abstrakten terminus für Eigentum die Formulierung *$^{\check{s}e}$zêru ša ^{I}PN* „Aussaat(fläche) des PN" ausweist[434]. Diese strenge Abgrenzung deutet m. E. darauf hin, daß zwischen der rechtlichen Stellung des Eigentümers und des Pächters während der Laufzeit des Vertrages unterschieden wurde. Cardascia[435] dagegen sieht darin keinen Anhaltspunkt für die juristische Reflexion über das gegenständlich beschränktere Recht des Pächters im Gegensatz zu dem des Eigentümers. Nach seiner Auffassung erhielt der Pächter ein zeitlich begrenztes allgemeines Herrschaftsrecht am Pachtobjekt, das mit Ablauf der Pachtdauer an den Eigentümer zurückfiel. Abgesehen von der zeitlichen Begrenzung entspräche danach das Pacht-Herrschaftsrecht in vollem Umfang dem des Eigentümers, was zur wesentlichsten Folge gehabt hätte, daß der Eigentümer das Grundstück während der Pachtdauer nicht veräußern konnte[436]. Daß zwischen Eigentum und lediglich vertraglich geschütztem Besitzrecht, das dem Pächter zustand, bereits unterschieden wurde, dürfte aber die Urkundengruppe beweisen, die den Verkauf eines verpachteten Grundstücks durch den Eigentümer belegt[437]. Bleibt das Recht, über die Sache durch Veräußerung zu verfügen, trotz Verpachtung beim Eigentümer, so kann der Pächter nicht die Befugnisse des Eigentümers für die Pachtdauer in vollem Umfang übernommen haben. Sein Recht unterscheidet sich also dann grundlegend von dem des Eigentümers, was auch in der unterschiedlichen Formulierung zum Ausdruck kommt.

Ob man sich darüber hinaus auch abstrakte Gedanken über die weitere theoretische Ausgestaltung des Pachtrechts gemacht hat, mag bezweifelt werden. Über den Schutz des Pächters vor Eingriffen Dritter lassen sich nur unsichere Vermu-

434 Möglich ist freilich, daß in manchen Pachtverträgen das Recht des Verpächters in dieser Weise bezeichnet wurde, obwohl er selbst nur unterverpachtete; ein an sich unwiderlegbarer Einwand, der aber deshalb kaum ins Gewicht fallen dürfte, weil uns eine besondere Terminologie für das Recht des Unterverpächters bekannt ist (vgl. dazu o. bei A. 331).

435 RIDA 3. Ser. VI (1959) S. 25.

436 Dasselbe würde danach für das Recht des Eigentümers bei Verpfändung oder jeder anderen Überlassung des Grundstücks an Dritte gelten.

437 Dazu u. bei A. 868.

tungen anstellen[438]. Nur eine eindeutige Antwort darauf ließe Schlüsse auf die praktische Ausgestaltung des Pachtrechts als absolutem oder relativem Recht zu. Aber selbst wenn wir darüber nähere Anhaltspunkte besäßen, wäre nicht sicher, daß diese Probleme auch rechtstheoretisch reflektiert wurden. Es empfiehlt sich daher, diese Fragen ganz offen zu lassen und sich insoweit mit der Analyse der Rechtspraxis zu bescheiden.

3) Die einzelnen Pachtarten

Einen allgemeinen abstrakten terminus für Pacht gibt es in nb. Zeit nicht. Was wir schon beim Begriff „Eigentum" festgestellt haben, bestätigt sich auch hier: die Verwendung ganz allgemeiner rechtlicher Begriffe und damit wohl auch das Denken in ihnen ist zu dieser Zeit noch nicht voll ausgeprägt. Umso variantenreicher ist die Begriffsbildung, wenn es um die Beschreibung einzelner konkreter Rechtsverhältnisse geht. Besonders reichhaltig ist dabei die Terminologie des Pachtrechts.

Die verschiedenen Pachtarten, zu denen das Grundstück vom Verpächter „gegeben", vom Pächter „genommen" wurde oder „zur Verfügung" des Pächters stand, zerfallen in zwei große Gruppen. Die ersten haben die Bearbeitungs- bzw. Bebauungsart des Feldes zur sprachlichen Grundlage, so die Pacht *ana nukaribbûti*[439] „zur Gärtnerarbeit/Gartenbebauung"[440], *ana errêšûti*[441] „zur

---

438 Vgl. u. bei A. 835.

439 Regelmäßig ideographisch geschrieben, entweder LÚ NU. KIRI$_6$ (= GIŠ. SAR)-*ú-tu/tú* oder ohne Determinativ LÚ vgl. VS V 49, 5; 89, 2; 104, 4; BIN I 117, 7; YBT VII 51, 9; 162, 5. Einziger nb. Beleg für syllabische Schreibung: VS V 11, 6 (NRV 374): *nu-ku* (oder *ki(!?)*, so AHw S. 802 rechts) – *ri-bu-tú*. Die grammatikalisch „richtige" Form *ana nukaribbûti* ist m. W. in syllabischer Schreibung nb. nicht belegt.
Belege für diesen Pachttyp:
Amherst 249; BE VIII$_1$ 132; IX 99; 101; BIN I 117; 125; Camb 142; Cyr 200; 230; Dar 35; 193; 316; 427; Nbk 90; Nbn 578; RA 10 (1913) S. 68, 40–41 (Z. 4: LÚ GIŠ. NU. ŠAR-*ú-tu*); Kr 133; 134 (Z. 4: GIŠ. ŠAR-*ú-tu*); 135 (Z. 5: LÚ NU. KIRI$_6$-*tu*); 136; NRV 373; 374; 377; 379; 383; 384; 515; 522; YBT VI 46; VII 47; 51; 162; UM II$_1$ 81; 115; 159 (Z. 3: KIRI$_6$. NU-*ú-tú*); 215. BRM I 53 und Dar 273 dürften wegen ihrer charakteristischen Arbeitspflichten auch hierher gehören; die entscheidenden Stellen (Dar 273, 6 a. A.; BRM I 53, 4 a. E.) sind allerdings zerstört.
Um Verträge *ana nukaribbûti* handelt es sich wahrscheinlich auch in BE VIII$_1$ 122 und Kr 139, wo in sonst ganz mit gewöhnlichen Pachtverträgen übereinstimmenden Verträgen statt *ana nukaribbûti* in BE VIII$_1$ 122, 5 *a-na* LÚ KIRI$_6^{meš}$ und in Kr 139, 5 *a<-na>* NU. KIRI$_6^{meš}$ steht, also jeweils „den Gärtnern". Jedenfalls in Kr 139 paßt die so verstandene Formulierung nicht zum Kontext, da hier nur ein Pächter als „Gärtner" auftritt, vgl. Z. 5 f.: *a<-na>* NU.KIRI$_6^{meš}$ *ina pân* ^{I}*šu-lum-bâbili*^{ki} [*apli*]-*šu ša* $^{I.d}$*nabû-it-tan-nu apil* ^{I}AG ŠA „(das Feld ist) für die Gärnter zur Verfügung des Šulum-Bâbili, [Sohnes] des Nabû-ittannu, Nachkommen des AG ŠA". Anders insoweit allerdings in BE VIII$_1$ 122, wo zwei Pächter erscheinen. Wahrscheinlich handelt es sich in beiden Fällen jedoch um eine ausgefallene Schreibung von *nukaribbûtu* dergestalt, daß an den Singular von NU. KIRI$_6$ = *nukaribbu* die hier an sich nicht gebräuchliche Pluralendung -*ûtu* in Form des sumerischen Postdeterminativs MEŠ angefügt wurde und so statt des gebräuchlichen Plurals *nukaribbê* „Gärtner"

gegen über der Urkunde nach baumloses Land[455]. Der Boden unter den Bäumen wird gelegentlich ausdrücklich als „für Getreidebau urbares Land" qualifiziert[456]. In diesen und vielleicht auch in den anderen Fällen der Verträge *ana nukaribbûti* dürfen wir eine zweistufige Bewirtschaftung des Bodens annehmen mit Bäumen als Oberkultur und Getreide- oder Gemüseanbau als Kultur unter den Bäumen[457].

Im Gegensatz zu diesem Vertragstyp haben Verträge *ana errêšûti* in aller Regel baumlose Grundstücke zum Gegenstand, die durch Getreideanbau genutzt wurden[458]. Besonders deutlich wird dies durch die Gegenüberstellung der beiden Vertragstypen in einigen Urkunden, in denen gleichzeitig ein (mit Bäumen) bepflanztes Feld (*šezêru zaqpu*) zur Pacht *ana nukaribbûti* und ein (für Getreide) urbares baumloses Grundstück (*šezêru pî šulpi*) zur Pacht *ana errêšûti* vergeben werden[459].

Ein Palmengrundstück als Gegenstand eines Vertrages *ana errêšûti* ist bisher m. W. nur einmal belegt[460]. Womöglich handelte es sich dabei um bereits verfallenen Baumbestand, der der Pflege des Pächters nicht mehr bedurfte, was durch die Qualifikation des Feldes als DUḪ.Ú, akk. vielleicht *taptûú*[461] „Neu-

UM II₁ 81, 7; 215, 6; Dar 35, 7. Gelegentlich sind zwischen den Palmen auch andere Bäume gepflanzt (vgl. NRV 379) oder der Pächter verpflichtet sich, solche zu setzen (NRV 377). Dazu Cocquerillat, Palmeraies S. 35 rechts.

455 Anscheinend NRV 515: ein *ḫallatu*-Garten, der aber gem. NRV 54 bereits knapp ein Jahr nach Abschluß des Pachtvertrages mit Dattelpalmen bepflanzt ist, und aus dem nach NRV 516 nach einem Jahr bereits 17 Kor Datteln als *imittu* abzuliefern sind. Das Pachtgrundstück war also vielleicht doch schon von Anfang an mit Dattelpalmen besetzt.

456 *šezêru pî šulpi* „(für Getreidebau) urbare Aussaat(fläche)" BE VIII₁ 122, 1; X 101,1; Dar 316, 1; UM II₁ 81, 1.
šezêru mêrešu „bestellte Aussaat(fläche)". Kr 139, 1.

457 Vgl. dazu auch die Klausel über die Ertragsverteilung in UM II₁ 115,7 f.: *mim-ma ma-la ina šu-pal išgišimmarê ippušuš ana ram-ni-šú ik-kal* „alles, was er unterhalb der Dattelpalmen (er)arbeitet, wird er selbst genießen". Entsprechend BE IX 99, 8 f.; dazu noch BIN I 117, 17 ff.; UM II₁ 81, 9 ff.; VS V 26, 14 ff. (NRV 377); BE VIII₁ 132, 10. Vgl. Wirth, Agrargeographie S. 51, der sogar von „mehrstöckigen Kulturen" im Gartenland des modernen Irak berichtet.

458 Die Grundstücke werden hier regelmäßig nur als *pî šulpi* „(zum Getreidebau) kultiviert" qualifiziert: BE VIII₁ 124, 1; 125, 1 (Vertrag *ana errêšûti u šutapûti*); IX 102, 1; Kr 146, 1; UET IV 59, 1 (Vertrag *ana errêšûti u šutapûti*); UM II₁ 124, 1; VS V 33, 1 (NRV 378).
Lediglich *eqlu* „Feld" ohne weitere Qualifikation in VS V 55, 1 (NRV 380) oder *šezêru bît me-re-šú tap-tu-ú* „Aussaat(fläche), bestellte Aussaat(fläche) Grundstück (und) Neubruchland" in Kr 141, 1.

459 BE VIII₁ 132, 7; IX 10, 4 f.; UM II₁ 159, 3 f.

460 actes 8e congrès Nr. 21, 1 (Sippar, Xerxes zwischen 1. und 4. Jahr): *1 kùr šezêri taptûú(?) bît išgišimmarê makkû [r dšamaš(?)]* „1 Kor Aussaat(fläche), Neubruchland(?), Grundstück (mit) Dattelpalmen, Eigent[um des Gottes Šamaš(?)]".

461 Nominalform von DUḪ = *petû* „öffnen" mit phonetischem Komplement *ú*; vgl. Labat, Manuel S. 107 Nr. 167, Deimel, Šumerisches Lexikon S. 390 Nr. 26, beide jedoch ohne Beleg für diese Nominalform.

bruchland", also bisher unkultiviertes Land, unterstrichen wird. Vielleicht ist aber auch ein Versehen bei der Abfassung der Urkunde der Grund für diese Ausnahme, die jedoch die sonst deutlich gezogene Trennungslinie nicht wesentlich verwischt.

Die übrigen Pachttypen dieser Gruppe sind schwächer belegt und lassen deshalb eine eindeutige Zuordnung zu bestimmten Grundstücksarten nicht zu. Immerhin geben aber die Verträge *ana zâqipûti/zâqipânûti* zu erkennen, daß die Vertragsobjekte wohl zumeist baumlose Grundstücke waren, die in Baum-, meist Palmgärten, umgewandelt wurden[462].

Wesentliche rechtliche Unterschiede zwischen den Typen dieser Gruppe lassen sich anhand der hier zahlreich vorkommenden Arbeitspflichten des Pächters[463] nicht erkennen. Soweit bestimmte Formulierungen nicht nur vereinzelt belegt sind[464], finden sie sich zumeist in mehreren Pachttypen, so die Pflicht, Bäume zu setzen (*zaqâpu, šakânu*) nicht nur in Verträgen ana *zâqipûti/zâqipânûti*[465], sondern auch in solchen *ana nukaribbûti*[466], *ana errêšûti*[467] und *ana taptû*[468]. Grabungsarbeiten verrichten (*ḫerû*) muß der Pächter nicht nur im Vertrag ana *dulli ḫirûti epêši*[469], sondern auch in Verträgen *ana nukaribbûti*[470], *ana dulli*[471]

---

462 Das Feld ist in der Pachtabschlußklausel entweder lediglich als ^{še}*zêru* bezeichnet: Nbk 115, 4; VS V 24, 1 (NRV 376); YBT VI 67, 3, als ^{še}*zêru pî šulpi:* BE IX 48, 8 f. oder im weiteren Vertragstext als ^{iṣ}*kirû* „Garten": VS V 121, 9 (NRV 387).

463 Vgl. dazu noch u. bei A. 783.

464 Etwa drei Viertel der Arbeitspflichten finden sich jeweils nur in einer Urkunde.

465 Vgl. VS V 121, 14: *1* ^{iṣ}*gap-nu u 1* ^{iṣ}*gišimmara i-zaq-qa-pu-u'* „einen Obstbaum und eine Dattelpalme werden sie pflanzen"; YBT VI 67, 10: ^{iṣ}*gišimmarê i-zaq-qap* „Dattelpalmen wird er pflanzen"; Z. 13: ^{iṣ}*ḫi-le-pi ina muḫḫi nâri-šú i-šak-kan* „Weiden wird er an seinem Kanal pflanzen".
Dazu auch VS V 24, 5 ff. (NRV 376): ^{iṣ}*talâne(!)*^{meš} (GIŠIMMAR.TUR.MEŠ.TUR) *10 šanâte*^{meš} *[a-n]a* ^{I}*ṭâbi-ia ina lìb-bi ú-kal-lam-mu* „junge Dattelpalmen (im Alter von) 10 Jahren wird er (Pächter) [de]m Ṭâbija (Verpächter) darin vorzeigen".

466 Vgl. Dar 193, 7 ff.: *mišil* ^{še}*zêri a-na li-mi-tu*$_4$ *ina lìb-bi i-zaq-qap 30 ga-ap-nu šá* ^{iṣ}*titti 20 šá* ^{iṣ}*lu-ri-in-du mat-q[u] 3 ga-ap-nu šá* $^{\text{iṣ(!)}}$*hašḫûri mat-qu ina lìb-bi i-šak-[kan] ga-ap-nu bab-ba-nu-tu ina lìb-bi i-šak-kan* „die Hälfte der Aussaat(fläche) wird er darin bis zur Grenze (mit Bäumen) bepflanzen; 30 Feigenbäume, 20 Bäume für süße Granatäpfel, 3 Bäume für süße Äpfel wird er darin pflan[zen], (nur) gute Bäume wird er darin pflanzen". Vgl. auch NRV 522; YBT VII 51, 9 ff.; RA 10 (1913) S. 68, 40–41; NRV 379.

467 VS V 33, 7 f. (NRV 378): ^{še}*z[êr]a . . . i-zaq-qap* „er (der Pächter) wird die Au[ssaa]t(fläche) . . . (mit Bäumen) bepflanzen".

468 Vgl. Camb 102,6: *i-de-ki i-pa-áš-ru ù i-zaq(!)-qap(!)* „er wird (das Feld jäten (AHw S. 166 rechts), lockern (AHw S. 842 links) und bepflanzen (CAD D S. 128 links); vgl. VS V 33,7 (NRV 378) mit derselben Phrase.

469 VS V 106, s. o. A. 444. Diese Arbeitspflicht ist hier nicht gesondert erwähnt, kommt aber schon bei der Bestimmung der Pachtart zum Ausdruck. Der Pächter hat gem. Z. 6 f. folgende ausdrücklich erwähnte Pflichten: ^{še}*zêra gab-bi tap-tu-ú ma-la ina lìb-bi* ^{I}*ni-[di]n-tu*$_4$ *ú-pa-at-te-ma a-na* ^{I}*iddin-*^{d}*bêl i-nam-din* „die gesamte Aussaat(fläche) (und zwar) das Neubruchland, soviel darin (ist), wird Ni[di]ntu (Pächter) urbar machen und dem Iddin-Bêl (Verpächter) geben".

470 Vgl. Cyr 200, 6: *ḫe-ru-ú-tu i-ḫe-er-re* „die Grabungen wird er graben"; Dar 316, 14 f.: ^{še}*zêra . . . i-ḫe-re-e-ma . . .* „die Aussaat(fläche) . . . wird er graben und . . ."; VS V

und *ana zâqipûti/zâqipânûti*[472]. Ganz allgemein die Arbeit zu leisten (*dulla epêšu*) hat der Pächter ausdrücklich nicht nur im Vertrag *ana dulli*[473], sondern auch in Verträgen *ana nukaribbûti*[474], *ana errêšûti*[475] und *ana zâqipûti/zâqipânûti*[476].

Neben diesen Klauseln, die jeweils einer bestimmten Pachtart entsprechen, aber dennoch nicht auf den jeweiligen Typ beschränkt sind, könnte noch eine Reihe anderer, in verschiedenen Pachtvertragstypen belegter Klauseln über Arbeitspflichten des Pächters aufgeführt werden. Die genannten Beispiele zeigen aber bereits zur Genüge, daß die Erwähnung der Arbeitspflichten nicht streng nach Pachtart abgegrenzt ist. Andererseits läßt jedoch der Vergleich der Arbeitspflichten mit der Pachtart erkennen, daß für jede Bebauungsart die Erwähnung einer bestimmten Kategorie von Arbeiten typisch, wenn auch nicht zwingend ist. Die einzelnen Vertragstypen enthalten dabei unterschiedlich viele Klauseln über Arbeitspflichten des Pächters. So finden sich in Verträgen *ana errêšûti* und *ana zâqipûti/zâqipânûti* gewöhnlich sehr wenige[477], des öfteren auch überhaupt keine Bestimmungen dieser Art[478]. Die jeweils vereinzelt belegten Typen *ana taptû, ana dulli (ḫirûti epêši)* enthalten dagegen mehr derartige Klauseln[479]. Von allen Typen dieser Gruppe finden sich die ausführlichsten Regelungen über Arbeitspflichten in Verträgen *ana nukaribbûti*, einige von ihnen überhaupt nur hieṛ. Davon sind am häufigsten belegt die Verpflichtung zu Grabungen *ana*

110, 11 (NRV 522): ^{še}*zêra gab-bi ina m[a]r-ri i-ḫe-er-ru-u'* „die gesamte Aussaat(fläche) werden sie mit einem Sp[at]en umgraben"; VS V 49, 21 f. (NRV 379): *[tap]-tu-ú . . . ú-qa-at-tam-ma i-ḫe-re* „das [Neubr]uchland . . . wird er fertiggraben" (so AHw S. 912 links).

471 VS V 19, 9 (NRV 375):*[ḫe]-ru-tu ina lìb-bi i-ḫe-re* „die [Gra]bung wird er darin graben".

472 VS V 24, 9 (NRV 376): [^{še}*z*]*êra gab-bi i-ḫe-re* „die gesamte [Auss]aat(fläche) wird er umgraben".

473 VS V 19, 14 ff. (NRV 375): *dul-lu* KAL(?) DU*ina-lìb-bi* {*ip*} *ip-pu-šú pu-ut e-pú-šú šá dul(?)-li(?)* $^{I.d}$*za-ba$_4$-ba$_4$-erîba na-áš-šú* „die Arbeit . . . wird er darin tun, für die Vornahme der Arbeit(?) (ist) Zababa-erîba Bürge".

474 BIN I 125, 7 *dul-lu ina lìb-bi ip-pu-šu-u'* „Arbeit werden sie darin verrichten"; ebenso in Dar 427, 7: *dul(!)-lu(!) ina lìb-bi ip-pu-šu-u'*.

475 BE VIII$_1$ 132, 16: *du[l-l]u$_4$ ina lìb-bi ippuš^{uš}-šú;* die Klausel steht in dem Z. 14 beginnenden Teil der Tafel, die den Vertrag *ana errêšûti* beurkundet. Z. 7–13 enthalten einen Vertrag *ana nukaribbûti* mit gesondert erwähnten Arbeitspflichten (Z. 9 f.).

476 YBT VI 67, 11.

477 *ana errêšûti:* BE VIII$_1$ 132, 16 (vgl. A. 475); VS V 33, 7 f. (NRV 378): ^{še}*z[êr]a i-de-ki i-pa-áš-šar u i-zaq-qap* (vgl. A. 468);
BRM I 83, 7 f.: *eqla a-na na-bal-kát-ta-ni ir-ri-šu* „er wird das Feld bis zu dem, was darüber hinausgeht(?), bebauen" (vgl. AHw S. 694 rechts; CAD E S. 287 rechts; Ehrenkranz, Bodenpacht S. 11 f.);
ana zâqipûti/zâqipânûti: YBT VI 67, 10 ff. (vgl. A. 465); VS V 24, 5, 9 (NRV 376) (vgl. A. 465, 472); VS V 121, 14 (NRV 387) (vgl. A. 465).

478 *ana errêšûti:* BE VIII$_1$ 124; IX 10; 102; UM II$_1$ 124; 159; NRV 380; actes 8e congrès Nr. 21; Kr 141.
ana zâqipûti/zâqipânûti: BE IX 48; Nbk 115.

479 *ana taptû:* Camb 102, 5 f. (vgl. A. 468);
ana dulli: VS V 19, 14 f. (NRV 375) (vgl. A. 473);
ana dulli ḫirûti epêši: VS V 106, 6 f. (NRV 385) (vgl. A. 469).

labki[480], die im Monat Ab (= 5. Monat des babylonischen Jahres, entspricht Juli/August)[481] oder im Monat Addar (= 12. Monat, entspricht Januar/Februar)[482] vorzunehmen waren, und zur Entfernung (*našû*) bzw. zum Zerkleinern (*ṣuḫḫuru*) von *akkullâtu*[483].
Ob der Hinweis auf die Beschränkung dieser termini in Pachtverträgen auf den Typ *ana nukaribbûti* dazu beitragen kann, eine gesicherte Erklärung dieser noch immer nicht vollständig geklärten Wörter[484] zu finden, muß hier dahingestellt bleiben.
Die vielfältige Ausgestaltung jener Klauseln beim Vertrag *ana nukaribbûti* hängt sicher mit der Art der Grundstücke zusammen, die in dieser Pachtform vergeben wurden. Es handelt sich – wie oben erwähnt – in aller Regel um Palmengärten, die der Pächter auf differenziertere und durch den terminus *nukaribbûtu* meist noch nicht genau genug beschriebene Art zu bearbeiten hatte. Dagegen wird bei Verträgen *ana errêšûti* und *ana zâqipûti/zâqipânûti,* die regelmäßig weniger eingehend kultivierte und/oder zu kultivierende Felder zum Gegenstand hatten, bereits die jeweilige Pachtart das Gros der notwendigen Arbeiten ausreichend genau umschrieben haben, so daß Klauseln über Arbeitspflichten nur in geringem Umfang erforderlich waren oder ganz fehlen konnten. Wir müssen wohl annehmen, daß gewisse, jedem Vertragstyp zur Erhaltung des jeweiligen Grundstücks typisch zugeordnete Arbeiten auch dann als geschuldet galten, wenn sie nicht expressis verbis im Vertrag aufgeführt waren, die Klauseln über die Arbeitspflicht also vielleicht nur dann in den Vertragstext aufgenommen wurden, wenn diesbezüglich Unklarheiten zwischen den Parteien bestanden.
So erklärt sich vielleicht, daß keiner der Pachtverträge über Dattelpalmengrundstücke die Pflicht des Pächters erwähnt, die weiblichen Bäume künstlich mit den Blütenständen der männlichen Palme zu befruchten[485], eine Arbeit, die in den überwiegend mit weiblichen Palmen bestandenen Gärten für den Ertrag der Bäume unerläßlich war[486] und im CH (§§ 64, 65) als Aufgabe des Gärtners er-

---

480 Dar 35, 5 f.; Dar 193, 11 f.; Nbn 578, 8 f.; VS V 26, 18 (NRV 377); BRM I 53, 7; Kr 134, 5 ff.; 135, 6 ff.; 136, 5 ff.; VS V 86, 5 ff. (NRV 383). Vielleicht *ina labki:* Camb 142, 8; VS V 49, 8 (NRV 379).

481 Dar 35, 5; 193, 11; VS V 49, 7 (NRV 379); Camb 142, 8.

482 Nbn 578, 8.

483 Zu *ḫirûtu ana labki:* Ungnad, Glossar S. 80: „Umgrabung bei (*ina*) dem frischen (Baumbestand)"; CAD Ḫ S. 176 links: „digging in the irrigation (season)"; S. 105 rechts: „digging at the (main) irrigation period"; AHw S. 526 links: „*labku*" „locker v. Saatfeld". San Nicolò BR 8/7 S. 104: „Umgrabung nach dem Feuchten".
Zu *akkullâtu:* San Nicolò BR 8/7 S. 104: „Picken"; AHw S. 30 links: „Dechsel, Picke"; vgl. MSL I S. 167. CAD A I S. 275 rechts mit Belegen: „clods or similar undesirable formations on a field" getrennt von *akkullu* „a hammer-like tool" (S. 276); wohl ersteres für die besprochene Klausel zutreffend, weil die *akkullâtu* danach wegzutragen (*našû*) bzw. zu zerbrechen (*ṣuḫḫuru*) sind. Vgl. CAD Ṣ S. 123 rechts unten: „*aqqullâtu ú-ṣa-aḫ-ḫar* he will break up the clods(?)".

484 Wegen dieser Unklarheiten bleiben sie im vorliegenden Text unübersetzt.

485 *rukkubu,* wörtlich „reiten lassen", nämlich den männlichen Blütenstand, der auf den weiblichen gebunden wurde; vgl. AHw S. 945 links „Palmgarten (durch Befruchtung) pflegen".

486 Dazu Meißner BuA I S. 204 f.; Cocquerillat, Palmeraies S. 33 rechts f.

wähnt ist. Diese Arbeit verstand sich als Vertragspflicht vermutlich für den Pächter eines Palmengrundstücks von selbst, so daß sie einer besonderen vertraglichen Betonung nicht mehr bedurfte. Ähnlich wird es wohl in allen Verträgen dieser Art gewesen sein, die wenig oder nichts über die Arbeitspflichten des Pächters aussagen[487].

5) Nach dem Pachtentgelt qualifizierte Pachtverhältnisse

Bei dieser Gruppe von Pachtverträgen steht im Gegensatz zu der bisher besprochenen, zumindest nach der Fassung der Pachtabschlußklausel, nicht die Arbeitspflicht des Pächters im Vordergrund, sondern seine Verpflichtung zur Zahlung des Pachtzinses. Das Grundstück wird hier dem Pächter *ana sûti* „gegen Pachtzins" oder *ana mandatti* „gegen Abgabe" gegeben.

a) Der Vertrag *ana sûti*

Dieser Vertragstyp erscheint in den Urkunden häufiger als die anscheinend lokal begrenzte Pacht *ana mandatti*. Ebenso wie bei dieser hat der Pächter hier einen von vornherein dem Gegenstand und der Höhe nach festgelegten Pachtzins abzuliefern. Gegenstand dieser Schuld können Silber, Datteln oder Gerste[488], aber auch andere Felderträge[489] sein. In einigen Verträgen des Muraššû-Archivs aus Nippur[490] verpflichtet sich der Pächter daneben noch zur Leistung einer *mandattu* „Zusatzzahlung, Provision"[491], bestehend hauptsächlich aus Tie-

---

487 Darzulegen, welche speziellen Arbeiten die Unterhaltung eines Palmengartens oder eines Getreidefeldes erforderte, ist mehr die Aufgabe des Historikers der Feld- und Gartenwirtschaft, so daß ich von näheren Betrachtungen darüber absehe. Vgl. dazu aber Meißner BuA I S. 199 ff.; Cocquerillat, Palmeraies S. 26 ff.; Landsberger, Date Palm; MSL I S. 150 ff.

488 Vgl. dazu die Liste eines nicht genannten Großverpächters über die Verpachtung einer Anzahl seiner Grundstücke:
CT XLIV 79. Neben der Lokalisierung der einzelnen Grundstücke und den Namen ihrer Pächter sowie Pachtbeginn ist auch der Pachtzins (*sûtu*) vermerkt, den der Pächter im jeweiligen Jahr zu entrichten hat. Drei Zahlungsmittel sind vorgesehen:
Silber: Z. 4; li. Rand 20′ (?).
Datteln: Z. 6, 9, 13; RS. 2′, 6′, 11′, 14′, 19′.
Gerste: RS. Z. 6′, 11′.

489 Neben Datteln auch die aus den *imittu*-Scheinen bekannten Nebenprodukte der Dattelpalme *ḫuṣâbu, tuḫallu, gipû, mangaga* (zur Übersetzung u. bei A. 619): Liv 24; Kr 137; NRV 489. Neben Gerste auch Emmer (*še kunâšu*): Kr 145. Neben Silber und Gerste auch Bier, ein Schaf und Mehl: Kr 148. Neben Datteln und Silber auch Bier und Mehl: Kr 142. Neben Gerste auch *abaḫšinnu*: NRV 389 (vgl. AHw S. 2 links: „Halmsproß" dagegen CAD A I S. 3 links: „cereal harvested when green"; Landsberger JCS 21 (1967) S. 165 A. 120: „eine gleichzeitig mit der Feldpacht zu entrichtende kleine Abgabe . . . , begleitet vom Abliefern von (lächerlich wenigen!) Strohbündeln").
Bei den Großverpachtungen des Muraššû-Archives sind teilweise sehr große Beträge an verschiedenen Arten von Felderträgen als Pachtzins vereinbart. Vgl. dazu die eingehende Aufstellung in BRAD S. 74, Beilage I.

490 BE IX 45; 65; 67; 86a; UM II_1 158; 163.

491 So AHw S. 572 rechts.

ren[492], gelegentlich auch aus einer bestimmten Menge von ungesponnenem Flachs *(kitû)*[493]. Die Hauptgegenleistung des Pächters bleibt dabei der *sûtu*-Pachtzins, die *mandattu* dagegen nur Nebenleistung[494], deren spezielle Funktion in diesen Verträgen nicht ausreichend klar wird. Sicherlich stellt sie kein gesondertes Entgelt des Pächters für Zugvieh dar, das ihm vom Verpächter in einigen Verträgen neben dem Grundstück zur Verfügung gestellt wurde, da wir *mandattu* als Pächterleistung sowohl in Pachtverträgen mit[495] als auch ohne[496] beigestelltem Zugvieh finden.

Der *sûtu*-Pachtzins ist jährlich zu zahlen. Mit einer Ausnahme[497] setzen die Verträge *ana sûti* die Zahlungspflicht *ana šatti* (in den Pachtabschlußklauseln bzw. Pachtvertragsanträgen der Zwiegesprächsurkunden) bzw. *ina* oder vereinzelt *ša*[498] *šatti* (in den Zahlungsversprechen) „pro Jahr" fest. In vielen Urkunden ist darüber hinaus der Zahlungstermin angegeben. Das ist bei Pachtzinsen in Naturalien immer der Erntemonat, also bei Gerste und anderem Getreide der Ajjar (= 2. Monat)[499], bei Datteln und Nebenprodukten der Dattelpalme der Tašrit (= 7. Monat)[500]. Ein ausdrücklich vereinbarter Zahlungstermin für ausschließlich in Silber zu zahlende Pachtzinsen ist m. W. nur in einem einzigen Pachtvertrag[501] vermerkt[502], vielleicht deshalb, weil in diesen Fällen der Zah-

492 Rinder (*alpû*) und Schafböcke (*zikarû*) (letztere regelmäßig geschrieben mit Sumerogramm UDU.NITÁ.UŠ: BE IX 45, 17; 65, 20; 67, 10; UDU.UŠ: BE IX 45, 27; UDU.NITÁ: UM II_1 158, 12, seltener syllabisch *zi-kar*: BE IX 86a, 15, 23. Vgl. CAD Z S. 112 rechts; AHw S. 378 rechts.

493 Vgl. UM II_1 150, 20; BE IX 65, 20: *500 qâtê*^{II} *šá kitî*; BE IX 86a, 15: *2500 qâte*^{II} *šá kitî* „500/2500 Bündel von ungesponnenem Flachs" (vgl. CAD K S. 473 rechts; anders Cardascia, AM S. 135 A. 2: 500/2500 *qâtâti* de lin (environ 40/200 mètres)", nach ihm also *qâtu* hier ein Längenmaß (von 8 cm, vgl. aaO. S. 199) und Augapfel, BRAD S. 66: „Hände (wohl Streifen) von Leinen").

494 Ebenso San Nicolò, Lehrvertrag S. 13 f. A. 4 und wohl auch Augapfel, BRAD S. 34, Bem. zu Z. 5, wenn auch die Übersetzung „Geschenk" zu eng sein dürfte, da *mandattu* in diesen Verträgen doch in der Leistung des Verpächters zumindest teilweise ihr Äquivalent hat. Vgl. auch Cardascia, AM S. 75.

495 BE IX 65; 86a; UM II_1 158.

496 BE IX 45; 67.

497 Kr 137, vielleicht beruhend auf Schreiberversehen in Z. 5 a. A.

498 So in VS V 120, 7 (NRV 389); in dieser Form in den Zahlungsversprechen der Verträge *ana mandatti*: UET IV 41, 15; 44, 11.

499 Z. B. Kr 147, 15; 148, 7; BE IX 25, 12; 30, 19; 34, 14; 35, 12, 20; 40, 6, 10; 45, 26; 65, 14; 67, 8; 88, 7, 13; UM II_1 20, 7; 182, 6.

500 Kr 142, 9; 144, 12; BE IX 72, 6 (hier deutlich abgesetzt vom Zahlungstermin für Gerste im Ajjar: Z. 5). Der Araḫsamnu (= 8. Monat) ist m. W. in Pachtverträgen als Zahlungstermin nicht belegt.

501 BE X 112. „Ratenzahlung": 20 Minen Silber im Araḫsamnu, 10 Minen Silber im Addar. Die 20 Minen konnten unmittelbar aus dem Erlös des Ertrages des mit Dattelpalmen bepflanzten Grundstücks bezahlt werden. Die Zahlung der 10 Minen im Addar kann dagegen kaum aus dem Erlös des unter den Palmen wachsenden Getreides sofort bestritten werden, da in diesem Monat die Ernte höchstens begann (vgl. Meißner BuA I S. 186), der Verkauf aber noch nicht abgeschlossen sein konnte. Die Festsetzung dieses Zahlungstermines hat wohl andere – uns nicht mehr bekannte – Gründe.

502 Dagegen gelegentlich Zahlungstermine auch für Silber, wenn der Pachtzins daneben auch in Naturalleistungen besteht: Tašrit für 10 Kor Datteln, Bier, Mehl und 2 Sekel

lungstermin mangels entgegenstehender Vereinbarungen selbstverständlich mit dem Ende jedes Vertragsjahres zusammenfiel. Darauf deuten auch die Quittungen über *sûtu*-Zahlungen in Silber aus dem Muraššû-Archiv hin, die im Gegensatz zu Quittungen über *sûtu*-Pachtzins in Datteln oder Gerste keinen typischen Ausstellungsmonat haben[503]. Vielleicht waren die Verträge, die den Quittungen zugrundelagen, jeweils ein oder mehrere volle Jahre vor Quittungsausstellung abgeschlossen bzw. in Vollzug gesetzt worden. Allerdings wurde die quittierte Schuld sicher nicht immer genau bei Fälligkeit beglichen, was Quittungen über Gerste-Pachtzins zeigen, die weder im Erntemonat noch kurz nachher ausgestellt wurden[504]. Naturalienschulden waren dagegen zumindest nach den Pachtverträgen unabhängig vom Vertragsbeginn im Erntemonat zu begleichen, der oft weniger als ein Jahr nach Vertragsbeginn lag[505].

Das Verhältnis des Pachtzinses zu den Erträgen des Feldes ist schwer zu bestimmen, da viele Verträge keine Angaben über die Größe der verpachteten Grundstücke enthalten[506] und wir überdies über den Ertrag des jeweiligen Feldes keine ausreichenden Anhaltspunkte haben.

Die wenigen Urkunden, die wegen der Angabe über die Grundstücksgröße Schlüsse zulassen[507], ergeben ein unterschiedliches Bild, so hat der Muraššû Rîmût-Ninurta als Unterpächter in UM II_1 182 pro Kor urbaren Feldes (*^{še}zêru pî šulpi*) 1 Kor Gerste als Pachtzins, in UM II_1 20 als Hauptpächter gar nur 5/8 Kor Gerste pro Kor urbaren und mit Bäumen bepflanzten Feldes zu zahlen. Ein anderer Muraššû, Enlil-šuma-iddin, kann dagegen für 1 Kor urbaren Feldes 6 Kor Gerste, 1/2 Kor Weizen, 17/20 Kor Emmer, 3/20 Kor Sesam und noch

---

Silber in Kr 142, 9 ff.; Ajjar für 1 1/3 Minen Silber (als Hauptleistung), Bier, 1 Schaf, Mehl und Gerste in Kr 148, 7 f.

503 Vgl. dazu die Übersicht in BRAD S. 36 f. und die übrigen S. 27 ff. dort übersetzten Quittungen.

504 BE X 92 (Kislim); BE X 72 (Tašrit).

505 Z. B. BE IX 72 (Ausstellungsdatum: Ulul (= 6. Monat); Pachtbeginn: Tašrit (= 7. Monat), Fälligkeit der Schuld in Datteln: ebenfalls Tašrit und in Gerste: Ajjar (= 2. Monat). Der Pachtzins für das erste Vertragsjahr der Tafel Kr 148 (Datum der Ausstellung und des Vertragsbeginns: Nisan (= 1. Monat)), der nach dem Vertragstext bereits im Ajjar, also einen Monat nach Vertragsabschluß und -beginn zu zahlen ist, wurde offenbar schon bei Vertragsschluß in der dazugehörigen Tafel BE X 129 vom gleichen Tage quittiert (so Cardascia, AM S. 90 f.; 160 f.). Vielleicht handelt es sich aber auch um die Quittung für einen abgelaufenen Pachtvertrag, der durch Kr 148 erneuert wurde, sein Pachtzins wäre dann natürlich erst im Ajjar des folgenden Jahres fällig. Ausdrücklich übergangen wurde in BE IX 25 der einen Monat nach Vertragsschluß und -beginn liegende – für die folgenden Jahre vereinbarte – Fälligkeitstermin Ajjar, so daß der Pachtzins im ersten Jahr hier für 13 Monate gezahlt wird, wenn nicht eine – Kr 148/ BE IX 72 entsprechende und außerhalb der Vertragsurkunde quittierte – Pachtzinszahlung schon bei Vertragsabschluß erfolgt war.

506 Vgl. o. bei A. 178.

507 Die Maßangabe von 32 Kor 2 Pânû 3 Seah (= 32 1/2 Kor) in UM II_1 158 bezieht sich nicht auf die Größe des verpachteten Feldes (so aber Augapfel, BRAD S. 74, Beilage I), sondern auf die Menge des mitzuliefernden Gerstesaatgutes; vgl. Z. 7: *a-na mâr* (TUR) *^{še}zêri 32 kùr 2 pân 3 sât uṭṭata* „als Saatgut (so Cardascia, AM S. 150 f. zu UM II_1 15, 5; anders AHw S. 616 links zu UM II_1 62, 6: „für den Feldarbeiter"; vgl. CAD Z S. 93 rechts: „an Aramaism") 32 Kor 2 Pânû 3 Seah Gerste".

einige unbedeutende Mengen an anderen Gartenprodukten verlangen, hat aber für die Gesamtfläche von 20 Kor Getreideland selbst vier Ochsen für einen Pflug nebst den dazugehörigen Geräten, außerdem an Saatgut pro Kor Feld 6/10 Kor Gerste, 1/30 Kor Weizen, 1/10 Kor Emmer und 3/200 Kor Sesam mindestens für das erste Jahr vorweg dem Pächter zu geben[508]. Der Mietwert der mitverpachteten Ochsen ist nicht festzustellen. Wie v. Bolla[509] zeigt, sind die Mietzinsen für Rinder in der mittleren persischen Zeit Babyloniens sehr unterschiedlich. Sie bewegen sich pro Tier zwischen 10 Kor[510] Gerste ohne Geschirr und 37,5 Kor[511] Gerste mit Geschirr jährlich[512], so daß ein sinnvoller Vergleich nicht möglich ist. In NRV 489 kann der Verpächter pro Kor einer nicht näher qualifizierten „Aussaat(fläche)" 8 1/2 Kor Datteln nebst einigen Nebenprodukten der Dattelpalme verlängen; im ganzen ergibt sich hier etwa ein Verhältnis von 10 Kor Datteln pro Kor Fläche[513]. Den höchsten Pachtzins verlangt der Verpächter für seinen (halben?) Feldanteil in Kr 142, den er an seinen Mitinhaber verpachtet. Unklar ist, ob sich die Größenangabe von 1 Pânu 3 Seah Aussaat(fläche) in Z. 2 auf das gesamte, beiden Mitinhabern zustehende Bogen-Lehensgrundstück bezieht, wovon der Verpächter nur seinen Teil (Z. 6: *ma-la zitti* „soviel der Anteil (ist)") verpachtet, oder ob dieser Anteil des Verpächters allein schon 1 Pânu 3 Seah mißt. Selbst im letzteren Falle wäre das Verhältnis des Pachtzinses zur Grundstücksgröße sehr hoch: wäre das 1 Pânu 3 Seah (3/10 Kor) große, mit Bäumen bepflanzte Feld 1 Kor groß, so würde er dafür 33 1/3 Kor Datteln, 1/3 Kor erstklassiges Bier, 5/9 Kor Grobmehl und 6 2/3 Sekel Silber verlangen. Das ergibt zusammen etwa den Wert von 50 Kor Datteln[514]. Dieser Betrag würde sich verdoppeln, wenn der Mitinhaber/Verpächter nur seinen halben Anteil des insgesamt 1 Pânu 3 Seah großen Feldes verpachtet hatte.

Die Höhe des Pachtzinses pro Kor Feld bewegt sich also etwa zwischen 5/8 Kor Gerste und 50 oder gar 100 Kor Datteln jährlich[515], ein Ergebnis, mit dem sich kaum sinnvoll arbeiten läßt, und das darüber hinaus wegen des geringen Urkundenmaterials auf sehr schwankender Grundlage steht. Es zeigt aber, wie unterschiedlich die Arbeitsbedingungen, die Ertragslage und die davon wenigstens teilweise abhängigen Pachtzinsen waren. Bezeichnend dafür sind auch die bei-

---

508 BE IX 88.

509 Tiermiete S. 147.

510 BE IX 52a; Tiermiete S. 142.

511 BE IX 89; Tiermiete S. 143.

512 Vgl. aber Cardascia, AM S. 135, der von einem einheitlichen Mietzins für Ochsen ohne Geschirr in Höhe von 10 Kor Gerste jährlich ausgeht und den Wert des Geschirrs samt Pflug und sonstigem landwirtschaftlichem Gerät im Differenzbetrag der Mietzinsen in BE IX 52a und BE IX 89 in Höhe von 25 bis 30 Kor Gerste sieht, m.E. ein doch sehr hoher Mietzins. Vgl. ab. §§ 242; 243 CH: 3–4 Kor Getreide jährlich für einen Ochsen; Driver-Miles, BL I S. 436 mit Beispielen aus ab. Urkunden, die Mietzinsen für Ochsen von 5–12 Kor Getreide bezeugen.

513 Der Wert der Nebenprodukte ist nicht bekannt, aber kaum allzu hoch anzusetzen.

514 Anhand der Preise von Bier, Mehl und Datteln bei Meißner, Warenpreise S. 7.

515 Die Preise für Gerste und Datteln entsprechen sich in nb. Zeit ungefähr; vgl. Meißner, aaO. S. 5 f.; 10 f.

den in BE IX 65 beurkundeten Pachtverträge des Muraššû-Chefs Enlil-šuma-iddin mit je einem seiner Sklaven als Pächter. Die vom Verpächter im ersten Pachtvertrag zur Verfügung gestellte Arbeitsausstattung ist mit 20 Ochsen und 90 Kor Saatgut für Gerste, 5 Kor für Weizen und 5 Kor für Emmer nur knapp halb so umfangreich wie die des zweiten Vertrages, in dem der Pächter 210 Kor Saatgut für Gerste, 10 Kor für Weizen und 30 Kor für Emmer nebst 40 Ochsen mit Geschirr erhält. Der Pachtzins im zweiten Vertrag mißt mit 3005 Kor Feldertrag gegenüber dem Pachtzins im ersten (2005 Kor Feldertrag) nicht das Doppelte, sondern nur das Eineinhalbfache. Wenn wir auch keine Angaben über die Größe der Felder haben, können wir doch davon ausgehen, daß das Grundstück des letzteren Vertrages dem Umfang der Ausstattung entsprechend etwa doppelt so groß war wie das Feld des ersteren. Offensichtlich hat hier die unterschiedliche Qualität der Felder bei der Bemessung des Pachtzinses eine Rolle gespielt[516].
Nach einigen Verträgen *ana sûti*[517] außerhalb des Muraššû-Archivs obliegt dem Pächter neben der Pachtzinszahlung auch kraft ausdrücklicher Vereinbarung die Pflicht, auf dem Pachtgrundstück zu arbeiten. Dabei handelt es sich um einige jener Arbeitspflichten, die aus den oben nach A 453 besprochenen Pachtverträgen bekannt sind[518]. Insoweit bestand – den praktischen Erfordernissen entsprechend – kein wesentlicher Unterschied zwischen beiden Pachtvertragsformen; eine Kombination der Typen war insofern jedenfalls möglich.

b) Der Vertrag *ana mandatti*

Soweit man anhand des recht spärlichen Urkundenmaterials[519] überhaupt Vergleiche zwischen Verträgen *ana sûti* und *ana mandatti* ziehen kann, stellen sich nur geringfügige Unterschiede heraus, deren augenfälligster zunächst der Gebrauch der verschiedenen termini ist. Abgeleitet vom Verbum *nadânu* begegnet uns das Nomen *mandattu* „Abgabe“[520] außer in diesen Verträgen auch noch – wie oben erwähnt[521] – in Verträgen *ana sûti* als Nebenleistung des Pächters und als terminus für das normierte und pauschalierte Tagesarbeitsverdienst, das ein Sklave oder ein Tempeloblate (*širku*) seinem jeweiligen Gewalthaber zu zahlen hatte, wenn er erlaubt oder unerlaubt für eigene Rechnung arbeitete. Dementsprechend hatte es auch ein Dritter dem Gewalthaber zu zahlen, wenn er ihm die Arbeitskraft des Sklaven oder *širku* widerrechtlich entzog[522]. Nach nb. Lehrverträgen schuldete der Lehrherr *mandattu* dem Gewalt-

516 Zur unterschiedlichen Qualität des Bodens selbst auf kleinstem Raum im modernen Irak vgl. Wirth, Agrargeographie S. 96 ff.

517 Camb 42; Liv 24; NRV 489.

518 Camb 42, 9 f.: Grabungen unter den Dattelpalmen, Beschützen der *libbi u ḫaruttu*. Liv 24, 11 ff.: Grabungen, Ausbesserungen, Anlegen von Ablaufgräben (*aṣītu*). VS V 66, 13 f. (NRV 489): Bearbeitung (*epêšu*), Bewässerung, Verpflichtung, „Grünes“ nicht abzuschlagen (*raṭ-bu ul i-da-ak*).

519 Vgl. die Belege A. 451.

520 Vgl. Ungnad, Glossar S. 91; AHw S. 572 links.

521 Vgl. o. bei A. 491.

522 Vgl. zu alledem San Nicolò, Lehrvertrag S. 14 ff.; Nachbürgschaft S. 9 ff.; Lautner SZ 58 (1938) S. 239 f.; Petschow, NPR S. 63 f.

haber der auszubildenden gewaltunterworfenen Person, wenn diese während ihrer Lehrzeit nicht ausreichend unterrichtet wurde[523]. Bei den Pachtverträgen *ana mandatti* ist dagegen *mandattu* die primäre Gegenleistung für das Nutzungsrecht; der terminus ist hier sprachlich gleichlautend, rechtlich doch von grundlegend anderer Bedeutung. Rechtlich entsprechend ist er dagegen vereinzelt in CT IV 44 a, 4 als Synonym zu *idu* „Mietzins" (für ein Schiff) belegt[524]. Wegen der vielfältigen Verwendung dieses Wortes ist die allgemeine und etwas farblose Übersetzung „Abgabe" angebracht.

Gegenüber dem vielerorts belegten Vertrag *ana sûti* scheinen Verträge *ana mandatti* nur in Ur abgeschlossen worden zu sein[525]. Beschränkter als in jenen Verträgen war offenbar auch das „Zahlungsmittel" des *mandattu*-Pachtzinses: bisher ist nur Silber[526] und Gerste[527] nachgewiesen, jedoch nicht – wie häufig in Verträgen *ana sûti* – Datteln, obwohl diese aus den Grundstücken der *mandattu*-Pachtverträge UET IV 41; 42; 44, die fast sämtlich mit Dattelpalmen bepflanzt waren[528], unmittelbar hätten erwirtschaftet werden können. Arbeitspflichten des Pächters sind – im Gegensatz zu einigen Verträgen *ana sûti* – in keinem Vertrag *ana mandatti* erwähnt, ebensowenig wie die Beistellung von Pachtinventar.

Eigentümlich ist den Verträgen *ana mandatti* anscheinend die Fassung der Defensionsklausel, die – soweit erhalten[529] – einheitlich in der Selbstbürgschaftsform[530] erscheint und in Pachtverträgen außerhalb von Ur bisher noch nicht belegt ist. Vielleicht geht diese Abweichung im Formular ebenso wie die besondere Verwendung des terminus *mandattu* auf lokale Schreibergewohnheiten in Ur zurück, eine Erscheinung, die auch der Grund für die weit häufigen Abweichungen vom allgemein üblichen Formular der Urkunden aus Barsippa gewesen sein dürfte[531].

Noch weniger als beim Vertrag *ana sûti* läßt sich bei dem *ana mandatti* das Ver-

---

523 Vgl. San Nicolò, Lehrvertrag S. 13 ff.; NRV S. 186 A. 5 sowie YBT VI 60; VII 60 als Beispiele für die Verpflichtung zur Zahlung von *mandattu* für Sklaven und *širkû*.

524 Für Oppenheim, Mietrecht S. 96 eine Bestätigung seiner Gleichsetzung *mandattu* = *idu*. Dagegen aber San Nicolò, Lehrvertrag S. 13 f. A. 4, wonach hier *mandattu* mißbräuchlich für *idu* verwendet wurde.

525 So auch Petschow, BiOr 13 (1956) S. 102 rechts.

526 UET IV 41, 11 f.; 42, 13; 44, 9; vgl. auch UET IV 43, 1 f.

527 UET IV 46, 8, 12.

528 Die Ergänzung in UET IV 44, 1 a. A.: [*eqlu* ^{iṣ}*gišimma*]*rê(!) zaq-*<*pu*> „[Feld, mit Dattelpalm]en bepfl<anzt>" dürfte wegen des Vergleiches mit UET IV 41; 42 sicher sein; vgl. auch UET IV 43, 3. Wahrscheinlich ohne Dattelpalmen aber das Grundstück in UET IV 46, 1 (ergänzt nach UET IV 45, 1): [*qaq-qar* ^{še}*zêru pi-i*] *šul-pu* „[Grund und Boden, Aussaat(fläche), (für Getreidebau)] kultiviert".

529 UET IV 41, 19 ff.; 44, 17 ff.; vielleicht auch in UET IV 46, 15 ff.: *pu-*[*ut mur-ru-qu*] *šá qaq-qar šu'âti*^{meš} *a-na(!)* [^{I}PN$_1$*(?)*] ^{I}PN$_2$ ^{I}PN$_3$ [*u* ^{I}PN$_4$ *na-šu-u*] „f[ür das Bereinigen] dieses Grund und Bodens [bürgen] dem(!) [PN$_1$(?) (Pächter)] der PN$_2$, PN$_3$ [und PN$_4$] (sämtlich Verpächter)"; analog UET IV 43, 16 f. In UET IV 42 ist die Klausel vielleicht in der Lücke Z. 19–22 zerstört.

530 Vgl. u. bei A. 838, Typ 3a.

531 Dazu o. bei A. 423 und u. bei A. 827.

hältnis des Pachtzinses zum Ertragswert des Grundstücks feststellen. Keiner der überlieferten Verträge *ana mandatti* enthält Angaben über die Grundstücksgröße, so daß derartige Berechnungen zum Scheitern verurteilt sind.

6) Der Teilpachtvertrag

Anders als bei der Pacht *ana sûti* bzw. *ana mandatti* geht der Leistungsaustausch zwischen Verpächter und Pächter in der anderen – oben bei A. 453 unter 4) besprochenen – großen Gruppe von Verträgen nicht schon unmittelbar aus der Pachtabschlußklausel hervor. Ein Teil dieser Verträge enthält zur Regelung jener Fragen außerhalb der Pachtabschlußklausel Vereinbarungen über die Ablieferung von Ernteteilen an den Verpächter[532]. Vom festen Pachtzins unterscheidet sich dieser „Zahlungs"modus – abgesehen von der gänzlich unterschiedlichen Formulierung im Vertrag – grundsätzlich dadurch, daß die absolute Höhe des Pachtzinses nicht schon beim Vertragsschluß, sondern erst nach der Ernte feststeht.

Wie auch bei anderen Verpflichtungsklauseln der Pachtverträge finden sich hier sowohl Stilisierungen ex latere conductoris (des Pächters) als auch ex latere locatoris (des Verpächters).

Ein Beispiel für die erstere – hier häufiger belegte – Stilisierung bietet der *errêšûtu*-Vertrag UM II_1 124, 6 ff.:

mim-ma ma-la ina ^{še}*zêri šu'âti*^{meš} *il-l[a]-a' 3-šú zitti eqli* $^{I}PN_1$ *a-na* $^{I}PN_2$ *i-nam-din* „(von) allem, was auf dieser Aussaat(fläche) wäch[s]t, wird PN_1 (Pächter) 1/3 Anteil des Feld(ertrag)es dem PN_2 (Verpächter) geben"[533].

Gelegentlich weicht die Formulierung im Zentralpunkt der Klausel, der Bruchteilsfestsetzung ab, wie z. B. in Dar 316, 20 ff.:

^{še}*zêru ma-la ina lìb-bi i-ri-šú 4-ú šib-šú eqli(!)* $^{I}PN_1$ *a-na* $^{I}PN_2$ *i-nam-din* „(von der) Aussaat(fläche), soviel er darin bearbeitet, wird PN_1 (Pächter) 1/4 *šibšu* des Feldes dem PN_2 geben"[534].

Die Bedeutung von *šibšu* ist noch umstritten. Die Erklärungen reichen von „Worfelertrag"[535], „Feldertrag"[536], „Pachtauflage"[537] bis zu „Anteil"[538].

---

532 NRV 378; 379; 380; 383; 384; 385; 522; Nbk 90; 115; Dar 316; RA 10 (1913) S. 68,40–41; Kr 134; UM II_1 124; BE VIII_1 124; IX 10; YBT VI 33; 67; VII 162; BIN I 117; 125.

533 Ähnlich mit Varianten: BIN I 117, 17 ff.; 125, 10 ff.; BE IX 10, 7 f.; VS V 55, 10 ff. (NRV 380).

534 Insoweit entsprechend VS V 33, 8 f. (NRV 378); vgl. den terminus *šibšu* auch in der von seiten des Verpächters stilisierten Ertragsverteilungsklausel VS V 89, 8 (NRV 384).

535 Ungnad, Glossar S. 146; ebenso San Nicolò, Or 19 (1950) S. 228 zu UET IV 59, 13, anders aber S. 229 zu *šibšu* in Verpflichtungsscheinen: „Pachtzinsschulden (*imittu* und *šibšu*)".

536 Kraus, Edikt Ammiṣaduqa S. 128 f. u. a. zu VS V 33, 8 (NRV 378) mit Hinweis auf die abweichenden Bedeutungen in anderen Epochen. Vgl. auch San Nicolò und Ungnad, NRV S. 750: „‚Ertrag' eines Feldes, technische Bedeutung noch unklar".

537 Dandamajew, Gedenkschrift für Wilhelm Brandenstein S. 235 zu Dar 105, 1. Es fällt auf, daß Dandamajew, aaO. S. 236 f. in Dar 527; 542 *imittu* ebenfalls mit „Pachtauflage" übersetzt und die Identität von *šibšu* und *imittu* nicht begründet.

Wenig wahrscheinlich ist die Deutung „Anteil", wie sich aus YBT VII 51, 14 ff. ergibt:
šezêru pi-i šul-pi ma-la a-na uṭṭati ina lìb-bi ip-pu-šú ši-ib-šú eqli a-na makkûr dištar urukki i-nam-din „(bezüglich der für Getreidebau) urbare(n) Aussaat(fläche), soviel er darin für Gerste bestellt, wird er *šibšu* des Feldes an das (Tempel-)Vermögen der Ištar von Uruk geben"[539].
Die Bedeutung „Anteil" ist wohl deshalb ausgeschlossen, weil die Höhe des Anteils – für den Vertrag von zentraler Bedeutung – unbekannt ist. Andere Teilpachtverträge zeigen auch, daß der Verpächteranteil ganz unterschiedlich hoch war[540], so daß ein verkehrsüblicher oder gar „gesetzlicher" Anteil, der mangels Parteivereinbarung verbindlich sein sollte, nicht sehr wahrscheinlich ist. Dazu kommt, daß das Wort *šibšu* in *imittu*-Scheinen bei Schulden an Getreide[541], Senf[542] und Sesam[543] verwendet wurde mit der Wendung: *x kur uṭṭati šibši eqli imittu* „x Kor Gerste, *šibšu* des Feldes, Pachtauflage" (eventuell mit folgender Grundstücksbeschreibung). Bei Dattelschulden heißt es dagegen: *x kur suluppê imittu ebûr eqli* „x Kor Datteln, Auflage, Ernte des Feldes" (mit folgender Grundstücksbeschreibung[544]. Auch in Pachtverträgen wurde je nach dem Ertrag des Feldes in Getreide[545] auf der einen und Datteln auf der anderen Seite unterschieden. So hat der Pächter in Dar 316, 20 ff. für das Feld *mala ina libbi irrišu* „soviel er darin (für Getreide) bestellt"[546] 1/4 *šibšu* des Feldes abzuliefern, also ein Viertel des Getreideertrages, nicht dagegen des Dattelertrages. Dabei ist als (Teil-)Pachtzins in diesen Fällen wohl gereinigtes Korn zu liefern, wie die Herkunft des Wortes *šibšu* von *šabâšu* „worfeln" nahelegt. Die Übersetzung „Worfelertrag" wird hier diesem terminus am gerechtesten. Danach hatte der Pächter nach YBT VII 51 den gesamten Getreideertrag an den Verpächter abzuliefern[547], während in den *imittu*-Scheinen *šibšu* lediglich bedeutete, daß die *imittu* aus dem geworfelten Getreideertrag des Feldes zu erbringen war.

---

538 CAD E S. 19 links e zu VS V 33,8: „*ina* EBUR *šalšu šibšu* . . . *inandin* „he will give one-third as a *share* from the crop". Vgl. dagegen zweifelnd San Nicolò, NRV S. 350, Bem. 8.

539 Zu dem, was hier dem Pächter zusteht u. bei A. 664.

540 Dazu näher u. bei A. 574.

541 Gerste, Weizen, Emmer: NRV 414; 433; 436; 519.

542 NRV 420, 436.

543 NRV 455; 518 a. E.; TCL XII 85, 3.

544 NRV 406; 416; 419; 421; 423; 424; 428; 429 u. v. a. Vgl. dazu auch TCL XII 85, wo *imittu* von 13 Kor Datteln und *šibšu* von 3 Seah Sesam als *ebûru* „Ernte" zusammengefaßt sind.

545 In VS V 110, 23 (NRV 522) sind Gerste, Senf und Sesam mit *šibšu eqli* zusammengefaßt.

546 Zur Stelle CAD E S. 288 rechts. *erêšu* bezieht sich auf die Feldbestellung, nicht auf die Palmenkultur; vgl. AHw S. 238 rechts: „besäen (mit Saatpflug), (Feld) bestellen"; CAD E S. 285 rechts: „to seed by drilling seed into a furrow by means of a seeder-plow, to cultivate or plant (a field)".

547 Anders Cocquerillat, Palmeraies S. 46 rechts: „la quote part de toutes les récoltes d'orge".

Ebenfalls ex latere conductoris, aber mit dem Prädikat *akâlu* „essen, genießen" ist eine weitere Form der Teilpachtvereinbarung stilisiert, wie z. B. RA 10 (1913) S. 68 Nr. 40–41, Z. 20 f.:

šal-ši i-ni-bi $^{\text{I.d}}$*bêl-erîba it-ti* ^{I}*šad-din-nu ik-kal*

„ein Drittel der Früchte (der Obstbäume) wird Bêl-erîba (Pächter) mit Šaddinnu (Verpächter) genießen"[548].

Die Belege für die Stilisierung der Teilpachtklausel ex latere locatoris (Verpächters) stammen mit einer Ausnahme[549] – soweit ersichtlich[550] – aus Barsippa[551]; vielleicht handelt es sich hier um eine weitere von der üblichen Formularpraxis abweichende Gewohnheit der Schreiber aus Barsippa. Die Klausel, gelegentlich auch mit der üblichen Stilisierung ex latere conductoris kombiniert[552], lautet z. B. in VS V 86, 11 f. (NRV 383):

4-ú z[itti eqli (?)] $^{\text{I.d}}$*marduk-šuma-ibni it-ti-šú-nu [ik-kal]*

„ein Viertel A[nteil des Feld(ertrages) (?)] wird Marduk-šuma-ibni (Verpächter) mit ihnen (den beiden Pächtern) [genießen]"[553]

Entspricht die Stilisierung der Klausel mit *nadânu* der allgemein gebräuchlichen Formulierung von Verpflichtungen, so scheint die Variante mit *akâlu* auf eine besondere Bedeutungsnuance der Teilpachtvereinbarung hinzudeuten. Außerhalb der Pachtverträge ist sie hauptsächlich in einer Gewinnverteilungsklausel nb. *ḫarrânu* – Gesellschaftsurkunden belegt[554]. Mit zwei Ausnahmen[555] lautet hier die Klausel über die Verteilung des Gesellschaftsgewinnes zwischen dem geldgebenden Gesellschafter und dem Kommendatar *(aḫi ina utur)* $^{\text{I}}PN_1$ *itti* $^{\text{I}}PN_2$ *ikkal* „die Seite (hier wahrscheinlich doch die „Hälfte")[556] vom Gewinn

548 Entsprechend (mit Varianten): VS V 55, 11 f. (NRV 380); Kr 134, 15; YBT VI 33, 13 f.; 67, 16 f.; VII 162, 11 ff.; Nbk 90. Die Teilpachtklausel in Nbk 90, 6 ff., die zweimal den Verpächter Nabû-šumu-lîšir erwähnt, ist wegen der im Laufe der Pachtzeit quotenmäßig abnehmenden Ertragsberechtigung des Pächters m. E. folgendermaßen zu emendieren: *[2] šanâte*^{meš} *šal-šú ù 4 šanâte*^{meš} *4-u* $^{\text{I.d}}$*nabû-šàr(!)-ilâni(!) it-ti* $^{\text{I.d}}$*nabû-šumu-lîšir [ik-kal]* „[2] Jahre [wird] Nabû-šar-ilâni(!)(Pächter) mit Nabû-šumu-lîšir (Verpächter) 1/3 und 4 Jahre 1/4 [genießen]".

549 NRV 522 (Dilbat).

550 Ortsangabe zerstört in NRV 386.

551 VS V 86 (NRV 383); VS V 89 (NRV 384); Kr 134; auch VS V 106 (NRV 385) dürfte wegen der für die Umgebung Barsippas charakteristischen Lage des Pachtgrundstücks aus Barsippa stammen; vgl. Unger, RlA I S. 408 § 10 und S. 411 § 30.

552 So in Kr 134, 15 ff.: ^{iṣ}*ga-ap-na ru-[ub]-bu-tú šal-šú ik-ka-lu šá ú-rab-bu-ú šal-šú* ^{I}*pu-uḫ-ḫu-ru it-ti ik-kal* „von den (schon) großgezogenen Obstbäumen werden sie (die Pächter) ein Drittel genießen, von denen, die sie (erst) großziehen werden, wird Puḫḫuru (Verpächter) ein Drittel mitgenießen".

553 Weitere Belege: VS V 89, 8 f. (NRV 384); 106, 12 f. (NRV 385); 115, 6 ff. (NRV 386); Kish W. 1929, 141 Z. 9; Kr 134, 16 f. Teilweise abweichend VS V 110, 19 f. (NRV 522) ohne Angabe der Höhe der Anteile: *maš-qu šá ina* ^{še}*zêri illâ* $^{\text{I}}PN_1$ $^{\text{I}}PN_2$ *u* $^{\text{I}}PN_3$ *i[k-kal]* „das Gemüse (vgl. Ungnad, Glossar S. 99; CAD E S. 121 rechts), das auf der Aussaat(fläche) wächst, w[ird] PN_1 (Verpächter) mit PN_2 und PN_3 (beide Pächter) ge[nießen]", also vielleicht jeweils Drittelanteile.

554 Vgl. dazu die demnächst erscheinende Münchener Dissertation von Hugo Lanz über das nb. Gesellschaftsrecht.

555 GCCI I 257; Dar 359, letztere aber wohl auf einem Schreiberversehen beruhend.

556 Dazu o. bei A. 269.

wird der PN_1 (Kommendatar) mit dem PN_2 (Geldgeber) genießen", während sie zwischen mehreren Kommendataren[557] bzw. mehreren Kapitalgebern[558], also jeweils zwischen Gleichrangigen *aḫâta šunu* „Gleichberechtigte sind sie" lautet[559]. Offensichtlich sollte also die erstere Form in Gesellschaftsverträgen ein Subordinationsverhältnis zwischen den Vertragsparteien ausdrücken. Ob durch diese Stilisierung der Teilpachtvereinbarungen ein gesellschaftsrechtliches Element im Pachtverhältnis oder ein Subordinationsverhältnis des Pächters gegenüber dem Verpächter zum Ausdruck gebracht werden sollte, oder ob es sich lediglich um eine Stilvariante ohne rechtliche Bedeutung handelte, läßt sich nicht mit Sicherheit sagen. Auffällig und vielleicht doch ein Hinweis auf letzteres ist jedenfalls, daß die Stilisierung ex latere conductoris und ex latere locatoris offenbar im Gegensatz zu den Gesellschaftsverträgen[560] ohne ersichtliche rechtliche Gründe[561] für die jeweilige Form im Einzelfall promiscue verwendet wurden. Der Gedanke, der wohl hinter der stereotypen Formulierung in den Gesellschaftsverträgen – vielleicht als Ausdruck des Surrogationsprinzips – stand, daß der Gesellschaftsgewinn eigentlich dem Kapital und nicht der Arbeit des Kommendatars entsprang, aber vom Kommendatar mitgenossen werden durfte, scheint demnach in den Teilpachtverträgen nicht mehr im Vordergrund gestanden zu haben.

Teilpachtvereinbarungen finden sich vorwiegend in Verträgen *ana errêšûti*[562] und *ana nukaribbûti*[563], aber auch in solchen *ana zâqipûti*[564] und *ana dulli*[565]. Die Bebauungsform scheint also für Teilpachtvereinbarungen nicht aussschlaggebend gewesen zu sein. Andererseits sind sie aber die typischen Pachtzinsabreden in den Verträgen *ana errêšûti*[566], wovon, soweit ich sehe, nur zwei Verträge abweichen, und zwar einmal BE IX 102, eine stark verstümmelte und auch bei der Pachtzinsvereinbarung nicht ganz verständliche Urkunde: Z. 11 ff.: *mim-ma ma-la ina* ^{še}*zêrâte*^{meš} [*šu'âti*^{me}]^{š} *il-la-a-a a-na* [*x k*]*ùr* ^{še}*zêri l kùr uṭṭa*[*ta(?)*] ^{I}[*PN_1*] *a-na* ^{I}*PN_2 i-nam-din* „(von) allem, was auf [diese]n Aussaat(fläch)en wächst, wird [PN_1 (Pächter)] auf [x K]or Aussaat(fläche) 1 Kor Gers[te](?) dem PN_2 (Verpächter) geben". Offenbar handelt es sich hier um eine – sonst ganz unübliche – Festsetzung des Pachtzinses pro Maßeinheit des

557 Dar 395 mit 396.
558 Nbn 572; 653.
559 Vgl. dazu auch die Stilisierung in den Pachtverträgen *ana errêšûti u šutapûti* u. bei A. 599.
560 Hier – wie oben bei A. 555 erwähnt – mit Ausnahme von GCCI I 257 und Dar 359 immer Stilisierung von seiten des Kommendatars.
561 Vielleicht liegen die Gründe aber in der unterschiedlichen Praxis der Schreiber verschiedener Schulen; vgl. o. bei A. 551.
562 BE VIII$_1$ 124; 132; IX 10; BRM I 83; Kr 141; UM II$_1$ 159(?); NRV 378; 380; Kish W. 1929, 141; UM II$_1$ 124.
563 Nbk 90; RA 10 (1913) S. 68, 40–41; Kr 134; YBT VII 162; BIN I 117; 125; NRV 379; 383; 384.
564 YBT VI 67; Nbk 115.
565 YBT VI 33 (dazu o. A. 444); VS V 106 (NRV 385) (*ana dulli ḫirûti epêši*).
566 Im Muraššû-Archiv scheint – soweit die wenigen Belege ein Urteil zulassen – die Teilpacht auf diese Vertragsart beschränkt gewesen zu sein; vgl. Cardascia, AM S. 139.

verpachteten Feldes, wobei leider die Angabe über die Größeneinheit des Feldes, für das 1 Kor Gerste (?) abzuliefern ist, zerstört ist. Ähnlich zu deuten ist vielleicht auch Straßmaier, actes 8e congrès 21,1 ff.:
1 kùr ^{še}*zêru taptûú(?) bît* ^{iṣ}*gišimmarê makkû*[*r* ^{d}*šamaš*(?)] *i-na* KU GU UB BU ^{I}*šuma-uṣur* ^{h}*šangû sippar*^{ki} $^{\text{I.d}}$*marduk-mukîn-apli* $^{\text{I.d}}$*bêl-it-tan-nu u* $^{\text{I.d}}$*marduk-bêl-šú-nu* ^{h}*ṭupšarrê*^{meš} *šá é-babbar-ra a-na e-re-šu-ú-tu 1 kùr* ^{še}*zêru a-na 1 kùr uṭṭati a-na* ^{I}*iddin-*^{d}*bêl apli-šú šá* $^{\text{I.d}}$*nabû-šuma-uṣur apil* ^{h}*rê'î-sisê id-di-in*
„(betrifft) 1 Kor Aussaat(fläche) Neubruchland (?), Dattelpalmengrundstück, Eigentu[m des (Gottes) Šamaš(?)] in ... Šuma-uṣur, der Priester von Sippar, Marduk-mukîn-apli, Bêl-ittannu und Marduk-bêlšunu, die Schreiber von Ebabbara, haben sie (die Aussaat(fläche)) zur Bebauung – 1 Kor Aussaat(fläche) für 1 Kor Gerste – dem Iddin-Bêl, Sohn des Nabû-šuma-uṣur, Nachkommen des Pferdehirten, gegeben[567]".
Die sonst nicht belegte Klausel *1 kùr* ^{še}*zêru ana 1 kùr uṭṭati* enthält möglicherweise eine Pachtzinsvereinbarung dergestalt, daß der Pächter 1 Kor Gerste als Pachtzins für ein Kor Feld zu erbringen hat, eine Relation, die im Vergleich zu den Verträgen *ana sûti* an der unteren Grenze liegt[568].
Die Höhe des Verpächteranteils am Ertrag ist – wie zu erwarten – den Verhältnissen des Einzelfalles angepaßt in den einzelnen Verträgen, teilweise aber auch in ein und demselben Vertrag, verschieden. Dabei erhält der Verpächter manchmal mehr[569] und manchmal weniger[570] als der Pächter. Nur in Nbk 115, 13 ff. wurde der Ertrag gleich verteilt, wenn die folgenden Ergänzungen zutreffen:
a-ḫi zitti a-na u$_{4}$*-mu ṣa-a-tú* ^{I}*šu-la-a it-ti šarri ina m*[*i*]*-im-m*[*a(!)*] *ma-la* [*ina* ^{še}*zêri šá*] *šarri il-la-a' xx* [*ik-kal*][571]
„die Seite (hier wohl Hälfte) des Anteils auf ewige Zeiten wird Šulâ (Pächter) mit dem König (Verpächter) von [a]ell[em], was [auf dem Felde des] Königs wächst, [genießen]".
Auf dem zerstörten Rest der Urkunde könnte sich allerdings eine Modifikation dieser Ertragsverteilung ergeben haben.
Die unterschiedliche Höhe der Berechtigung der Parteien am Feldertrag erklärt sich aus der verschieden starken Arbeitsbelastung des Pächters. Deutlich wird

---

567 Bei *iddin* fehlt die Pluralendung *-u;* der Text kann aber nicht anders übersetzt werden.

568 Dazu o. bei A. 515.

569 *2/3 des Ertrages:* RA 10 (1913) S. 68, 40–41 (vom Obstertrag: Z. 20: *šal-šú i-ni-bi* „1/3 der Früchte" (für den Pächter)), 4 Jahre von 10 Jahren Gesamtpachtdauer; YBT VI 33 (nach 10 Jahren Baumaufzucht); Nbk 90 (2 Jahre lang, die folgenden 4 Jahre 3/4); NRV 380 (bezüglich des bearbeiteten Grundstücks); Kr 134 (bezüglich der großen Bäume). *3/4 des Ertrages:* Nbk 90 (4 Jahre lang, für die übrigen Jahre gestaffelt). *4/5 des Ertrages:* YBT VII 162.

570 *1/3 des Ertrages:* NRV 378; UM II$_{1}$ 124; Kr 134 (für die großzuziehenden Bäume).
1/4 des Ertrages: BE IX 10; NRV 383 (bezüglich Neubruchland); NRV 384; Dar 316.
1/5 des Ertrages: NRV 380 (bezüglich Neubruchland); NRV 386.
1/10 des Ertrages: BIN I 117 (bezüglich der Unterkultur).

571 Insoweit ähnlich BRL IV S. 75: „Šulâ wird mit dem König [alles], was [auf dem Felde] des Königs wächst, [essen]".

das aus Urkunden, die für die verschiedenen Feld- bzw. Bebauungsarten unterschiedliche Quoten festsetzen. So ist in NRV 380 dem Verpächter für das urbar zu machende Neubruchland nur ein Fünftel des Ertrages abzuliefern, während dem Verpächter für das bereits bei Vertragsabschluß urbare Feld, das bei geringerer Arbeitsbelastung des Pächters verhältnismäßig mehr abwirft, zwei Drittel des Ertrages zustehen. Ähnlich auch Kr 134: von den großzuziehenden Bäumen erhielt der Verpächter nur ein Drittel des Ertrages, von den voll tragfähigen dagegen zwei Drittel.

Erstreckte sich die Teilpachtabrede regelmäßig auf die gesamte Ernte, so betraf die Verteilungsvereinbarung gelegentlich auch allein den Baumertrag, während der gesamte Ertrag der Unterkultur dem Pächter zustehen sollte[572], oder es waren umgekehrt nur Ertragsteile der Unterkultur als Pachtzins zu erbringen[573]. Gelegentlich änderte sich die Höhe der Quoten im Verlauf des Pachtverhältnisses zugunsten des Verpächters[574], bisweilen trat die Teilpachtvereinbarung erst nach Ablauf einer bestimmten pachtzinsfreien Zeit in Kraft[575]. Die Verschlechterung der Pachtzinsbedingungen für den Pächter geht in diesen Fällen sicher darauf zurück, daß sich der Arbeitsaufwand zur Bewirtschaftung des Feldes im Verlauf des Vertrages bei gleichzeitigem Anstieg des Ertragswertes verringerte, etwa weil das Feld zunächst nicht oder nur schlecht bestellt war

---

572 Vgl. Nbk 90, 10 f.: [xx] *mim-ma ma-la ina qaq-qa-ru il-la-a pa-an* $^{\text{I.d}}$*nabû-šàr-ilâni*^{meš} *i-dag-gal* „. . . alles, was auf dem Grund und Boden wächst, gehört dem Nabû-šar-ilâni (Pächter)". Die Vereinbarung bezieht sich offenbar auf die Zeit vom 5. Vertragsjahr an, da dem Pächter bis dahin der Ertrag der Dattelpalmen und der Unterkultur ausdrücklich eingeräumt wird, vgl. Z. 3 ff.: *4 šanâte*^{meš} *mim-ma ma-la ina* ^{iṣ}*gišimmarê ù ina qaq-qa-ru il-la-a pa-an* $^{\text{I.d}}$*nabû-šàr-ilâni*^{meš} *i-dag-gal* „4 Jahre lang wird alles, was auf den Dattelpalmen und auf dem Grund und Boden wächst, dem Nabû-šar-ilâni gehören". Die restlichen 6 Vertragsjahre lang steht dem Pächter 1/3 bzw. 1/4 offenbar von alledem zu, was ihm nicht gem. Z. 10 f. ganz gehört, also wohl vom Ertrag der Bäume: Z. 6 ff.: *[2] šanâte*^{meš} *šal-šú ù 4 šanâte*^{meš} *4-u* $^{\text{I.d}}$*nabû-šàr(!)-ilâni(!)* (dazu o. A. 549) *it-ti* $^{\text{I.d}}$*nabû-šumu-līšir* [*ik-kal*].
Zur Terminologie *pân* ^{I}PN *dagâlu* wörtlich „das Gesicht des PN ansehen" d. h. „dem PN gehören" in den Klauseln über die Ertragsverteilung vgl. YBT VI 33, 12 f.; 67, 14 f.

573 Vgl. BIN I 117; 125.
Eine sonst nicht belegte Differenzierung der Ertragsberechtigung an der Unterkultur enthält offenbar VS V 110, 15 ff. (NRV 522): *a-[di] ki-it šánâte*^{meš}*-šú-nu mim-ma ma-la ina šu-p[al]* ^{iṣ}*gišimmarê ù* ^{iṣ}*gap-nu il-la-a' šá-la-[áš(?)]* $^{\text{I}}PN_1$ *u* $^{\text{I}}PN_2$ *ik-kal-lu maš-qu šá ina* ^{še}*zêri illâ-a'(?)* $^{\text{I}}PN_3$ *it-ti* $^{\text{I}}PN_1$ *u* $^{\text{I}}PN_2$ *i[k-kal]* „bi[s zum] Ende ihrer Jahre (d. h. bis zum Ablauf der Vertragsdauer) werden PN_1 und PN_2 (beide Pächter) von allem, was unterha[lb] der Dattelpalmen und der Obstbäume wächst, 1[/3(?)] genießen. Das Gemüse, das auf der Aussaat(fläche) wächst, wird PN_3 (Verpächter) mit PN_1 und PN_2 ge[nießen]". Die Ergänzung San Nicolò: *šá la* [$^{\text{I}}PN_3$] $^{\text{I}}PN_1$ *u* $^{\text{I}}PN_2$ *ik-kal-lu-[u']* „werden ohne [PN_3(?)] PN_1 und PN_2 essen" ist wohl aus Platzgründen ausgeschlossen und zudem auch sonst in Pachtverträgen nicht belegt.

574 Vgl. Nbk 90 (zur Emendation o. A. 549) mit 10-jähriger Vertragsdauer: Zunächst 4 Jahre lang alles, dann von den Baumerträgen zwei Jahre lang 1/3, schließlich 4 Jahre lang 1/4 für den Pächter.

575 In YBT VI 33 und 67 jeweils 10 Jahre. Der Pächter soll Dattelpalmen (VI 67) bzw. „Tilmun"-Dattelpalmen (VI 33) setzen und erhält dafür 10 Jahre Pachtzinsfreiheit, danach hat er 2/3 abzuliefern. In Nbk 90 dauert die Pachtzinsfreiheit 4 Jahre.

oder z. B. bei Neuanpflanzung von Bäumen in den ersten Vertragsjahren noch nicht die volle Ernte erzielt werden konnte. Daß die Arbeitsleistung des Pächters für die Höhe des Verpächteranteils ausschlaggebend war, zeigt YBT VI 33. Dort wird dem Pächter gem. Z. 11 ff. der gesamte Feldertrag 10 Jahre lang ausdrücklich *ku-um e-pe-šú šá dul-lu* „als Gegenwert für das Verrichten der Arbeit" belassen. Es zeigt sich damit, daß die Arbeit des Pächters als Gegenleistung für die Nutzungsüberlassung verstanden wurde und in gewissen Fällen sogar ohne weitere Leistungen ausreichte. Wenn die Arbeit allerdings geringer und/ oder ertragreicher wurde, hatte der Pächter in diesen Teilpachtverträgen später einen bruchteilmäßig fixierten – je nach den individuellen Vertragsverhältnissen und entsprechenden Vertragsbedingungen eventuell während der Pachtzeit steigenden – Ertragsanteil abzuführen.

Teilpachtverträge gaben gegenüber Verträgen mit festem Pachtzins dem Verpächter einerseits die Chance, an überdurchschnittlich guten Ernten partizipieren zu können, andererseits aber auch die Gefahr von Mißernten, die entweder auf höhere Gewalt – etwa Unwetter oder Krieg – oder auf Nachlässigkeit des Pächters beruhen und den Pachtzins bis auf Null reduzieren konnten.

Über die Verteilung dieser „Pachtzinsgefahr" bei höherer Gewalt enthält keiner der Verträge irgendwelche besonderen Vereinbarungen[576], und zwar wohl deshalb, weil die quotenmäßige Verteilung des Schadens auf beide Vertragsparteien, die sich unmittelbar aus der Teilpachtklausel ergibt, im Hinblick auf den Spekulationscharakter dieses Pachttyps als angemessen empfunden wurde.

Gegen grobe Nachlässigkeit des Pächters versuchten sich dagegen die Verpächter in einigen[577], allerdings bei weitem nicht allen[578] Teilpachtverträgen durch Vertragsstrafen abzusichern. In Verträgen ohne solche Strafvereinbarungen bestand die Sanktion gegen den nachlässigen Pächter vielleicht darin, daß bei der Berechnung des Verpächteranteils der Ernteertrag zugrundegelegt wurde, der bei ordentlicher Bewirtschaftung hätte erzielt werden können. Basis für diese Art der Schadensberechnung war dabei vielleicht der Ertrag der Nachbargrundstücke, wie ausdrücklich verinbart in der vereinzelten Klausel VS V 33, 11 ff. (NRV 378): ^{še}*zêra ma-la ul-ta-ad-du-u a-ki-i itê šib-šú i-nam-din* „(von der) Aussaat(fläche), soviel er brachliegen lassen haben wird[579], wird er (der Pächter) entsprechend den Nachbar(grundstücke)n Feldertrag geben"[580].

576 Ebensowenig in Verträgen mit festem Pachtzins. Hier blieb wohl auch bei Mißernten der Pachtzins in voller Höhe geschuldet.

577 NRV 380; 383; Nbk 90; Dar 316; Kr 134; BE IX 10; sämtlich allgemein gegen den Vertragsbrüchigen gerichtet: In NRV 384 hat der Pächter, falls er das Feld brachliegen läßt, pro Kor Feld 5 (?) [Kor Datteln] als *šissinnu* dem Verpächter zu geben.

578 NRV 378; 379; 385; 522; RA 10 (1913) S. 68, 40–41; UM II$_1$ 124; BE VIII$_1$ 124; YBT VI 33; 67; VII 162; BIN I 117; 125.

579 Anders AHw S. 708 rechts zur Stelle: „jeweils brach liegen ließ". Die Deutung als Iterativ des Präteritums ergibt aber in der doch wohl auf die Zukunft gerichteten Klausel wenig Sinn.

580 Vgl. den hierzu parallelen § 43 CH: *šum-ma eqlam*^{am} *la i-ri-iš-ma it-ta-di še'am ki-ma i-te-šu a-na be-el eqlim i-na-ad-di-in* „wenn er (der Pächter) das Feld nicht bestellt hat und brach liegen hat lassen, wird er Korn entsprechend seinen Nachbar(grundstücke)n dem Herrn das Feldes geben".

7) Der Vertrag *ana errêšûti u šutapûti*

Als Sonderform der Teilpacht mit gesellschaftsrechtlichem Einschlag stellt sich der aus der mittleren Perserzeit in Nippur[581] und Ur[582] nachgewiesene Vertrag *ana errêšûti*[583] *u šutapûti*[584] „zur Bebauung und Kompanie"[585] dar.
Sachlich hierher gehören auch zwei Zwiegesprächsurkunden aus dem Muraššû-Archiv in Nippur, die – wenngleich nicht durch den terminus *šutapûtu* gekennzeichnet – dem Vertrag *ana errêšûti u šutapûti* entsprechende Regelungen enthalten[586]. Der terminus *šutapûtu* wurde offenbar deshalb im Vertragstext vermieden, weil beide Verträge mit einem Mitglied des Hauses Muraššû geschlossen wurden, das sich nicht dazu herablassen konnte, mit einem gewöhnlichen Sterblichen[587] oder gar mit einem *ardu* „Sklaven"[588] einen Vertrag zu schließen, der ihn zum *šutapû* „Genossen" des anderen gemacht hätte. Dieser Geisteshaltung entspricht auch, daß in beiden Zwiegesprächsurkunden der Muraššû jeweils seinen Vertragspartner und Antragsteller „erhört", obwohl er nur in BE X 44 Grundstücksgeber, in BE IX 60 aber Grundstücksnehmer ist. In BE X 55 ist dagegen der „diskriminierende" Ausdruck *šutapûtu* möglich, da als Vertragspartner des nicht zur Familie Muraššû gehörigen Grundstücksgebers nur ein Diener des Hauses Muraššû auftritt.
Nicht allein die Benennung des Vertragsverhältnisses als *šutapûtu* „Kompanie", sondern hauptsächlich seine rechtliche und weitere sprachliche Ausgestaltung zeigen, daß – entgegen den sonstigen Pachtverträgen – weniger die gesonderten und in gewissem Gegensatz zueinander stehenden Interessen der beiden Parteien, als die Herbeiführung eines, den Partnern gemeinsamen Vertragzwecks im Mittelpunkt der Abmachungen standen. So weichen BE X 55 und UET IV 45 schon in der Pachtabschlußklausel von der sonst üblichen – den Leistungsaustausch zwischen den Vertragsparteien andeutenden – Stilisierung ab; BE X 55, 3 ff.[589]:
5 kùr ^še^zêra ina eqli ^h^rab-mun-gu ina kîšâd nâr bal-ṭi-ia ^âl^bît ḫa-d[i(?)]ia ni-pu-uš ar-ku a-ḫa-meš iš-me-e-ma ^še^zêra' 5 kùr a-na šu-ta-pu-tú i-te-pu-šu-u'

---

581 Kr 146 (Dar. II 3. Jahr); BE VIII_1 125 (Artax. I 28); BE X 55 (nur *ana šutapûti*, Dar. II 1).

582 UET IV 45 (Artax. II 18(?)); 59 (Artax. II 25).

583 Zu den Schreibungen o. A. 441.

584 Geschrieben: *šu-ta-pu-ú-tú:* Kr 146, 5; *šu-tap-ú-tú:* BE VIII_1 125, 5; *šu-ta-pu-tú:* BE X 55, 6; [*šu-t*]*a-p*[*u*]*-ú-tu*: UET IV 59, 6; ^h^*šu-*<*ta*>*-pu-ú-*[*tu*]: UET IV 45, 7.

585 Cardascia, AM S. 178: „pour la culture et l'exploitation en commun"; CAD I/J S. 51 links: „in joint tenancy"; CAD E S. 307 rechts: „e(rrêšûtu)-tenancy in partnership" für Kr 146, 4 f. Zu *šutapûtu* „Kompanie" bzw. ^h^*šutapû* „Genosse, Kompagnon" vgl. San Nicolò, Or 19 (1950) S. 228 mit Hinweis auf den gleichen Sprachgebrauch bei der kommerziellen *ḫarrânu*-Gesellschaft (Nbk 116, 3; Camb 373, 4).

586 BE IX 60 (Artaxerxes I 37. Jahr); X 44 (Dar. II 1. Jahr).

587 BE X 44.

588 BE IX 60.

589 Nach der Einleitung der Zwiegesprächsurkunde in der paritätischen Form, in der nicht eine Vertragspartei allein den Antrag an die andere richtet, sondern beide zueinander (*ana aḫameš*) sprechen. Vgl. dazu Petschow, JCS 19 (1965) S. 110 ff.

^{še}zêra <a'> 5 kùr $^{\text{I.d}}$ad-gi-ši-ri-za-bad-du i-maš-šaḫ-ma a[n]a $^{\text{I.d}}$nínurta-uballiṭ^{iṭ} u-kal-lam

„5 Kor Aussaat(fläche) vom Feld des Rab-mungu[590], am Ufer des Balṭia-Kanals im Ort Bît-Ḫad[i]a (?) (gelegen), wollen wir bebauen. Dann erhörten sie einander und die Aussaat(fläche) von 5 Kor haben sie zur Kompanie gemacht[591]. Die Aussaat(fläche) von 5 Kor wird Adgiširizabaddu vermessen und d[em] Ninurta-uballiṭ vorweisen".

Obwohl das Grundstück offenbar dem Adgiširizabaddu gehörte, der es ja darzumessen und dem anderen Vertragspartner Ninurta-uballiṭ vorzuweisen hatte, steht nicht eigentlich die Übergabe des Feldes an den Vertragsgegner im Mittelpunkt der Pachtabschlußklausel, sondern eher die Einbringung des Grundstücks in die *šutapûtu*-Kompanie. Derselbe Gedanke wird auch hinter der Formulierung in UET IV 45, 1 ff. gestanden haben:

qaq-qar ... šá $^{\text{I.d}}$šamaš-aḫa-iddin ... qaq-qar šu'âti^{meš} a-na er-re-[šu-ú-tu u] ^{h}šu-(<ta>-pu-)ú-[tu a]-na ^{še}z[êri(?)[592] *šá(?) uṭṭati(?) a-na] šatti [10+]8^{kám} [^{I}ar-taḫ-šá]- a[s-su šarri] id-din*

„(betrifft den) Grund und Boden ... des (gehörend dem) Šamaš-aḫa-iddin ... Diesen Grund und Boden hat er zur Beba[uung und] Kompan[ie a]uf G[ersteaussaat(?) für] das [10. +] 8. Jahr [des Königs Artax]e[rxes] gegeben". Daß der „Empfänger" des Grundstücks – in den sonstigen Urkunden der Pächter – hier nicht erwähnt ist, zeigt, daß es weniger um die Übergabe des Grundstücks an den Pächter ging, als vielmehr um den Beitrag des Grundstücksinhabers zur Gesellschaft. Der Austauschcharakter des Vertragsverhältnisses stand m. a. W. nicht im Vordergrund. Die übrigen Verträge *ana errêšûti u šutapûti* sind allerdings sämtlich in der üblichen Form stilisiert: PN_1 *^{še}zêra ana errêšûti u šutapûti ana* PN_2 *iddin* „PN_1 hat die Aussaat(fläche) zur Bebauung und Kompanie dem PN_2 gegeben"[593]. Die gesellschaftliche Komponente zeigt sich hier erst in den

---

590 Vgl. AHw S. 667 rechts: „*mugu*": „ein hoher Beamter".

591 Anders CAD E S. 230 links: „they have hoed this five-gur field as partners". Gegen diese Deutung spricht jedoch die Wendung *ana šutapûti*, deren Bedeutung in den übrigen Verträgen dieser Art in der Pachtabschlußklausel gesichert ist und wohl auch hier trotz des Prädikats *îtepušu* „sie haben gemacht" kaum anders verstanden werden kann.

592 Ergänzt nach UET IV 59, 6. Möglich wäre, daß hier der Name des Grundstücksempfängers vermerkt war; allerdings fehlt der zu erwartende Personenkeil in den Zeichenresten.

593 Kr 146, 1 ff.: *^{še}zêru ... bît ^{h}qašti šá ^{I}bi-is-de-e ... ^{I}bi-is-de-e ^{še}zêra šu'âti^{meš} a-na er-re-šu-tú u šu-ta-pu-ú-tú a-na ^{I}ri-bat ... id-din* „(betrifft) die Aussaat(fläche) ..., das Bogen(mann)grundstück des Bisdê ... Bisdê hat diese Aussaat(fläche) zur Bebauung und Kompanie dem Rîbât ... gegeben".
BE VIII$_1$ 125, 1 ff.: *^{še}zêru ... bît ^{h}qašti šá $^{\text{I.d}}$bê[l]-apla-iddin ... šá [a-na] ^{h}er-ru-šu-tú ina pân ^{I}lib-luṭ ... u ^{I}arad-^{d}b[ê]l ... [^{še}zêra(?) šu'âti^{meš}(?)] a-na ^{h}er-ru-šu-tú u šu-tap-ú-tú a-n[a $^{\text{I.d}}$x]-uballiṭ^{iṭ} ... ^{I}lib-luṭ ... u ^{I}ar[ad(!)]-^{d}b[êl] ap[li] š[á] $^{\text{I.d}}$en-l[íl-id-din id-di-nu]* „(betrifft) die Aussaat(fläche) ..., Bogen(mann)grundstück des Bê[l]-apla-iddin ..., die [zur] Bebauung zur Verfügung des Libluṭ ... und des Arad-B[ê]l ..., (ist). [Diese (?) Aussaat(fläche) (?)] haben zur Bebauung und Kompanie de[m x]-uballiṭ ... der Libluṭ ... und der Ar[ad(!)]-B[êl], So[hn] d[es] Enl[il-iddin, gegeben]".

Klauseln über die weiteren Beiträge der Parteien. So haben z. B. in Kr 146 Grundstücksgeber und -nehmer zu den Aufwendungen für die Grundstücksbearbeitung und -bestellung gleichviel an Zugvieh, Saatgut und Bearbeitungspersonal zu stellen[594]. Hier bringt der Grundstücksinhaber prima facie mehr ein als der andere: er stellt neben seinen sonstigen anteiligen Leistungen das Grundstück zur Verfügung. Das wird aber offenbar durch die Arbeitsbelastung des anderen Gesellschafters als Bewirtschafter ausgeglichen, wenngleich der Vertrag darüber – wie, mit Ausnahme von UET IV 45[595] und BE X 55[596], auch die anderen Verträge – nichts aussagt. Teilweise hatten die Grundstücksgeber nur das Grundstück[597] oder dazu einen gleichen Anteil am Bearbeitungspersonal[598] zu stellen.

Am deutlichsten setzt sich der Vertrag ana *errêšuti u šutapûti* von den gewöhnlichen Teilpachtverträgen in den Klauseln über die Verteilung des Feldertrags ab. Fanden wir dort in der Stilisierungsvariante *PN$_1$ itti PN$_2$ zitti eqli ikkal* „PN$_1$ wird mit PN$_2$ einen Teil des Feld(ertrag)es genießen" eine Parallele zu den Gewinnverteilungsklauseln der *ḫarrânu* – Gesellschaft mit einseitiger Kapitaleinlage, so entsprechen die Ertragsverteilungsklauseln der Verträge *ana errêšûti u šutapûti* den Gewinnverteilungsklauseln der *ḫarrânu*-Gesellschaftsverträge mit zweiseitiger Kapitaleinlage[599]. Dort lautet die Klausel: *mimma*

UET IV 59, 1 ff.: [*qaq-qa*]*r* . . . [*^{I}nidintu$^{tú\text{-}d}$*]*sîn qaq-qar šu'âti^{meš} a-na er-re-šu-tu* [*u šu-t*] *a-p*[*u*]*-ú-tu a-na ^{še}zêri šá uṭṭati a-na* [*šátt*]*i an-ni-tu$_4$ a-n*[*a*] *^{I}ni*[*dintu*]*$^{tú\text{-}d}$ea* . . . *u $^{I.d}$iš-t*[*ar*]*-aba-uṣur* [*id-d*]*in* „(betrifft den) [Grund und Bode]n . . . [Nidintu]-Sîn hat diesen Grund und Boden zur Bebauung [und Kom]pa[n]ie zur Gersteaussaat für dieses [Jah]r de[m] Ni[dintu]-Ea . . . und dem Išt[ar]-aba-uṣur [gegeb]en".

594 Vgl. Z. 6 f.: *alpê^{ḫá} ma-la alpê^{ḫá} ^{še}zêru ma-la ^{še}zêri ^{h}ikkarâte ma-la ^{h}ikkarâte* „(jede der Parteien) wird ebensoviele Ochsen, Saatgut und Landarbeiter (stellen wie die andere)". Wörtlich: „Ochsen entsprechend Ochsen, Saatgut entsprechend Saatgut, Landarbeiter entsprechend Landarbeitern". Zur Übersetzung CAD A I S. 367,rechts; I/J S. 51 links; Z S. 91 links.
BE VIII$_1$ 125, 8 f. (teilzerstört) spricht – soweit ersichtlich – nur von Ochsen und Saatgut, das die Parteien gemeinsam(?) zu stellen haben: *alpê* [*ma-l*]*a alpê(!) ^{še}zêru ma-l*[*a ^{š}*]*^{e}z*[*êr*]*i* [*itt*]*i(?) a-*[*ḫa-meš(?) ú-še-ṣ*]*u-ú(?)* „Ochsen [entsprech]end Ochsen(!), Saatgut entsprech[end S]aat[gu]t [werden sie (die Parteien) mite]i[nander(?)hinausgehen(?) la]ssen". Zu *ušêṣu* UET IV 59, 15.

595 Vgl. Z. 11 ff. (leider auch fragmentarisch): *i-ḫe-er-re xx*[*x pu-ut xxx*] *u ma-aṣ-ṣar-tu$_4$ šá ^{š}*[*^{e}zêri šu'âti^{meš} xx*] *^{I}nidintu$^{tú\text{-}d}$ea na-*[*ši*] „er wird graben, [. . . für . . .] und Bewachung [dieser(?)] Au[ssaat(fläche) . . .] ist Nidintu-Ea Bü[rge]".

596 Hier offensichtlich gleiche Arbeitsbelastung für beide Partner: Z. 3 ff.: *^{še}zêra ina eqli ^{h}rab-mun-gu* . . . *ni-pu-uš* „die Aussaat(fläche) vom Feld des *rab-mungu* . . . wollen wir bearbeiten".

597 So anscheinend UET IV 45, 9 f.: *alpê u*[*^{še}zêru(?) šá(?) uṭṭati(?) šá* ^{I}PN$_1$] *qaq-qar šá $^{I.d}$šamaš-*[*aḫa-iddin*] „Ochsen und [Gerstesaatgut(?) (gehören) dem PN$_1$], Grund und Boden (gehört) dem Šamaš-aḫa-iddin] (Eigentümer)".

598 UET IV 59, 9 f.: *alpê u ^{še}zêru šá uṭṭati šá* ^{I}PN$_1$ *u* ^{I}PN$_2$ *qaq-qar šá* ^{I}PN$_3$ „Ochsen und Gerstesaatgut (gehören) dem PN$_1$ und PN$_2$. Der Grund und Boden (gehört) dem PN$_3$". Z. 14 f.: *^{h}ikkaru ma-la ikkaru itti a-ḫa-meš a-na qaq-qar šu'âti^{meš} ú-še-ṣu-ú* „Landarbeiter entsprechend Landarbeiter werden sie miteinander auf diesen Grund und Boden hinausgehen lassen".

599 Vgl. dazu die demnächst erscheinende Arbeit von Hugo Lanz.

mala ippušu aḫâtu šunu „(an) allem, was sie machen (erarbeiten), sind sie gleichberechtigt“. Dementsprechend heißt es BE X 44, 7 f.:

mim-ma ma-la ina lìb-bi il-la-a' a-ḫa-a-tú šú-nu

„(an) allem, was darin (auf dem Feld) wächst, sind sie gleichberechtigt“[600] und ähnlich in BE X 55, 9 f.:

mim-ma ma-la ina lìb-bi il-la-a' . . . u šú-nu a-ḫa-a-tú šú-nu

„(an) allem, was darin wächst . . . und sie gleichberechtigt sind sie“[601].

Dieselbe Klausel in verkürzter Form enthält BE IX 60, 10 (wörtliche Rede der Zwiegesprächsurkunde):

lu-ú a-ḫa-a-tú ni-i-n[*i*]

„wahrlich gleichberechtigt wollen wir se[in]“

und Z. 18 (objektiv stilisierter Teil):

u šú-nu [*a-ḫ*]*a-a-t*[*ú*] *šú-nu*

„und sie [glei]chberecht[igt] sind sie“. Schon durch diese Stilisierung kommt zum Ausdruck, daß keiner der Vertragspartner mehr als der andere erhalten sollte. Ausdrücklich erwähnt wurde der Ausschluß eines Vorzugsanteils zugunsten eines der Partner in Kr 146, 8 ff.:

mim-ma ma-la ina lìb-bi il-la-a' zitti eqli ia-a-nu u šú-nu a-ḫa-a-tú šú-nu

„(an) allem, was darin wächst – einen (Vorzugs)anteil am Feld(ertrag)[602] gibt es nicht – und sie gleichberechtigt sind sie“.

Denselben Gedanken der absoluten Gleichberechtigung unter den Partnern bringt die Gewinnverteilungsklausel UET IV 59, 11 ff. mit etwas anderer Formulierung zum Ausdruck:

mim-ma ma-la ina qaq-qar šu'âti^{meš} *ip-pu-uš-šú-nu-u'* ^{I}*nidintu*$^{\text{tú-d}}$*sîn* ^{I}*nidintu*$^{\text{tú-d}}$*ea u* $^{\text{I.d}}$*iš-tar-aba-uṣur 3 šú-nu šib-šú zitti eqli(!) ina bi-rit-šú-nu ia-nu*

„(an) allem, was sie (die Vertragspartner) auf diesem Grund und Boden (er)arbeiten, sind Nidintu-Sîn, Nidintu-Ea und Ištar-aba-uṣur 3 (Gleichberechtigte); *šibšu* und (Vorzugs)anteil am Feld gibt es unter ihnen nicht“[603].

---

600 Entsprechend vielleicht zu ergänzen in UET IV 45, 13 ff.: [*mim-ma ma-la ina q*]*aq-qar* <*še*>*zêri il-l*[*a-a'* $^{\text{I.d}}$*šamaš-aḫa-iddin u* ^{I}*nidint*]*u*$^{\text{tú-d}}$*ea a*[*ḫa-a-tú šú-nu*] „[(an) allem, was auf dem Gr]und und Boden, der Aussaat(fläche) wä[chst, sind Šamaš-aḫa-iddin und Nidint]u-Ea g[leichberechtigt]“.

601 Eines der beiden *šunu* ist überflüssig (vgl. BE X 44, 7 f.) aber nicht falsch; vgl. Cardascia, AM S. 178 ad (9–10) und CAD A I S. 170 „*aḫâta*“.

602 So Cardascia, AM S. 178 ad (9): „La „part-de-champ“ est caractéristique du métayage. Les parties entendent exclure expressément le partage inégal des fruits, qui est de règle dans le bail à fruits babylonien“. Anders aber CAD Z S. 143, 4' zur Stelle: „there is no co-ownership of the field“; dagegen aber wiederum CAD aaO. zu BE IX 99, 9: *zitti eqli jânu* „there is no share (in it) for (the owner of) the field“.

603 Vgl. San Nicolò, Or 19 (1950) S. 228: „Worfelertrag und (Verpächter)anteil vom Feld(!) gibt es unter ihnen nicht“. Ob *šibšu* hier – wie wohl sonst (vgl. o. bei A. 533) – als „Worfelertrag“ verstanden werden kann, ist zweifelhaft, da die Klausel so wenig Sinn gibt. Vielleicht bedeutet *šibšu* hier doch ausnahmsweise – entsprechend dem *zitti eqli* – irgendeinen Sonderanteil eines Vertragspartners, den man ausdrücklich ausschließen wollte. Denkbar – wenn auch in dieser Form sonst nicht belegt – wäre auch die Emendation 3 *šu-nu* <*ina*> *šib-šú* „sie sind 3 (Gleichberechtigte) <am> Ertrag (des Grund und Bodens = Worfelertrag)“.

Nicht in der Form der Gewinnverteilungsklauseln der *ḫarrânu* – Gesellschaften mit beiderseitiger Kapitaleinlage, aber doch eigentlich am deutlichsten und sehr gegenständlich findet sich der Gesellschaftsgedanke in der Ertragsverteilungsklausel BE VIII_1 125, 9 f.:

mim-ma ma-la ina ^{š}[*ezêr*] *i šu'âti*^{meš} *il-la-a' zi*]*tti eqli ina ka-re-e-šú-nu*
„(von) allem, was auf d[ieser] A[ussaat(fläch)e] wächst, (ist) der Feld[antei]l in ihrem gemeinsamen Besitz“[604].

Offenbar gehörte also die gleichmäßige Verteilung des Feldertrages zu den grundlegenden Merkmalen des Vertrages *ana errêšuti u šutapûti*, eine Regelung, die bei der gewöhnlichen Teilpacht die verschwindend geringe Ausnahme darstellt[605]. Die rechtliche Ausgestaltung entspricht dabei der sprachlichen Fassung: Die Vertragspartner sollten als *šutapû* „Genossen“ unabhängig von ihrem Beitrag gleichberechtigte Mitglieder einer auf Nutzung eines Grundstücks gerechteten Gemeinschaft sein. Die Qualifikation des Vertrags als „Gesellschaftspacht“[606], also einer Kombination aus Gesellschafts- und Pachtvertrag, bei dem das erstere Moment überwiegt, wird seiner rechtlichen Bedeutung wohl am gerechtesten.

Anzumerken ist schließlich eine Besonderheit des *šutapûtu*-Vertragsformulars: In drei dieser Verträge findet sich die eingenartige Klausel *šarra itti aḫameš uṣallû*[607] bzw. *šarra u bêlê*^{meš} *eqlêti*^{meš} *itti aḫâmeš uṣallû*[608] „sie werden den König (und die Herren der Felder) miteinander anrufen“. Die in ihrer Bedeutung noch unklare Klausel scheint nicht allzu häufig verwendet worden zu sein, da ihre Stellung im Formular uneinheitlich ist. Sie steht entweder am Ende des

---

604 Vgl. CAD K S. 227 rechts: „property held in common by several persons“; Ungnad, Glossar S. 74: „noch nicht verrechneter gemeinsamer Besitz“; AHw S. 452 rechts: „(gemeinsames) Vorratshaus?“.
Vielleicht gehört hierher auch der leider nur fragmentarisch erhaltene Vertrag *ana errêšûti* Kr 141. Die Ertragsverteilungsklausel Z. 9 f.: [*a-ḫ*]*a-ta šú-nu* [*ebû*]*r(?) eqli ina ka-re-šú-nu* „[gleich]berechtigt sind sie, [der Ernt]e(ertrag) (?) des Feldes ist in ihrem gemeinsamen Besitz“ entspricht der Pacht *ana errêšûti u šutapûti*. Daß die Klausel vor dieser Ertragsverteilungsabrede nur 3 der 4 Pächter und nicht den Verpächter erwähnt, ist dabei unerheblich. Z. 8 f. dürfte folgendermaßen zu ergänzen sein: [*id-din du*]*l-la ina lìb-bi* ^{I}*nûr-e-a* ^{I}*ba-la-ṭu* [*u* ^{I}*aḫu-šú*]*-nu ip-pu-šu-u'* „[hat er (das Grundstück zur Bebauung den Pächtern) gegeben. Die Ar]beit werden darin Nûrea, Balâṭu [und Aḫu-šu]nu (3 der 4 Pächter) verrichten“. Die Nichterwähnung des 4. Pächters beruht wohl auf einem Versehen des Schreibers, das in Z. 18 f. berichtigt ist: ^{še}*zêru dul-la a-ḫa-meš ip-pu-šu-u'* „(bezüglich) der Aussaat(fläche) werden sie (wohl nur die Pächter) die Arbeit gemeinsam verrichten“. Vielleicht regelte aber die Klausel *aḫâtu šunu* nur die Gewinnverteilung unter den Pächtern, wie in Kish W. 1929, 141 Z. 10 f. Dann hätte der Verpächter als Gegenleistung für das Grundstück keinen Ertragsanteil, sondern nur die Arbeitsleistung der Pächter beim Urbarmachen des Neubruchlandes (*taptû* Z. 1) zu erhalten.

605 Vgl. o. bei A. 571.

606 So San Nicolò, Or 19 (1950) S. 227 f. Entsprechend auch Cardascia, AM S. 177, Abschnitts-Überschrift „société“ und zu BE X 44: Šum-iddin et le Muraššû constituent une société“ sowie zu BE X 55: „contrat de société agricole“.

607 BE X 44, 8; 55, 10 f.

608 BE IX 60, 18; vgl. Z. 10.

Vertragstextes nach der Klausel über die Ertragsbeteiligung[609] oder jeweils mit „und" damit verbunden vor ihr[610] oder in sie eingefügt[611]. Trotz ihrer engen räumlichen und grammatikalischen Verbindung mit der Ertragsverteilungsklausel ist ein materieller Zusammenhang nicht ersichtlich[612]. Da das Vertragsobjekt in BE X 55 im Gegensatz zu BE X 44 und BE IX 60 zumindest nicht ausdrücklich als ein in dieser Zeit bekanntes Lehensgrundstück qualifiziert ist[613], wird wohl auch die Deutung v. Bollas[614] ausscheiden, daß die Verpachtung von Lehensgrundstücken *ana šutapûti* von einer zu beantragenden Genehmigung des Königs abhing.

8) Pachtverträge mit *imittu* als Pachtzins

In allen bisher unter 4–7 besprochenen Fällen ist der Austausch der Leistungen zwischen Pächter und Verpächter offensichtlich: der Nutzungsbefugnis des Pächters steht die Pflicht zur Pachtzinszahlung kraft ausdrücklicher Vereinbarung entweder als feste Summe oder als Verpächteranteil am Feldertrag gegenüber.

Neben diesen – dem antiken griechischen und römischen wie auch dem modernen deutschen Recht im großen und ganzen parallelen – Pachtzinsabreden finden sich schon vereinzelt seit der mittleren Chaldäerzeit, hauptsächlich aber zur Perserzeit gelegentlich neben Teilpachtvereinbarungen, teilweise aber auch allein, Bestimmungen über einen Pachtzinsmodus, der dem antiken wie dem modernen deutschen Recht gänzlich fremd ist. Der Pächter hatte hier weder einen absolut bestimmten noch durch Etragsanteile von vornherein relativ festen Pachtzins zu zahlen. Die Höhe des Pachtzinses wurde vielmehr erst kurz vor der Ernte jährlich durch ein Schätzungsverfahren als *imittu* „Auflage" vom Verpächter selbst, von seinen Leuten oder von einer dazu bestellten Kommission festgesetzt. Über diese *imittu* wurde zu Lasten des Pächters ein Verpflichtungsschein (*u'iltu*) ausgestellt, der den Schuldgrund *imittu* erwähnte und Art und Höhe der Schuld sowie meist auch Zahlungsmodalitäten, wie Erfüllungsort und -zeit, enthielt[615]. Von diesem Urkundentypus sind uns etwa 270 Tafeln erhalten[616].

---

609 BE X 44, 8.
610 BE IX 60, 18; vgl. Z. 10.
611 BE X 55, 9 ff.
612 Insbesondere die Verbindung mit *u* „und" scheint keine wesentliche Bedeutung zu haben, wie Kr 146, 9 zeigt, wo die Ertragsverteilungsklausel ohne die *šarru*-Klausel mit dem übrigen Vertragstext durch *u* „und" verbunden ist.
613 BE X 55, 3 a. E.: *ina eqli* ^{h}*rab-mun-gu* „im (oder vom) Feld des *rab-mungu*". Vgl. AHw.S. 667 rechts „mugu": „ein hoher Beamter".
614 Tiermiete S. 149 A. 3.
615 Als Beispiel für diesen Urkundentyp diene Camb 319:
16 kùr 1 pânu suluppê imittu
šá ^{I}*itti-*^{d}*marduk-balâṭu apli-šú šá* $^{I.d}$*nabû-aḫḫê*^{meš}*-iddin*
apil ^{I}*e-gi-bi ina muḫ-ḫi* $^{I.d}$*bêl-šú-nu apli-šú šá*
$^{I.d}$*bêl-iddin apil* ^{h}*agri*
ina ^{araḫ}*araḫsamni suluppê-e' 16 kurrê 1 pânu*

Im Gegensatz zu den Vereinbarungen über festen Pachtzins und Teilpacht haben sich für Abreden über *imittu* feste Klauseln mit bestimmten Standort im Pachtvertragsformular nicht herausgebildet; ihr gelegentlich schlechter Erhaltungszustand erschwert überdies die Interpretation. Diese Klauseln sind teilweise sprachlich interessant, hauptsächlich aber rechtshistorisch von großer Bedeutung, da sie uns den Zugang zu einem außerhalb Mesopotamiens nicht überlieferten Rechtsinstitut ermöglichen. Sie seien deshalb hier alle (in chronologischer Reihenfolge der Urkunden) wörtlich wiedergegeben:

VS V 11, 12 ff. (NRV 374; Nbk. II 32 (573 v. Chr.), Kâr-Tašmêtu, Vertrag *ana nukaribbûti):*

2(?) $^{h(?)}$*ṣa-a-bi ina ṣe-ti* ^{d}*šamaš i-mit i-mid-[d]u-šú ina lìb-bi i-za-az*

„2(?) (Polizei-)leute werden bei Sonnenaufgang ihm (dem Pächter) eine Auflage [a]ufe[r]legen; er wird dabei antreten (zugegen sein)“[617].

VS V 26, li. Rand (NRV 377; Nbn. 7 (549 v. Chr.), Babylon, Vertrag *ana nukaribbûti*):

[2(?) ^{h}*ṣâ]bê*^{meš} *ina ṣe(!)-e(!)-tu*$_4$ $^{d(!)}$*šamaš [i-mit]-tú im-mi-du-šú i-n[a] l[ìb-bi i]z-za-zu*

„[2(?) (Polizei-)leu]te werden bei Sonnenaufgang ihm (dem Pächter) [eine Auflag]e auferlegen, er wird d[abei] antreten (zugegen sein)“.

Cyr 200, 8 f. (Cyr. 5 (534 v. Chr.), Babylon, Vertrag *ana nukaribbûti*):

^{h}*túpšarrê*^{meš} *im-mi-du-ši-ma a-ki-i i-mit-tu*$_4$ *šá* ^{h}*ṭúpšarrê*^{meš} *suluppê a-na é-babbar-ra i-nam-din-nu-u' it-ti 1 kurru tu-ḫal-la gi-pu-ú man-ga-ga bil-tu*$_4$ *šá ḫu-ṣa-bi i-nam-din-nu-u'*

„die Schreiber[618] werden ihm (dem Feld eine Auflage) auferlegen und gemäß

---

ina muḫ-ḫi 1^{et} *rit-tu*$_4$ *it-ti 1 kurru*
tu-ḫal-la man-ga-ga gi-pu-ú
2 da-ri-ku i-nam-din
^{h}*mu-kin-nu* . . .
(Z. 12) . . . ^{h}*ṭupšarru* . . .
(Z. 13) . . . *bâbíli*^{ki}
araḫulûlu ûmu 28^{kam} *šattu 6*^{kam}
^{I}*kam-bu-zi-ia šàr bâbìli*^{ki}
šàr mâtâte
„(Betrifft) 16 Kor 1 Pânu Datteln, Auflage, gehörig dem Itti-Marduk-balâṭu, Sohn des Nabû-aḫḫê-iddin, Nachkommen des Egibi; zu Lasten des Bêlšunu, Sohnes des Bêl-iddin, Nachkommen des Mietarbeiters.
Im Monat Araḫsamnu wird er die Datteln – 16 Kor 1 Pânu – auf einmal, zusammen mit (je) 1 Kor (Datteln) Palmmatten, Palmbast, (Dattel-)Körbe (und) 2 Körbe, geben“.
Zeugen . . . .
Schreiber . . . .
Babylon,
Monat Ulûl, 28. Tag, 6. Jahr
(des) Cambyses, Königs von Babylon,
Königs der Länder“.

616 Auf diese Anzahl bin ich gekommen bei der Durchsicht von Amherst, Moldenke, Nbk, Nbn, Cyr, Camb, Dar, ZA IV S. 129 ff., Gordon, BIN I, BE VIII$_1$, IX, X, Kr, UM II$_1$, GCCI I, II, TCL XII, XIII, BRM I, YBT VI, VII, VS III, VI, Oberhuber.

617 Vgl. Ungnad, Glossar S, 18; 116.

618 Zur Lesung „Schreiber“ und nicht „Priester“ (*šangû*) San Nicolò, Prosopographie S. 37 A. 9.

der Auflage der Schreiber werden sie (die Pächter) Datteln an (den Tempel) Ebabbara geben. Zusammen mit 1 Kor (Datteln[619]) werden sie Palmmatten[620], (Dattel-)Körbe[621], Palmbast[622] (und) Traglasten von (Feuer-)Holz[623] geben".

YBT VII 51, 11 f. (Cyr. 5 (534 v. Chr.), Kurbat, Vertrag *ana nukaribbûti*):

suluppê ma-la ina li[*b-b*]*i il-lu-nu ul-tu é-an-na in-nem-mid-ma a-na makkû*[*r*] ^{d}*ištar uruk*^{ki} *i-n*[*a*]*m-din*

„(bezüglich der) Datteln, die da[ri]n (im Pachtgrundstück) wachsen, wird von Eanna (eine Auflage) auferlegt werden und er (der Pächter) wird (sie) dem (Tempel)schat[z] der Ištar von Uruk g[e]ben".

YBT VII 47, 13 f. (Cyr. 2[+x] (zwischen 536 und 529 v. Chr.), Uruk, Vertrag *ana nukaribbûti*):

12 ^{iṣ}*gišimmarê*^{me}[*š*] *iṣ-ṣi bil-tu*$_4$ *šà ina lìb-bi ul-tu é-*[*an-na*] *in-nem-mid-ma e*[*b*]*ûr* ^{iṣ}*gišimmarê*^{me} *a-na é-an-na* [*i-nam-din*]

„(bezüglich der) 12 Dattelpalme[n], der tragfähigen Bäume, die darin (sind), wird von E[anna] (eine Auflage) auferlegt werden und [er (der Pächter) wird] die E[r]nte der Dattelpalmen an (den Tempel) Eanna [geben]".

Weiterhin Z. 17 f.:

arki 5-ta šánâte^{me} *a-ki-i i-*[*mit-tu šá ul-t*]*u é-an-na in-nem-mi-di ebûra a-na é-an-n*[*a i-nam-din*]

„nach 5 Jahren [wird er] gemäß der Au[flage (auf die erst großzuziehenden Jungpalmen), die vo]n Eanna auferlegt werden wird, den Ernteertrag an (den Tempel) Eann[a geben]".

YBT VII 162, 14 f. (Camb. 3 (527 v. Chr.), Uruk, Vertrag *ana nukaribbûti*):

ú-ḫi-in-nu ina muḫ-ḫi $^{iṣ(!)}$ *gišimmarê i-mid*^{id}*-si-ma i-n*[*a*]*k-ki-is(!)*

„(bezüglich der) halbreifen Datteln auf den Dattelpalmen wird er (wohl der Verpächter) ihm (dem Feld eine Auflage) auferlegen und er (der Pächter) wird (die Datteln) abschlagen".

VS V 137, 8 ff. (NRV 381; Dar. I(?) 3(?) (519/18 v. Chr.(?)), Ausstellungsort auf der Tafel zerstört, der Pachtart nach nicht konkretisierbarer, mit einem Mietvertrag kombinierter teilzerstörter Pachtvertrag):

a-ki-i šá 2(?) ^{h}*mâ*[*r-ba*]*nê*^{meš} *suluppê im-mi-du-*[*uš(?)*] *suluppê i-na k*[*i(?)-š*]*ir(?) a-na* $^{I.d}$*marduk-šuma-ibni i-nam-din*

„demgemäß wie die 2(?) *mâ*[*r-ba*]*nê* Datteln [ihm(?) (dem Pächter)] auferlegen werden, wird er Datteln in . . .[624] dem Marduk-šuma-ibni (Verpächter) geben".

---

619 Gegen die Übersetzung „nebst 1 Kur" (so Ungnad – San Nicolò, NRV 442 für alle Belege; vgl. aber schon Ungnad, Glossar S. 37: „zugleich = gleichzeitig, was indes nicht völlig klar ist") Landsberger, Date Palm S. 44 links: „together (rarely „in addition to") each kor . . ."; vgl. ebenda S. 46 rechts: „as much as conventionally goes with 1 gur of dates as the share of the lessor (owner)" und Cardascia, AM S. 60 mit A. 5: „avec 1 Kur", c. a. d. „par chaque Kur (de redevance principale)". Ebenso AHw S. 405 links.

620 Landsberger, Date Palm S. 36 f.

621 Landsberger, aaO. S. 38 links; 55 links.

622 Landsberger, aaO. S. 45 f.

623 Landsberger, aaO. S. 48 f. gegen die S. 49 Zitierten.

624 Unklar, vgl. NRV S. 354 A. 5.

Dar 427, 12 ff. (Dar. I 16 (506 v. Chr.), Birtu-ša-Kinâ, Vertrag *ana nukaribbûti*):
[^{iṣ}*gišimmarê(?) šá i*]*na(!) lìb-bi il-la-a'* ^{I}*bul-ta-a* [*ina muḫḫi(?)* ^{I}*iš-ki-*]*i u* $^{\text{I.d}}$*nabû-ibni im-mi-di i(!)-*[*nak(?)-ki(?)-su(?)-ma(?) a-na makkûr*] ^{d}*šamaš i-nam-din-nu-u'*
„[(bezüglich der) Dattelpalmen(?), die d]arin wachsen, wird Bulṭâ(Verpächter) [zu Lasten(?) des Išk]î und des Nabû-ibni (beide Pächter) (eine Auflage) auferlegen, sie werden (die Datteln) ab[hauen(?) und(?) dem (Tempel-)schatz] des Gottes *Šamaš geben*".
VS V 89, Rand (NRV 384; Dar. I 19 (503 v. Chr.), Barsippa (?), Vertrag *ana nukaribbûti):*
[*su*]*luppê* [*š*]*á* ^{h}*mâr-banê*^{meš} [*im-m*]*i-du-u*[*š(?)* $^{\text{I.}}$]^{d}*nabû-kâṣir* [*i-*]*nak-ki(!)-is(!)*
„Die [Dat]teln, (bezüglich) [de]rer die *mâr-banê* ihm (dem Pächter) [(eine Auflage) auferlegen wer]den(?), wird Nabû-kâṣir (Pächter) [a]bschlagen(?)".
Amherst 249, 12 ff. (Šikušti(?) acc. (485/84 v. Chr.(?)), Barsippa, Vertrag *ana nukaribbûti):*
suluppê ina muḫḫi ^{iṣ}*gišimmarê* $^{\text{I.d}}$*bêl-upaḫḫir*^{ir} *a-na* $^{\text{I.d}}$*nabû-aḫa-it-tan-nu u* $^{\text{I.d}}$*bêl-uballiṭ*^{iṭ} *im-me-e-s*[*u-nu-t*]*i(?)* „(bezüglich der) Datteln auf den Dattelpalmen wird Bêl-upaḫḫir (Verpächter) dem Nabû-aḫa-ittannu und dem Bêl-uballiṭ (beide Pächter) (eine Auflage) auferle[gen]".
BE VIII$_1$ 122, 11 f. (Artax. I 8 (457 v. Chr.), Nippur, Vertrag *ana nukaribbûti):*
s[*ul*]*uppê ina muḫḫ*[*i* ^{iṣ}*gišimmarê(?)*] *i-mid-su-nu(!)-*[*tu*] „(bezüglich der) D[at]teln au[f den Dattelpalmen(?)] wird er (wohl der Verpächter) ihne[n] (den Pächtern) (eine Auflage) auferlegen".
VS V121, 18 f. (NRV 387; Artax. I 8(?) (457 v. Chr.(?)), Âl-Ardi-Ea, Vertrag *ana zâqipnûti):*
[*s*]*uluppê šá ina lìb-bi* [*il-lu*]*-ú imitta šá* ^{h}*mâr-banê*^{meš} [*ina(?) muḫḫi(?) i*]*m-mi-du-u' ú-ša*[*l-la(?)-mu(?)-ma a*]*- na* ^{f}*šani-i-tu*$_4$ *ina-an-din-nu-u'*
„(bezüglich der) [D]atteln, die darin [wachs]en, werden sie (die Pächter) die Auflage, welche die *mâr-banê* [darauf(?) a]uferlegen werden, zur Be[friedigung zahlen(?) und d]er Šanîtu (Verpächterin) geben".
BE VIII$_1$ 132, 11 ff. (undatiert, ohne Ausstellungsort, wahrscheinlich Entwurf oder Schülertafel auf der frühen Perserzeit, Vertrag *ana nukaribbûti u errêšûti, imittu*-Klausel nur für den Teil *ana nukaribbûti*):
su[*lu*]*ppê ina muḫ-ḫi man-*[*ga-ga i*]*m-mi*[*d*]*-su(!)-nu i-nak-ki*[s]*-m*[*a*] *ina-an-din*
„(bezüglich der) D[att]eln auf dem B[ast[625] (d. h. auf dem Baum)] wird er (wohl der Verpächter) (eine Auflage) ihm (dem Pächter)[626] [a]ufe[r]legen; er wird sie abschlage[n] un[d] (dem Verpächter) geben".
BE IX 10, 10 (Artax. I 28 (437 v. Chr.), Nippur, Vertrag *ana nukaribbûti u errêšûti, imittu*-Klausel wie in BE VIII$_1$ 132 nur für den Teil *ana nukaribbûti*):
imitta šá suluppê im-mid-du-uš
„eine Auflage von Datteln werden sie (wohl die Verpächter) ihm (dem Pächter) auferlegen".

---

625 Landsberger, Date Palm S. 45 links, 46.
626 Wohl Schreiberversehen in Z. 12, da nur ein Pächter erwähnt ist (Z. 8).

BE IX 99, 10 (Artax. I 41 (424 v. Chr.), Nippur, Vertrag *ana nukaribbûti*):
suluppê ina muḫ-ḫi man-ga-ga im-mid-su-ma i-nak-kis
„(bezüglich der) Datteln auf dem Bast (d. h. auf dem Baum) wird er (wohl der Verpächter) (eine Auflage) ihm (dem Pächter) auferlegen und er wird (die Datteln) abschlagen“.
UM II_1 81, 11 ff. (Dar. II 4 (420 v. Chr.), Nippur, Vertrag *ana nukaribbûti*):
ina u_4-mu imitta(!)[627] *la id-nam-ma 63*[628] *kùr suluppê [ši(?)]-si-in-ni*[629] I.d*ninurta-êṭir u* I*mu-še-zib a-na* I*da-di-ia u* I.d*en-l[il]-da-na i-nam-din-nu-u'-šú-nu-tú*
„wenn *imittu* nicht . . . und 63 Kor Datteln [*šis*]*sinnu* Ninurta-êṭir und Mušêzib (beide Verpächter) dem Dadîa und dem Enl[il]-dana (beide Pächter) werden sie geben“.
UM II_1 215, 8 f. (Dar. II 6 (418 v. Chr.), Nippur, Vertrag *ana nukaribbûti*):
[*suluppê ina muḫḫi m*]*an-ga-ga* [*i*]*m-mid-su-ma i-n*[*ak-kis*]
„[(bezüglich der) Datteln auf dem B]ast (d. h. auf den Bäumen) wird er (wohl der Verpächter) ihm (dem Pächter) (eine Auflage) [a]uferlegen und er wird (die Datteln) ab[schlagen]“.
Gegenstand der *imittu* ist nach diesen Urkunden – soweit ersichtlich[630] – der Dattelertrag des Grundstücks; der Kornertrag unterlag dieser Auflage dagegen offensichtlich nicht. In BE VIII_1 132; IX 10 beschränkt sich die *imittu* sogar ausdrücklich auf den Teil des Grundstückes, der als Palmengarten *ana nukaribbûti* verpachtet ist, während für den zum Getreidebau bestimmten, *ana errêšûti* verpachteten Grundstücksteil jeweils Teilpacht vereinbart war[631]. Dementsprechend finden sich *imittu*-Klauseln nahezu ausschließlich in Pachtverträgen *ana nukaribbûti*, die gewöhnlich Dattelkulturen zum Gegenstand haben. Nur jeweils vereinzelt sind sie dagegen belegt in einem Vertrag *ana zâqapnûti* (NRV 387) – auch hier sind Dattelpalmen vielleicht schon bei Ver-

---

627 Kopie: ZAG. KI statt ZAG.LU (*imittu*). Der Zusammenhang läßt aber kaum eine andere Deutung zu als *imittu*.

628 Vor der Zahl 63 ein mir unerklärlicher Winkelhaken.

629 Anders Augapfel, BRAD S. 78: [x] *gur* še*u̯šamššammu* „[x] Kur Sesam“. Dagegen Cardascia, AM S. 139 A. 1: „[*si-*]*is-in-ni*“. Diese Erklärung trifft wohl wegen der Parallelen in den übrigen Klauseln im Ergebnis zu, ist aber in dieser Form zweifelhaft, weil – soweit ich sehe – die Schreibung der ersten Silbe mit *si-* nicht belegt ist, dagegen aber gelegentlich mit *ši-* (Camb 56, 17; VS V 11, 15 (NRV 374); Gordon 83 linker Rand; YBT VI 185, 10).

630 Keine Spezifikation enthalten insoweit NRV 374; UM II_1 81. Auch hier wird die *imittu* den Dattelertrag zumindest miterfaßt haben, sind doch die Pachtgrundstücke dieser drei Urkunden sämtlich mit Dattelpalmen bepflanzt. In VS V 26 (NRV 377) ergibt sich die Beschränkung auf den Dattelertrag nicht unmittelbar aus der *imittu*-Klausel, sondern erst aus Z. 14 ff., wonach der gesamte Ertrag der Unterkultur dem Pächter zustand.

631 Vgl. BE IX 10, 7 f.: *mim-ma ma-la ina* še*zêri pî šul-pu il-la-a' 4-ú zitti eqli i-na*[*m*]*-di*[*n*] „(von) allem, was auf der (für Getreidebau) kultivierten Aussaat(fläche) wächst, wird er (der Pächter) 1/4 Anteil des Feld(ertrag)es ge[b]e[n]“. Entsprechend BE VIII_1 132, 16 f.: *m*[*i*]*m-ma* [*ma-la*] *ína lìb-bi i*[*l-la-a'*] *š*[*a*]*l-š*[*ú*] *zitti eqli* [*ik(?)-kal(?)*] „(von) a[l]lem, [was] darin (sc. auf dem Getreidefeld) w[ächst, wird er (der Pächter) 1[/3]Anteil des Feld(ertrag)es [genießen(?)]“.

tragsbeginn auf dem Grundstück vorhanden, zumindest aber vom Pächter zu pflanzen – und einem der Pachtart nach nicht näher qualifizierten, mit einem Mietvertrag kombinierten Pachtvertrag (NRV 381), dessen Grundstücksbeschreibung stark zerstört ist. Verträge gegen festen Pachtzins und auch die übrigen überlieferten Verträge, die durch die Arbeitspflicht des Pächters qualifiziert sind – insbesondere der Vertrag *ana erréšûti* – enthalten keine derartigen *imittu*-Klauseln[632].
Den Ausschluß von *imittu* neben festem (*sûtu*-)Pachtzins stellt eine – sonst nicht belegte – Klausel klar in dem Vertrag *ana sûti* BE X 43,12 f.: *e-mi-du a-na* $^{\check{s}e}$*zêri-ia zaq-p*[*i u p*]*î šul-pu la ur-rad* „die Aufleger werden/sollen zu meiner (des Pächters (mit Bäumen) bepflanzt[en und (für Getreide) u]rbaren Aussaat(fläche) nicht kommen"[633].
Mehr als deklaratorische Wirkung wird der Klausel wohl nicht zugekommen sein. Nach Verträgen *ana sûti*, die *imittu* weder negativ noch positiv erwähnen, wurde das Auflageverfahren wohl ebenfalls nicht durchgeführt; der feste Pachtzins war wohl auch in diesen Fällen ausreichende Gegenleistung des Pächters.
Die *imittu*-Verpflichtungsscheine entsprechen im großen und ganzen diesem Befund. Ganz überwiegend sind nach ihnen Datteln und Nebenprodukte der Dattelpalme geschuldet; nur etwa 5 % dieser Urkunden enthalten Getreide-, hauptsächlich Gersteschulden[634]. *imittu*-Scheine dieser Art sind wohl – uns nicht mehr erhaltenen – Verträgen über Getreideland, vielleicht zum Teil Pachtverträgen *ana errêšûti*, zuzuordnen.
Die Schätzung des Grundstücksertrages im *imittu*-Verfahren erfolgte jährlich kurz vor der Ernte. Das zeigt die Formulierung der *imittu*-Klausel einiger Pachtverträge, wonach die Auflage bezüglich der Datteln *ina muḫḫi gišimmarê* „auf den Dattelpalmen"[635] oder *ina muḫḫi mangaga* „auf dem Palmbast"[636], also noch vor der Aberntung durchzuführen war. Dementsprechend sind *imittu*-Scheine im oder kurz vor dem Erntemonat datiert, also bei Dattelauflagen regelmäßig im Monat Ab, Ulûl oder manchmal im Tašrit, und bei Gerstenauflagen im Monat Ajjar oder manchmal im Nisan. Verpflichtungsscheine über *imittu*,

---

632 Vgl. aber die stark zerstörte und unklare Klausel in dem Vertrag *ana sûti* Cyr 26,20: *a-di-i i-mit-t*[*i(!)*]*-šú* [*ù(?)*] *ši-ib-šú* ^{I}*šu-la-a a-na ma*[*kkûr(?)* ^{d}*šamaš(?) i-nam-din(?)*] „einschließlich seiner Auflag[e und (?) dem] Worfelertrag [wird] Šulâ (Pächter) dem (Tempel-)sch[atz(?) des Gottes Šamaš(?) geben(?)]",
und die Erwähnung der *imittu* in den Großpachtverträgen (*ana sûti*) YBT VI 11 + VAT 8418 Z. 22 f.: *eqlêti* ^{iṣ}*kirû ḫal-lat šá* ^{d}*bêlti šá uruk*^{ki} *šá ina pân* ^{h}*rab-banê*^{meš} ^{I}*šum-ukîn u* ^{I}*kal-ba-a i-mit-ti ul im̆-mi-du ù a-na muḫ-ḫi ul i-šal-la-ṭu* „(bezüglich der) Felder, der *ḫallatu*-Gärten der Herrin von Uruk, die zur Verfügung der *rab-banê* (sind), werden Šum̆-ukîn und Kalbâ eine Auflage nicht auferlegen und darüber nicht verfügen".
633 Vgl. CAD A II S. 214 rechts: „no tax assessor should come to my field (to assess taxes)" und CAD E S. 149: „no assessor should come to my property, cultivated or uncultivated".
634 NRV 396 (Gerste, Senf); 401 (Gerste); 404 (Gerste); 412 (Gerste); 414 (Gerste, *abaḫšinnu*); 438 (Gerste, *abaḫšinnu*, Stroh); YBT VI 45 (Gerste); 47 (Gerste); 55 (Gerste); 84 (Gerste); Nbk 330 (Gerste); UM II_1 105 (Gerste, *saḫḫaru*).
635 Amherst 249, 12; YBT VII 162, 14 (*uḫinnu* „halbreife Datteln"); BE VIII_1 122, 11 f. (?).
636 BE VIII_1 132, 11; IX 99, 10; UM II_1 215, 9. Dazu Landsberger Date Palm S. 46 links.

die aus anderen Monaten stammen, beurkunden Restforderungen, die nach der Fälligkeit der Hauptschuld zu begleichen waren[637]. Nicht die übliche Ertragslage des Feldes war also maßgebend für die Auflagenfestsetzung, sondern der durch Schätzung konkret festgestellte Ernteertrag, eine Basis, von der aus der Pachtzins für beide Vertragsparteien gerecht festgesetzt werden konnte.
Im Gegensatz zur Teilpacht war hier zugunsten des Verpächters ausgeschlossen, daß Teile des Gesamtertrages, der Grundlage für die Quotenberechnung, vom Pächter unterschlagen und damit auch der Verpächteranteil arglistig verkürzt wurde[638].
Der Tendenz dieses Verfahrens zur Unparteilichkeit entsprach es auch, daß nach mehreren dieser Urkunden die Auflage nicht vom Verpächter, sondern von dafür berufenen – wohl unparteiischen – Kommissionen durchgeführt wurde und damit auch der Schutz des Pächters vor Ausbeutung durch den Verpächter gewährleistet war. In den beiden chaldäischen Belegen NRV 374 und 377 sind es anscheinend jeweils 2(?)[639] *ṣabê* „Männer, Soldaten"[640], während in den Urkunden YBT VI 232 und AnOr 8 Nr. 30 zur Durchführung des *imittu*-Verfahrens im Bereich des Tempels Eanna aus der Zeit Nabonids jeweils *êmedê* „Auflagebeamte" und *ṭupšarrê* „Schreiber" als Mitglieder der Auflagenkommission auftreten. In persischer Zeit führen nach den *imittu*-Klauseln der Pachtverträge das Auflageverfahren *mâr-banê* „Vollfreie, Patrizier"[641] durch[642], oder bei Tempelgrundstücken *ṭupšarrê* „Schreiber"[643], im Eanna-Archiv der Tempel selbst[644], wofür er Auflagenkommissionen wie in TCL XIII 177 bestellte[645]. Zu dieser Zeit wurden aber die *imittu*-Auflagen auch bereits von den privaten Verpächtern selbst festgesetzt, so ausdrücklich nach Amherst 249, 12ff. und wohl auch nach den Urkunden, in denen der Verpächter hier nicht persönlich erwähnt ist und die Klausel etwa wie in BE IX 99, 10 f. lautet: *suluppê* ... *im-mid-su-ma* ... „er wird die Datteln ... ihm (dem Pächter) auferlegen und ..."[646]. In Verträgen mit nur einem Verpächter ist dementsprechend auch der Singular *immissu/si* „er wird ihm (dem Pächter/dem Feld) auferlegen" verwendet[647], in dem einzigen Vertrag dieser Art mit zwei Verpächtern[648] dage-

637 So z. B. in den Dattel-*imittu*-Scheinen Nbn 47 (Šabâṭ); NRV 409 (Kislim); NRV 413 (Siman).
638 So auch Cardascia, AM S. 73 und Cocquerillat, Palmeraies S. 65 links.
639 So vielleicht im beschädigten Anfang der Z. 12 von VS V 11 (NRV 374) und vielleicht danach zu ergänzen in VS V 26 li. Rand (NRV 377).
640 Vgl. Ungnad, Glossar S. 141: „statt *mâr-banî*"; CAD Ṣ S. 46 links: „group of people, contingent of workers, troop of soldiers, army, people, population".
641 Vgl. AHw S. 615 rechts; Ungnad, Glossar S. 94.
642 NRV 381; 384; 387 (sämtlich Privatgrundstücke).
643 Cyr 200, 8 f.
644 YBT VII 51, 11 f.; 47, 13 f.
645 Zu den besonderen Verhältnissen bei der Verpachtung von Grundstücken des Tempels Eanna in Uruk und speziell zu den genannten Vereidigungsurkunden YBT VI 232; AnOr 8 Nr. 30; TCL XIII 177 Ebeling, WdO II (1954–59) S. 46 ff.; Petschow, BiOr 13 (1956) S. 102 ff.; Cocquerillat, Palmeraies S. 37 ff.
646 YBT VII 162, 14 f.; BE VIII$_1$ 122, 11 f.; 132, 11 f.; IX 10, 10; UM II$_1$ 215, 9.
647 YBT VII 162, 14 f.; BE VIII$_1$ 122, 11 f.; 132, 11 f.; UM II$_1$ 215, 9.
648 BE IX 10, 10.

gen bezeichnenderweise der Plural: *im-mi-du-uš* „sie werden ihm (dem Pächter) auferlegen". Vom Hause Muraššû wissen wir darüber hinaus positiv, daß es über eigene *êmedê* „Aufleger" verfügte[649].

Nach der Mehrzahl der Verträge mit *imittu*-Abrede beschränkte sich offenbar die Pflicht zur Pachtzinszahlung auf diese Auflage. Der Ertrag der Getreide- und Gemüsekulturen unter den Dattelpalmen ist in mehreren Verträgen überhaupt nicht erwähnt[650] und wird dort wohl dem Pächter ebenso zugestanden haben[651] wie in den Urkunden, die ihm den Ertrag der Unterkultur expressis verbis zusprachen, so z. B. BE IX 99, 8 f.:

mim-ma ma-la ina šu-pa-lu ^{iṣ}*gišimmarê ip-pu-uš a[n]a rama(!)*[652]*-ni-šú i[k]-kal u zitti eqli ia-a-nu*

„alles, was er (der Pächter) unter den Dattelpalmen (er)arbeitet, wird er s[e]lbst g[e]nießen und einen Anteil (des Verpächters am Ertrag) des Feldes gibt es nicht"[653]. Gelegentlich war auch eine Verteilung des – von der *imittu* nicht erfaßten – Unterkulturertrages vorgesehen, so in VS V 89, 7 f. (NRV 384):

^{še}*zêru me-re-šú* [x] *šá* ^{I}*PN*$_1$ ^{I}*PN*$_2$ *i-[he-er-]ma 4-ú sib-šu* ^{I}*PN*$_1$ [*itti-šú*] *ik-kal*

„die urbare Aussaat(fläche) [x] des PN$_1$ (Verpächters) wird PN$_2$ (Pächter) u[mgra]ben und 1/4 des Ertrages (der Unterkultur) wird PN$_1$ [mit ihm] genießen"[654].

Der Ertrag von Feldern ohne Dattelpalmen, die nicht gegen *imittu*, aber in kombinierten Verträgen *ana nukaribbûti u errêšûti*[655] bzw. nur *ana nukarib-*

---

649 Vgl. BE X 52, 7 f.: ^{h}*e-me-de*^{meš} *šá* ^{I}*ri-mut-*^{d}*ninurta* „die Aufleger des Rîmût-Ninurta" (Verpächter in einem vorhergehenden Vertrag, vgl. Cardascia, AM S. 175).

650 NRV 374; Cyr 200; NRV 381; Amherst 249; UM II$_1$ 215.

651 So auch Petschow, BiOr 13 (1956) S. 103 links; Cardascia, AM S. 75 A. 1.

652 Kopie: *šám;* vgl. aber AHw S. 949 rechts unten.

653 Weitere Belege: VS V 26, 14 f. (NRV 377): *ma-na-aḫ* [*ma-la*] *šu-pa-lu i-šak-kan-nu* ^{I}PN [*i*]*k-*[*k*]*al* „Mühewaltung, [soviel] er unter (den Bäumen) vornimmt, [wi]rd PN(Pächter) (selbst) genießen".
Dar 427, 10 ff.: *mim-ma ma(!)-la ina šu-pal-la* [^{iṣ}*gišimmarê(?)i*]*l-la-a'* ^{I}PN$_1$ *u* ^{I}PN$_2$ *ik-kal-lu-*[*u'*] „soviel unter [den Dattelpalmen(?) w]ächst, werden PN$_1$ u PN$_2$ (beide Pächter) genießen".
BE VIII$_1$ 132, 10 f.: *mim-ma ma-la ina šu-pal* ^{iṣ}*giš*[*imma*]*rê ip-pu-uš-šú a-na r*[*a*]*ma-ni-šú ik-kal zitti eq*[*l*]*i ia-a-nu* „soviel er unterhalb der Dat[tel]palmen (er)arbeitet, wird er (der Pächter) s[e]lbst genießen, einen Anteil (des Verpächters am Ertrag) des Fe[l]des gibt es nicht".
UM II$_1$ 81, 8 ff.: *dul-lu šu-pil-šu(!)* ^{iṣ}*gišimmarê ip-pu-uš-u' mim-ma ma-la ina lìb-bi ip-pu-uš-u' a-na ri-man*^{an}*-ni-šú-nu ik-kal-la-a'* „die Arbeit unterhalb der Dattelpalmen werden sie (die Pächter) verrichten; soviel sie davon (er)arbeiten, werden sie selbst genießen".

654 Eine ähnliche – allerdings dann stark verkürzte – Klausel enthält vielleicht auch der an entscheidender Stelle stark zerstörte Vertrag BE VIII$_1$ 122, worauf in Z. 10 das für Teilpachtklauseln typische Wort [*i*]*l-la-a'* hindeutet. Ganz unsicher ist die Ergänzung Cocquerillats, Palmeraies S. 112 links zu YBT VII 47, 19 f.: *a-di* [*10-ú šib-šu* E]BUR *a-na* NI.GA *é-an-na i-nam-din;* dazu die Übersetzung S. 46 rechts: „il en donnera 1/10 comme quote-part de la récolte au trésor de l'Eanna", was eine Verteilung des Worfelertrages (*šibšu*) zwischen den Parteien bedeuten würde.

655 BE VIII$_1$ 132; IX 10.

bûti[656] verpachtet waren, wurde das eine Mal verteilt[657], das andere Mal dem Verpächter zugesprochen[658].
Eine derartige Kombination von Pachtzinsabreden enthält auch YBT VII 162, ein Vertrag *ana nukaribbûti.* Nach Z. 1–10 wurde ein konventioneller Vertrag mit den üblichen Arbeitspflichten dieses Pachttyps geschlossen. Z. 11 ff. lauten dann:

5-šú zitti ina e-bu-ru eqli ^{I}*lu-ut-tu-ú-a itti* ^{I}*ba-laṭu ù* A[659] ^{I}*tabni-e-a ik-kal-u' u-ḫ̮i-in-nu ina muḫ̮-ḫ̮i* $^{\mathit{iṣ(!)}}$*gišimmarê i-mid*^{id}*-si-ma i-n[a]k-ki-is.*

„1/5 Anteil aus der Ernte des Feldes werden Luttûa (Pächter) mit Balâṭu und Tabnêa (beide Teilhaber)[660] genießen. (Bezüglich der) halbreifen Datteln auf den Dattelpalmen wird er (wohl der Verpächter) ihm (dem Feld) (eine Auflage) auferlegen und er (der Pächter) wird (die Datteln) ab[schl]agen".
Die Ertragverteilungsklausel unterscheidet in YBT VII 162 nicht, wie in den bisher besprochenen Urkunden mit kombinierten Pachtzinsvereinbarungen, zwischen dem Ertrag der Unterkultur, der entweder dem Pächter in vollem Umfang zustand oder zwischen den Parteien geteilt wurde, und der Dattelernte, für die das *imittu*-Verfahren durchzuführen war. Gegenstand der Teilpachtvereinbarung ist hier vielmehr ganz allgemein *ebûr eqli* „die Ernte des Feldes". Aus einer Anzahl von Pachtverträgen *ana sûti* kennen wir *ebûru* als Sammelbegriff für Felderträge jeder Art[661]. In Verpflichtungsscheinen fand er sogar speziell für Dattelschulden Verwendung[662], während für Getreideerträge dort vorwiegend *šibšu* verwendet wurde[663].
Der Dattelertrag war also offenbar sowohl der Vereinbarung über die Teilpacht als auch über die *imittu* unterworfen. Eine Konkurrenz zwischen beiden Pachtzinsmodi ist dabei kaum denkbar: der von vornherein quotenmäßig festliegende Pächteranteil und die erst nach Vertragsschluß jeweils kurz vor der Ernte zu schätzende Auflage widersprechen sich konträr. Wir müssen also hier wohl annehmen, daß die *imittu*-Kommission ausnahmsweise nicht den abzuliefernden Endbetrag als *imittu* festsetzte, sondern lediglich die Bemessungsgrundlage für den Fünftelanteil des Pächters am Dattelertrag. YBT VII 162 ist offenbar eine Ausnahmeerscheinung unter den Pachtverträgen mit *imittu*-Abreden und läßt sich nicht ohne weiteres in das übliche Schema der Pachtzinsvereinbarungen

---

656 YBT VII 51.
657 BE VIII_1 132, 17 (1/3 für den Pächter);
BE IX 10, 8 (1/4 des Getreideertrages für den Verpächter).
658 YBT VII 51, 14: ^{še}*zêru pi-i šul-pi ma-la a-na uṭṭati ina lìb-bi ip-pu-šú ši-ib-šú eqli a-na makkûr* ^{d}*ištar uruk*^{ki} *i-nam-din* „(bezüglich der für Getreidebau) urbaren Aussaat(fläche), soviel er (der Pächter) darin für Gerste bestellt, wird er den Worfelertrag des Feldes dem (Tempel-)Schatz der Ištar von Uruk geben".
659 Nach der Kopie wahrscheinlich Rasur.
660 Tabnêa wohl in Z. 4 zu ergänzen; vgl. Cocquerillat, Palmeraies S. 111 links.
661 Vgl. dazu die Aufstellung bei Augapfel, BRAD, Beilage zu S. 74; hier sind jedoch – offenbar weil die Pachtobjekte reine Getreidefelder waren – keine Datteln erwähnt. Vgl. auch CAD E S. 19 links: „yield (of a field or date-orchard)", entsprechend AHw S. 184 links.
662 Vgl. NRV 406 ff.
663 Vgl. dazu o. bei A. 541.

einordnen. Vielleicht beruht diese Klausel auch auf Versehen des Schreibers, der bei der geläufigen Kombination von Teilpacht und *imittu* die sonst sorgfältig durchgeführte Abgrenzung zwischen dem Ertrag der Bäume und der Unterkultur vernachlässigte.

a) Höhe der *imittu*

Die Höhe der jeweils festgesetzten *imittu* richtete sich nach der jährlichen Ernte und konnte deshalb als absoluter Schuldbetrag bei Vertragsschluß noch nicht beurkundet werden. Auch über irgendwelche Quoten, an die der jeweilige Aufleger gebunden gewesen wäre, geben die Verträge keine Auskunft. Nach YBT VII 47 hat es den Anschein, als habe hier die *imittu* den gesamten geschätzten Ertrag der Dattelpalmen ausgemacht, da hier in Z. 13 f. vereinbart ist:

12 ^{iṣ}*gišimmarê*$^{me[š]}$ . . . *šá ina lìb-bi*. . . *in-nem-mid-ma e[b]ûr*
^{iṣ}*gišimmarê*^{me} *a-na é-an-na* [*i-nam-din*]

„(bezüglich der) 12 Dattelpalme[n] . . . , die darin (sind), wird . . . (eine Auflage) auferlegt werden und [er (der Pächter) wird] die E[r]nte der Dattelpalmen an (den Tempel) Eanna [geben]“.

Die Auflage ist hier sprachlich der Ernte gleichgesetzt. Dieser Klausel entsprechen auch *imittu*-Scheine, die die Auflage als *ebûr eqli* „Ernte des Feldes“[664] oder manchmal nur *ebûru* „Ernte“[665] bezeichneten. Formulierungen, die klarstellen, daß die *imittu* nur ein Teil der Ernte ist, wie etwa *imittu ina ebûr eqli* „Auflage aus der Ernte des Feldes“ sind mir in diesem Zusammenhang nicht bekannt.

Bessere Schlüsse als die sprachliche Ausgestaltung dieser Urkunden lassen aber *imittu*-Scheine zu, in denen sowohl die Größe des *imittu*-pflichtigen Feldes als auch die Höhe der *imittu* vermerkt ist, da sich durch sie ein Vergleich des jeweiligen *imittu*-Betrags zur Größe des Feldes ziehen läßt. Das Verhältnis der festgesetzten *imittu* zum realen Ertrag des jeweiligen Feldes ist damit im Einzelfall freilich noch nicht erkennbar, doch lassen sich daraus Anhaltspunkte über das Verhältnis *imittu:* Feldertrag im allgemeinen gewinnen. Leider enthalten *imittu*-Scheine noch seltener als Pachtverträge Angaben über die Feldgröße. Aus den wenigen Urkunden, die sie enthalten, ergibt sich ein uneinheitliches Bild, gewiß begründet durch die Abhängigkeit von der – uns unbekannten – Ertragsfähigkeit des jeweiligen Feldes bzw. der Bäume und letzterenfalls der Dichte des Baumbestandes. Das Verhältnis der *imittu* zur Grundstücksfläche, umgerechnet auf je ein Kor Feld, reicht von 40 Kor bis 2 Kor Datteln[666].

---

664 NRV 416; 431; 438; 441.
665 NRV 428; 491.
666 40 : 1 : NRV 406
16 : 1 : NRV 485
14 1/6 : 1 : NRV 462 (17 Kor Datteln auf 1 Kor 1 Pânu Feld)
2 : 1 : NRV 492 (Vgl. dazu aber die möglichen Einschränkungen u. bei A. 681)

Einen weiteren, wenn auch ebenfalls etwas unsicheren Anhaltspunkt gibt uns Nbk 267:

suluppê imittu x x x x (x)[667]
makkûr ^{d}*šamaš šá ina muḫḫi* ^{nâr} *su-un-dur(!)*[668]
araḫulułu ûmu 16 ^{kám} *šattu 34*^{kám}
^{d}*nábû-kudurra-ú-ṣur šàr bâbíli*^{ki}
46 kùr suluppê
ina <I>*ardi-a(!) 1 kùr 2 pân* ^{še}*zêri-šú*
a-di <*iṣ*>*talê(? !)*^{meš}[670]
6 kùr šis-sin-ni e-ṭir
ki-i pi-i 6 ma-ši-ḫu
šá imitti šá ^{d}*šamaš*

„(Betrifft) Datteln, Auflage . . . , Vermögen des Gottes Šamaš, das am Sundar-Kanal (gelegen ist). Monat Ulul, 16. Tag, 34. Jahr des Nebukadnezar, Königs von Babylon. (es sind) 46 Kor Datteln von Ardîa (von) 1 Kor 2 Pânu seiner Aussaat(fläche) einschließlich der Jungpalmen (??). 6 Kor *šissinnu* sind bezahlt. Entsprechend 6 Maß der Auflage des Gottes Šamaš".

Die Tafel scheint eine Quittungs-/Empfangsnotiz zu sein, da Zeugen nicht aufgeführt sind. Wesentlich an dieser Urkunde ist der Vermerk über die Größe des *imittu*-pflichtigen Feldes, das vielleicht auch noch nicht tragfähige Jungpalmen trug (Z. 7), und die Angabe über die Höhe der *imittu*, die von diesem Felde abzuliefern war. Umgerechnet pro Kor Fläche sind hier 32 6/7 Kor Datteln als *imittu* geschuldet.

Mit noch brauchbaren Annäherungswerten läßt sich bis zu einem gewissen Grade das Verhältnis der Größe des Feldes zur Höhe der *imittu* auch aus solchen *imittu*-Scheinen bestimmen, die zwar die Feldgröße nicht nennen, aber einen Vermerk über einen der Höhe nach bestimmten *šissinnu* enthalten. Nach Pachtverträgen mit ausdrücklich vereinbarten Arbeitspflichten des Pächters steht dem Pächter *šissinnu* für seine Arbeitsleistung im Verhältnis zu jeweils einem Kor zu bearbeitendem Feld[671] zu, und zwar 3 bis 6 Kor Datteln je nach der Art des Grundstücks und dem mit der Bebauung verbundenen Arbeitsaufwand. Stellt nun ein *imittu*-Schein die Zahlung von beispielsweise 3 Kor Dat-

---

667 Unklar; zu erkennen ist etwa *ina is gam meš tu.* Zu erwarten wäre wegen der Grenzangaben der Z. 2 die Angabe eines Feldes.

668 Anders Oppenheim, Or NS 9 (1940) S. 25 Nr. 70: *su-un-da*[*r*$_5$]. Nach v. Soden-Röllig, Syllabar S. 66 u. Nr. 80 gibt es den Lautwert *dar*$_5$ nicht. Anders auch Tallqvist, NNB S. 299: ^{nâr}*Su-un-tùr*(?). Die Zeichenreste sprechen eher für *dur.*

669 Auffällig das Fehlen des Personenkeils und der Filiation. Da sonst aber keine Person als Schuldner des *imittu*-Betrages erwähnt ist, wird diese Lesung wohl zutreffen.

670 <*iṣ*>*gišimmaru* TUR.TUR(??)^{meš}: Ergänzung nach dem insoweit gleichlautenden korrekten Text YBT VII 175, 2. Anders Deimel, Šumerisches Lexikon, Ideogramme Bd. 3 S. 914 Nr. 18:
šul-tur-da-meš ohne Übersetzung. Die hier vorgeschlagene Deutung ist wegen des fehlenden Determinativs *iṣ* und der Emendation des gut leserlichen *da* zu *tur* aber sehr unsicher.

671 Dazu ausführlicher u. bei A. 689.

teln *šissinnu* fest[672], so läßt sich daraus auf eine Feldgröße von 1/2 bis 1 Kor schließen. Dieser Spielraum bleibt offen, da aus den *imittu*-Scheinen das genaue Verhältnis *šissinnu* pro Kor Feld nicht bekannt ist. Wenn man, um die Urkunden zu vergleichen, die untere Grenze des *šissinnu* ansetzt, also 3 Kor Datteln pro Kor Feld, so ergibt sich, daß auf je 1 Kor Grundstücksfläche – soweit ich sehe – mindestens 7 4/5 Kor Datteln[673] und höchstens 31 1/2 Kor Datteln[674] als *imittu* entfallen. Das Durchschnittsverhältnis beträgt etwa 20 Kor Datteln pro 1 Kor Grundstück[675]. Legt man dagegen die obere Grenze des *šissinnu* zugrunde, also 6 Kor Datteln pro 1 Kor Feld, so kommen auf 1 Kor Fläche in beiden genannten Extremfällen 15 3/5 bzw. 63 Kor Datteln als *imittu*. Das Durchschnittsverhältnis liegt dann hier bei etwa 1 : 40. Diese Werte liegen also im Bereich dessen, was Nbk 267 und die in A 666 genannten Urkunden ergeben.
Obige Vergleiche geben freilich, wie schon erwähnt, keinen brauchbaren Anhaltspunkt für das Verhältnis *imittu:* Ernteertrag im Einzelfall. Insgesamt zeigen aber diese Urkunden, daß wohl nie die gesamte – oder nahezu gesamte – Dattelernte als *imittu* festgesetzt wurde.
Wurde ein Feld optimal durch eine Palmenkultur ausgenutzt, so standen auf einem Kor Fläche etwa 300 Bäume[676], von denen jeder voll tragfähige nach Cardascia[677] jährlich 1 Kor Datteln abwarf. Danach betrüge der jährliche Dattelertrag eines solchen „Idealgartens" 300 Kor pro 1 Kor Feld. Nach Meißner[678] liegt allerdings der jährliche Normalertrag einer ausgewachsenen Dattelpalme oft weit unter 1 Kor Datteln, und nach den Werten, die Cocquerillat für mauretanische Dattelpalmen unserer Tage angibt, ergäbe sich ein durch-

---

672 So in YBT VII 105, 18; Kr 161, 13 (dazu aber A. 675).
673 TCL XII 85.
674 YBT VII 136.
675 Berechnet nach den mir bekannten Urkunden dieser Art:

TCL XII 85	:	1: 7 4/5
GCCI II 114	:	1: 18
BIN I 110	:	1: 19 1/2
YBT VII 105	:	1: 20
YBT VII 175	:	1: 20 3/20
YBT VII 135	:	1: 23 1/4
YBT VII 134	:	1: 26 2/5 (wenn Z. 13 „5 Kor" zu erg. ist).
BIN I 98	:	1: 28 1/2
YBT VII 136	:	1: 31 1/2

Aus Kr 161 lassen sich hierzu keine festen Werte entnehmen. Das *imittu*-pflichtige Grundstück ist zwar gem. Z. 14 mindestens 3 Pânu groß. Für diesen Teil erhält der Schuldner 3 Kor Datteln *šissinnu*, was dem üblichen *šissinnu*-Satz von 5 Kor Datteln pro Kor Feld entspricht. Das Grundstück ist aber größer, da nach Z. 26 ff. der Schuldner den höheren *šissinnu*-Satz von 6 Kor (Datteln) pro Kor (Feld) für den Teil des Feldes erhält *ma-la al-la 3 pânû it-ru-ma* „soviel über 3 Pânu (Feld) hinausgeht". Mangels Angabe über die absolute Höhe dieses Betrages ist auch ein Rückschluß auf die Größe des Feldes ausgeschlossen.
676 Vgl. die Zahlenangaben in AnOr 9 Nr. 19, Z. 14, 18, 22, 26 und dazu Cocquerillat, Palmeraies S. 32 rechts.
677 AM S. 2 A. 5.
678 BuA I S. 200.

schnittlicher Ertragswert von 1/2 Kor Datteln pro Baum[679]; allerdings können besonders gute Palmen auch heute umgerechnet etwa 1 Kor Datteln tragen[680]. Selbst wenn man die vorsichtigen modernen Bewertungen zugrundelegt, kann das Kor „Idealgarten" bis zu 150 Kor Datteln durchschnittlich im Jahr einbringen.

Man kann nun zwar einerseits nicht davon ausgehen, daß alle die Felder, für die sich die Relation *imittu* : Grundstücksgröße feststellen läßt, durch Palmenkulturen optimal ausgenutzt waren. Andererseits ist aber doch sehr auffällig, daß die höchste – noch dazu an der Obergrenze des Berechnungsspielraums angesetzte – Relation von 1 : 63 weit weniger als die Hälfte der Idealverhältnisse nach Cocquerillat und nur etwa ein Fünftel dessen erreicht, was sich nach Cardascia ergibt, und die Durchschnittswerte noch wesentlich weiter unter diesem Ergebnis liegen. Man wird annehmen müssen, daß die *imittu* nur einen bestimmten Teil der geschätzten Ernte ausmachte.

Dieses Ergebnis läßt sich auch in gewisser Weise anhand von NRV 489, einem Pachtvertrag *ana sûti*, und NRV 492, einem *imittu*-Schein über dasselbe Pachtgrundstück – beide Tafeln aus der Regierungszeit des Darius I. – erhärten.

In NRV 489 (5. Jahr Darius I.) wurde ein Grundstück von 1 Kor Fläche vom Ehemann der Eigentümerin gegen *sûtu* auf 10 Jahre an einen gewissen Ḫabaṣîru verpachtet. Der jährliche Pachtzins betrug 8 1/2 Kor Datteln, 10(?) Traglasten von (Feuer)holz, 20 Matten (die für) Dattelpalmen (benützt werden), 20 Körbe für unreife Datteln(?)[681] und x *darîku*-Gefäße[682]. Der Pächter hatte das ganze Feld zu bebauen und Bewässerungsarbeiten vorzunehmen.

5 Jahre später wurde ein *imittu*-Schein (NRV 492, 10. Jahr Darius I.) zugunsten der Eigentümerin desselben Feldes, aber nicht zu Lasten des Ḫabaṣîru, des Pächters in NRV 489, sondern eines gewissen Balâṭu ausgestellt. Die *imittu* betrug hier 2 Kor Datteln[683], 10 Matten, (die für) Dattelpalmen (benützt werden), 10 Traglasten (von Feuerholz)[684], 10(?) Körbe und 2 *darîku*-Gefäße.

Der Pachtvertrag NRV 489 muß also wohl vorzeitig – spätestens 4 Jahre nach seinem Inkrafttreten – aufgelöst[685] und das Grundstück an Balâṭu gegen *imittu* verpachtet worden sein.

---

679 Nach Cocquerillat, Palmeraies S. 32 links, 33 rechts beträgt der Durchschnittsertrag der mauretanischen Dattelpalme 57 kg jährlich. 40 kg Datteln entsprechen etwa 50 l; 57 kg also etwa 72 l, was ungefähr einem halben Kor gleichkommt.

680 Solche besonders guten Palmen werfen nach Cocquerillat, aaO. S. 32 links bis zu 107 kg Datteln ab, was etwa einem Kor und damit dem Durchschnittswert Cardascias entspräche.

681 Ergänzung nach Landsberger, Date Palm S. 45 links: Z. 8 f.: *20 gi-pu-ú [šá u-ḫi-ni da-r]i-ka.*

682 Zu *darîku* vgl. Landsberger aaO. S. 56 links und CAD D S. 111 f.

683 Die Kopie der Tafel VS III 110 (NRV 492) weist vor diesen Mengenangaben jeweils eine Schraffur auf (Z. 1, 7). Denkbar wäre, daß die erkennbare Zahl „2" lediglich der Rest einer jeweils zerstörten höheren Zahl ist. Die Raumverhältnisse besonders in Z. 7 sprechen aber in gewisser Weise dagegen. Für die Lesung „2" ohne Bedenken Ungnad und San Nicolò, NRV 492.

684 So hinter Z. 9 zu ergänzen: *10 bil-tu₄ <šá ḫu-ṣa-bi>;* vgl. NRV S. 441 A. 4.

685 So auch San Nicolò, NRV S. 439 Schlußbemerkung zu NRV 489.

Abgesehen von den Ansprüchen auf Nebenprodukte der Dattelpalme beläuft sich der als *imittu* erkennbar festgesetzte Pachtzins auf weniger als ein Viertel des festen Pachtzinses im Vertrag *ana sûti.* Möglich wäre allerdings, daß die Schuld des *imittu*-Scheines bereits um den – uns allerdings der Höhe nach nicht bekannten – Betrag gekürzt ist, den Balâṭu als Aufsichts- und Inspektor-(gebühr)[686] vom Verpächter empfangen quittiert. Auch aus einem anderen Grunde könnte der Betrag von 2 Kor Datteln in NRV 492 nicht die gesamte *imittu*-Schuld ausmachen, die in diesem Jahr für das Grundstück festgesetzt ist: Nach NRV 491 stehen der Ina-Esagila-ramât zusammen mit ihrer Schwester Gigîtu 5 Kor Datteln samt Nebenprodukten der Dattelpalme als *imittu* eines nicht näher bezeichneten Feldes zu. Vielleicht handelt es sich um das Mitgiftgrundstück der beiden Schwestern, wovon Ina-Esagila-ramât 2/3, nämlich das Kor Feld in NRV 492, und Gigîtu 1/3, also 2 Pânu 3 Seah Feld, zustehen.[687] Schuldner der *imittu* ist jedoch in NRV 491 ein anderer Pächter als in NRV 492, obgleich die Urkunde deutlich erkennbar das Ausstellungsdatum des gleichen Jahres wie NRV 492 trägt. Trifft die Vermutung über die Eigentumsverhältnisse des Grundstücks von NRV 491 zu und beruht die Datierung dieser Tafel nicht auf einem Schreiberversehen[688], so müssen wir annehmen, daß der Feldanteil der Ina-Esagila-ramât (von einem Kor) an 2 Leute – eventuell getrennt – verpachtet war. Von den 5 Kor Datteln *imittu* in NRV 491 stünden ihr dann wohl 2/3, also 3 Kor 1 Pânu 4 Seah zu. Zusammen mit den 2 Kor Datteln und der in NRV 492 berücksichtigten Aufsichts- und Inspektorgebühr würde sich etwa der Betrag des festen Pachtzinses von NRV 489 ergeben. Nur in diesem Falle könnten wir vielleicht annehmen, daß die *imittu* den gesamten Dattelertrag umfaßte, wenn nämlich auch der *sûtu*-Pachtzins an der gesamten voraussichtlichen Dattelernte orientiert war und der Pächter deshalb auf den Ertrag der Unterkultur angewiesen war. Wahrscheinlicher ist jedoch m. E., daß zumindest einige dieser einseitig auf einen Extremwert zugeschnittenen Hypothesen nicht zutreffen, daß der *imittu*-Betrag unter dem des *sûtu*-Pachtzinses lag und dieser seinerseits nicht den gesamten Ertrag der Dattelpalmen ausmachte. Denkbar wäre allerdings, daß sich die Ertragslage des Feldes im Verlauf der 5 Jahre radikal verschlechtert hatte, doch fehlt für diese Hypothese jeglicher Anhaltspunkt. Auch diese beiden Urkunden zeigen m. E. mit einiger Deutlichkeit, daß *imittu* nicht der gesamte (geschätzte) Dattelertrag gewesen sein konnte.

Unbekannt bleibt uns jedoch aus den Urkunden leider, welche Maßstäbe bei Festsetzung der *imittu* anhand des Ernteertrages angelegt wurden, insbesondere

---

686 Z. 12: *[k]a-a-da u* ^{lú}*gu-gal.* Übersetzung mit NRV S. 440. Vgl. auch Ungnad, Glossar S. 68: „(Auslagen für) Polizeischutz und Garteninspektor". Zu *kâdu* vgl. CAD K S. 34 rechts: „fee payable to the owner of date groves for guard service"; AHw S. 419 rechts: „Wachtposten"; zu *gugallu* CAD G S. 121: „tax payable to the inspector of canals".

687 Vgl. San Nicolò, NRV S. 441 Schlußbemerkung zu NRV 492. Zu den Eigentumsverhältnissen dieses Mitgiftgrundstücks allgemein NRV S. 11 Schlußbemerkung zu NRV 5 und NRV S. 429 f.

688 Zweifelnd insoweit San Nicolò, NRV S. 441.

ob es irgendwelche bindenden Verhältnisse zwischen Ertrag und *imittu* gab. Vielleicht setzten die Pachtaufleger bzw. der Verpächter selbst die *imittu* je nach Arbeitsbelastung des Pächters – entsprechend den unterschiedlichen Teilpachtquoten – verschieden hoch an. Die Quellen verweigern jedoch zu dieser rechtlich wie auch soziologisch bedeutsamen Frage jegliche Antwort.

b) *šissinnu* und *imittu*

Nach einer Anzahl von Pachtverträgen mit ausdrücklich vereinbarten Arbeitspflichten des Pächters, überwiegend Verträgen *ana nukaribbûti*[689], jeweils vereinzelt *ana zâqipânûti*[690], *ana dulli*[691], *ana dulli ḫirûti epêši*[692] und *ana sûti*[693] stand dem Pächter für seine Arbeitsleistung *šissinnu* „(Natural-) Lohn“[694] zu, der in einer Menge von Datteln bestand, die zumeist pro Kor verpachteten Feldes bemessen wurde[695]. Abreden über solche Leistungen des Verpächters wurden offenbar unabhängig von der Pachtzinsart – fester Pachtzins[696], Teilpacht[697], Pachtauflage[698] oder Kombinationen der beiden letzteren[699] – getroffen, ja sogar in Pachtverträgen, nach denen der Pächter nicht ausdrücklich zur Pachtzinszahlung verpflichtet war[700]. Nicht alle Verträge mit

---

689 BE IX 10, 12 ff.; BIN I 117, 12 ff.; 125, 13 ff.; BRM I 53, 11 ff.; Camb 142, 10 ff.; Cyr 230, 8 f.; Dar 35, 8 ff.; 193, 16 f.; 273, 14 f.(?); 316, 15 ff.; Kr 135, 10 f.; 136, 9 ff.; 139, 7 ff.; VS V 10, 11 ff. (NRV 373); 11, 15 ff. (NRV 374); 26, 19 ff. (NRV 377); 49, 19 ff. (NRV 379); YBT VII 51, 13 f.

690 VS V 24, 9 ff. (NRV 376).

691 VS V 19, 11 ff. (NRV 375).

692 VS V 106, 8 f. (NRV 385).

693 Camb 42, 10 f.

694 Hier nicht in der Bedeutung „männliche Dattelrispe“; vgl. zu der doppelten Bedeutung Cardascia, AM S. 138 f.; San Nicolò, NRV S. 343 A. 11; Petschow, BiOr 13 (1956) S. 103 A. 14.

695 Ausnahmen:
BE IX 10, 12, 22: 3 Kor Datteln ohne Relation zum Grundstück.
VS V 11, 15 ff. (NRV 374): *ši-si-in a-ki itê* $^{I}PN_1$ *a-na* $^{I}PN_2$ *i-nam-din* „*šissinnu* entsprechend den Nachbar(grundstücke)n wird PN_1 (Verpächter) dem PN_2 (Pächter) geben“.
YBT VII 51, 13 f.: *dul-lu ma-la ina lib-bi ip-pu-šú ki-i pi-i* ^{h}*itê*^{meš} *šis-sin-nu i-na-áš-šú* „(bezüglich der) Arbeit, soviel er (der Pächter) darin leistet, wird er gemäß dem (Zahlen-)verhältnis der Nachbarn *šissinnu* davontragen“.
Camb 42, 10 ff.: *ki-i i-ḫe-te-ru-ú šis-sin-ni i-na-áš-ši a-ki-i ú-ìl-tì maḫrîtu*^{tu_4} *bît rit-t*[*i*] *šá ina muḫ-ḫi-šú e-li-tu*$_4$ „wenn er (der Pächter) gegraben hat, wird er *šissinnu* gemäß dem früheren (Pacht)vertrag über das *ritt*[*i*]-Lehensgrundstück, der zu seinen Lasten abgeschlossen ist, davontragen“. Gelegentlich ist der Gegenstand dieser *šissinnu*-Schuld nicht vermerkt, wie in BRM I 53; NRV 374; 379; Kr 134; 139; YBT VII 51. Auch hier wird es sich – da ein anderer Gegenstand des *šissinnu*, wie etwa Getreide o. ä. nicht belegt ist – um Dattelschulden gehandelt haben.

696 Einziger Beleg hier allerdings nur Camb 42. In Verträgen *ana mandatti* sind solche Klauseln bisher nicht belegt.

697 BIN I 117; 125; Dar 316; NRV 379.

698 NRV 374; 377; 384; YBT VII 51; BE IX 10.

699 NRV 377.

700 Camb 142; Cyr 230; Dar 35; 273; Kr 135; 136; 139; NRV 373; 375; 376.

Arbeitspflichten des Pächters enthalten jedoch *šissinnu*-Vereinbarungen[701], insbesondere sind keine Verträge *ana errêšûti* mit *šissinnu*-Klauseln bekannt, vielleicht deshalb, weil *šissinnu* typischerweise in Datteln zu entrichten war und aus den *ana errêšûti* verpachteten Getreidefeldern nicht unmittelbar erwirtschaftet werden konnte. Pachtverträge mit *šissinnu*-Abreden handeln denn auch fast ausschließlich von Dattelgärten[702].

Nicht aus allen Verträgen ergibt sich eindeutig der Inhaber der *šissinnu*-Forderung, da er selten namentlich erwähnt ist und die Verbformen einen Schluß auf das jeweilige Subjekt nicht zulassen[703]. Noch Meißner[704] hat wohl deswegen *šissinnu* als Pachtzins gedeutet. Diese Ansicht ist inzwischen durch mehrere Urkunden widerlegt, in denen entweder der Verpächter als Schuldner[705] oder der Pächter als Gläubiger des *šissinnu*[706] namentlich genannt ist. Es besteht also kein Anlaß, isoliert betrachtet zweideutige Urkunden nicht auch in diesem Sinne zu verstehen[707].

Die Höhe des *šissinnu* richtete sich nach der Art des zu bearbeitenden Feldes. Handelte es sich um sog. Neubruchland (*bît taptû*), so waren pro Kor Feld 6 Kor Datteln als – offensichtlich wegen der größten Arbeitsbelastung – höchster *šissinnu*-Tarif zu zahlen[708]. Der Normaltarif – so in NRV 379 bei *bît dulli* „Feld unter dem Pflug"[709] – betrug 5 Kor Datteln pro Kor Feld[710]. War das

---

701 Z. B. *ana nukaribbûti:* Amherst 249 (*imittu*); BE VIII$_1$ 122 (Teilpacht, *imittu*); BE IX 99 (*imittu*); 101 (kein Pachtzins); Cyr 200 (*imittu*); Dar 427 (*imittu*); Nbk 90 (Teilpacht); RA 10 (1913) S. 68, 40–41 (Teilpacht); UM II$_1$ 81 (*imittu*); 115 (kein Pachtzins); Nbn 578 (kein Pachtzins).
ana zâqipûti/zâqipânûti: Nbk 115 (Teilpacht); NRV 387 (*imittu* und Teilpacht(?)); YBT VI 67 (Teilpacht).
ana sûti: Kr 137.

702 Ausnahmen: Camb 42, ein *eqlu ša šûmi* „Knoblauchfeld", der Pachtzins (*sûtu*) ist jedoch in Datteln zu entrichten und kann vielleicht vom Ertrag der nach Z. 9 auf dem Feld wachsenden Dattelpalmen bestritten werden.
NRV 385, Neubruchland (*bît taptû*); irgendwie hat aber auch dieses Feld mit Dattelpalmen zu tun, da in der stark zerstörten Z. 15 ^{iṣ}*gišimmaru* „Dattelpalme" erkennbar ist. Vgl. dazu auch CAD D S. 175 rechts: „*dullu* referring to agricultural work performed in date orchards paid for in dates (called *šissinnu*-payment) retained by the tenant and consisting probably in raising crops (other than cereals) under the trees before they reached maturity".

703 Wenn es z. B. heißt: *x kûr suluppê šissinnu inamdaššu* „x Kor Datteln *šissinnu* wird er ihm geben" (wie in Cyr 230, 8 f.), so ist aus dieser Klausel allein unklar, ob *šissinnu* vom Pächter oder Verpächter zu leisten ist, wenn auf jeder Seite des Vertrages nur eine Person steht.

704 BuA I S. 200 f.; 370.

705 BIN I 125, 12 ff.; Dar 316, 15 ff.; VS V 10, 11 ff. (NRV 373); 11, 15 ff. (NRV 374); 106, 8 f. (NRV 385).

706 BIN I 117, 13 ff.; VS V 26, 19 ff. (NRV 377); sowie NRV 373; 374 (wie A. 705).

707 So auch San Nicolò, NRV S. 340 und 343 A. 11; Petschow, BiOr 13 (1956) S. 103 links.

708 NRV 379; 383; 385; Dar 316.

709 So AHw S. 133 rechts; vgl. auch CAD D S. 177 rechts: „cultivated field".

710 Camb 142; Cyr 230; Dar 35; 193; 273; NRV 373(?); 376; 377; Kr 134; 135; 139. Einen nicht in ganzen Kor Datteln bemessenen Tarif enthält VS V 19, 11 ff. (NRV

Feld besonders leicht zu bestellen, so wurden 4 Kor[711] oder 3 Kor[712] Datteln vereinbart. Die Tarife wurden auch gelegentlich in einem Vertrag je nach Arbeitsanfall bei den einzelnen Grundstücksteilen gestaffelt[713].
šissinnu stellte damit eine Gegenleistung für die Arbeiten des Pächters dar[714]. Zumindest in Teilpachtverträgen, Verträgen mit festem Pachtzins oder mit *imittu*-Pachtauflage war er jedoch nicht der einzige Ertrag, der dem Pächter zustand. Hier gebührte ihm endweder der Pächteranteil oder der Überschuß des Feldertrages über das Pachtzins- oder Auflagenquantum. Diesem Ergebbis entspricht auch der Vergleich zwischen *šissinnu* und dem Ertrag der Grundstücke, auf denen die mit *šissinnu* honorierte Arbeit zu leisten war. Wie oben dargelegt[715], betrug die Ernte eines optimal mit Dattelpalmen bepflanzten Gartens von einem Kor Fläche nach vorsichtigen Schätzungen 150 Kor Datteln, wozu noch der Ertrag der Unterkultur an Getreide und Gemüse kam. Wenn man auch sicher nicht in jedem Einzelfall von diesen Idealverhältnissen ausgehen kann, zeigt doch die große Differenz zwischen diesem Wert und der Höhe des *šissinnu*, daß der *šissinnu* nur einen ganz geringen Teil der Dattelernte ausgemacht haben kann, wobei der Ertrag der Unterkultur nicht einmal berücksichtigt ist.
šissinnu dürfte sich danach lediglich als garantiertes Minimalentgelt für die Mühe des Pächters in Fällen von Mißernte verstehen, die nicht auf seinem Verschulden beruhten.
Nach San Nicolò[716] bildete der *šissinnu* „bei der Gartenpacht gegen *imittu* . . . das Entgelt des Pächters für die von ihm im Garten geleistete Arbeit“[717]. Offenbar waren aber *imittu*- und *šissinnu*-Vereinbarungen nicht notwendig miteinander verbunden, ist doch etwa in der Hälfte der *imittu*-Pachtverträge *šissinnu* nicht erwähnt[718], wohl aber andererseits in Verträgen ohne *imittu*-Pachtauflage[719]. Stillschweigend wird dort *šissinnu* nicht vereinbart gewesen sein, da seine variable Höhe eine ausdrückliche Abmachung erfordert haben dürfte. Wir müssen in diesen Fällen wohl davon ausgehen, daß dem Pächter nur der Überschuß der Ernte über die *imittu* bzw. über den Verpächteranteil, soweit neben *imittu* noch Teilpacht vereinbart war, als Ertrag seiner Arbeit zustand. Einige *imittu*-Pachtverträge erwähnen *šissinnu* in unmittelbarem Zusammenhang mit *imittu*, so z. B. BE IX 99, 10 f.:

---

375): *ina muḫḫi 1 kùr [$^{\check{s}e}$zêri x] kùr 2 pân 3 sât suluppê* „auf 1 Kor Aussaat(fläche) x Kor 2 Pânu 3 Seah Datteln“.

711 BIN I 117, 14 ff., wohl entsprechend zu ergänzen in BIN I 125, 12 ff. für *bît marri parzilli* „Spatenland“. (Vgl. aber Dar 35, 8 ff.: für die Bearbeitung mittels *marri parzilli* „eisernem Spaten“ 5 Kor Datteln pro Kor Feld); Dar 273, 17.

712 BIN I 117, 16 f.; 125, 14 f. für *bît epinni* „Pflugland“. Vgl. aber Dar 273, 17: für Bearbeitung mittels *epinnu* 4 Kor.

713 BIN I 117; 125; Dar 316; NRV 379.

714 Ausdrücklich für Grabungsarbeiten in Camb 42; NRV 373; 377; Kr 136; 139. Für Arbeit (*dullu*) unter den Palmen: YBT VII 51; BIN I 117; 125.

715 Vgl. bei A. 676.

716 NRV S. 343 A. 11.

717 Ebenso Petschow, BiOr 13 (1956) S. 102 f.

718 Cyr 200; Dar 427; YBT VII 47; 162; NRV 381; Amherst 249; BE VIII_1 122.

719 Vgl. o. bei A. 696.

ina u_4*-mu i-mit-tú* [*l*]*a it-ta-ši* ${}^{\text{is}}$*šis-si-in a-ki-i* ${}^{\text{h}}$*itê*${}^{\text{meš}}$ *i-nam-d*[*i*]*-šú*[720]
„wenn er *imittu* [ni]cht herbeigeschafft haben wird, wird er ihm *šissinnu* wie die Nachbarn geb[e]n"[721].

Die Bedeutung dieser Klausel ist umstritten. Nach Augapfel[722] enthält sie die Verpflichtung des Pächters, bei Nichtleistung der *imittu* den jeweiligen Betrag an *šissinnu* zu erbringen.

Cardascia[723] interpretiert die Klausel dagegen zugunsten des Pächters: „s'il (le jardinier) ne fournit pas l'imposition, on lui donnera le *sissinnu* conformément au voisinage". Der Verpächter war nach dieser Deutung also verpflichtet, dem Pächter selbst dann *šissinnu* zu geben, wenn dieser – allerdings ohne eigenes Verschulden – *imittu* nicht erbringen konnte.

Cardascias These setzt einen Subjektswechsel innerhalb der Klausel voraus, was dann wenig wahrscheinlich ist, wenn Haupt- und Nebensatz im Aktiv stehen. Nach Cardascia ist jedoch *i-nam-daš-šú* (BE IX 99, 11[724]) bzw. *i-nam-diš-šú* (UM II_1 215, 11) jeweils N-Stamm (= Passiv) und der Klauselteil damit wörtlich zu übersetzen: „le *sissinnu* lui sera donné"[725]. Bestätigt findet Cardascia seine These in UM II_1 81, 11 ff., wo die Verpächter als Schuldner und die Pächter als Gläubiger des *šissinnu*-Forderrung in einer sonst mit den zitierten identischen Klauseln namentlich genannt seien. Allerdings finden sich gewisse Unklarheiten und auch sprachliche Abweichungen von den parallelen Klauseln in UM II_1 81, 11 ff.;

ina u_4*-mu imitta (!) la id-nam-ma 63 kùr suluppê* [*ši(?)-*]*si-in-ni* ${}^{\text{I}}PN_1$ *u* PN_2 *a-na* ${}^{\text{I}}PN_3$ *u* ${}^{\text{I}}PN_4$ *i-nam-din-nu-u'-šú-nu-tú*
„wenn *immittu* nicht ... und 63 Kor Datteln *šissinnu* PN_1 und PN_2 (beide

---

720 Anders Cardascia, AM S. 138 A. 6: *i-nam-daš-šú;* die Zeichenreste sprechen aber eher für die hier und von Augapfel, BRAD S. 79 vorgeschlagene Lesung.

721 Ähnlich BE VIII_1 132, 12 f.: *ina* u_4*-m*[*u*] *ina(?) imitta la it-*[*ta-ši*] *a-na 1 kùr* ${}^{\text{še}}$*zêri* ${}^{\text{i}}$[*ṣ(?) gišimmarê(?)*] *4 kùr suluppê šis(!)-sin*${}^{\text{in}}$*-ni i-nam-da*[*š-*]*šú* „wen[n] er *imittu* nicht her[beigeschafft haben wird], wird er ihm auf 1 Kor Aussaat(fläche) mit D[attelpalmen bepflanzt(?)] 4 Kor Datteln *šissinnu* geben".
UM II_1 215, 9 ff.: *ina* u_4-[*mu im*]*itta* [*la it-ta-*]*ši-m*[*a(?)*] *a-na 1 k*[*ùr*] ${}^{\text{še}}$*zêri bît ri-ib-ki* [*x kùr sulup*]*pê ši*[*s*]*-si-in i-nam-daš-šú* „we[nn er *im*]*ittu* [nicht herbeigeschafft haben] wird un[d(?)], wird er ihm auf 1 K[or] Aussaat(fläche), *ribki*-Grundstück, [x Kor Datte]ln *šissinnu* geben".

722 BRAD S. 78 f.

723 Am S. 138 f.

724 Diese Lesung ist fraglich, vgl. A. 720. *i-nam-da*[*š*]*-šú* allerdings in BE VIII_1 132, 13, worauf Cardascia jedoch nicht eingeht.

725 AM S. 138 A. 6. Zur Stützung dieser These führt Cardascia weiter an, daß *i-nam-diš-šú* in UM II_1 215, 11 deshalb nicht als Aktiv verstanden werden könne, weil das Grundstück hier von zwei Personen verpachtet sei. Als Aktiv müßte die Form lauten: *i-nam-daš-šú-nu-tu* „er (der Pächter) wird ihnen (den Verpächtern) geben". Dieses Argument ist deshalb nicht ganz unzweifelhaft, weil das Grundstück zwar zwei Personen (als Lehen(?)) zustand, formal aber von einem einzelnen Dritten pachtweise vergeben wurde (Z. 4). Denkbar wäre immerhin, daß der *šissinnu* nur an ihn zu leisten war.
Als Passiv versteht diese Form auch CAD I/J S. 124 links: „he (der Pächter) will be given the *šissinnu*-compensation in the same amount as his neighbors".

Verpächter) dem PN_3 und PN_4 (beide Pächter) werden sie geben". Am weitesten weicht die Klausel von den übrigen beim Prädikat des Nebensatzes *id-nam-ma* ab. Die Verbform – vielleicht von *nadânu* – ist mir in diesem Zusammenhang nicht erklärlich. Die Übersetzung Augapfels[726] „wenn sie keine Pachtabgabe geben werden" scheidet wohl zum einen deshalb aus, weil die Form offensichtlich im Singular steht, und zum anderen, weil diese Übersetzung die Partikel *-ma* „und" übergeht. Ein wesentlicher Unterschied zu den übrigen Urkunden dieser Art liegt auch darin, daß hier eine ausdrückliche Vereinbarung von *imittu*-Pachtzins nicht enthalten ist. Ob diese, mit so vielen Unsicherheitsfaktoren belastete Interpretation zur Erklärung der übrigen Klauseln herangezogen werden und die Deutung der Prädikate *i-nam-daš-šú* (BE VIII_1 132), *i-nam-d[i]-šú* (BE IX 99) und *i-nam-daš-šú* (UM II_1 215) – der äußeren Form nach sämtlich im Aktiv – als Passiv stützen kann, erscheint fraglich. Nach Cardascias Deutung ergeben die Klauseln auch keinen rechten Sinn. Der Pächter hätte vom Verpächter *šissinnu* verlangen können, wenn er *imittu*-Pacht(auflagen)zins nicht erbracht hat. Diese Vereinbarung hätte allenfalls dann Sinn, wenn sie – wie Cardascia subintellegiert[727] – nur für den Fall gegolten haben sollte, daß die Ernte ohne Verschulden des Pächters ausfiel. Für diese Einschränkung ergeben sich jedoch keine Anhaltspunkte in den Texten, ebensowenig wie für die Interpretation in CAD[728] zu BE IX 99, 10 f.: „but (even) before he has delivered the yield".

Näherliegend scheint mir, mit Augapfel[729] in UM II_1 81 ein Versehen des Schreibers anzunehmen, der hier die Namen der Pächter und Verpächter vertauscht hat. Die Klauseln wären dann so zu verstehen, daß der Pächter für den Fall, daß er den *imittu*-Pachtzins nicht erbringt, als Ersatz ein Quantum Datteln als *šissinnu* an den Verpächter abzuliefern hatte. Was also sonst regelmäßig dem Pächter zustand, gebührte hier dem Verpächter. Vielleicht spielte dabei auch der Vergeltungsgedanke eine gewisse Rolle: der Pächter erhielt *šissinnu* grundsätzlich nur, wenn er seine Arbeit gewissenhaft erledigt hatte. Tat er das nicht und trug das Grundstück deshalb keine Frucht, von der *imittu* abzuliefern war, so mußte er selbst den *šissinnu* an den geschädigten Verpächter abliefern. Danach wären BE VIII_1 132; IX 99; UM II_1 81; 215 zu den *imittu*-Pachtverträgen zu zählen, die keinen *šissinnu*-Anspruch des Pächters enthalten.

Zu den so verstandenen Klauseln findet sich eine auffällige Parallele in dem Vertrag *ana nukaribbûti* VS V 89 (NRV 384). Dort standen dem Pächter je nach Grundstücksart (Neubruchland bzw. bereits kultiviertes Land) pro Kor Fläche 6 bzw. 5 Kor Datteln als *šissinnu* bei vertragsmäßig ausgeführter Arbeit zu. Pro Kor der Aussaat(fläche) aber, die der Pächter brachliegen ließ (Z. 9:

---

726 BRAD S. 78.

727 AM S. 138: „Les baux prévoient même que dans les années où la récolte est nulle – pour une raison autre que la faute du jardinier, s'entend, – le maître devra cependant au preneur en récompense de son travail, soit un *sissinnu* forfaitaire, soit un *sissinnu* évalué d'après les usages locaux".

728 I/J S. 124 links.

729 BRAD S. 78.

ú-šad-du-ú) hatte er seinerseits – offensichtlich als Vertragsstrafe für seine Nachlässigkeit – 5(?) Kor Datteln als *šissinnu* dem Verpächter zu geben[730]. Hier ist *šissinnu* unzweifelhaft seiner üblichen Bedeutung in Pachtverträgen völlig entkleidet. Der Zusammenhang mit dieser ist jedoch noch erkennbar: ebenso wie der Vorteil, den der Verpächter aus der Pächterarbeit zog, mit seiner *šissinnu*-Garantie aufgewogen wurde, war auf der anderen Seite der Nachteil, den die Vernachlässigung des Feldes für den Verpächter brachte, durch „*šissinnu*"-Zahlung des Pächters auszugleichen. Ein ähnlicher Gedanke wird auch – selbst wenn sich das aus den Verträgen nicht unmittelbar ergibt – hinter der Regelung jener Urkunden gestanden haben.

Den Zusammenhang zwischen *imittu* und *šissinnu* zeigt auch eine größere Anzahl von *imittu*-Scheinen, die einen Vermerk darüber enthalten, daß *šissinnu* entweder gezahlt[731] oder nicht gezahlt[732] ist. Von den oben[733] angegebenen rund 270 *imittu*-Scheinen weisen nur etwa je 13 % die Klausel über Zahlung bzw. Nichtzahlung des *šissinnu* auf[734]. Die Notiz, daß *šissinnu* nicht gezahlt ist, dürfte wohl so zu verstehen sein, daß *šissinnu*, wiewohl an sich geschuldet – im Gegensatz zu den Scheinen ohne jeden *šissinnu*-Vermerk –, aus irgendeinem Grunde noch nicht gezahlt worden war. Nur nach etwa 26 % der Pachtverträge, die diesen *imittu*-Scheinen zugrundelagen, war demnach offenbar *šissinnu* zugunsten des Pächters vereinbart, nach der Mehrzahl von rund 74 % dagegen nicht. Diesem Zahlenverhältnis entspricht auffälligerweise auch etwa die Relation von *imittu*-Pachtverträgen mit *šissinnu*-Vereinbarung (30 %) und ohne sie (70 %)[735]. *šissinnu* wird also nicht das notwendige Korrelat zu *imittu*-Pachtzins gewesen sein, sondern dem Pächter nur bei ausdrücklicher vertraglicher Vereinbarung zugestanden haben.

c) Die zahlenmäßige Zuordnung von Pachtverträgen und *imittu*-Scheinen

Zeigen gerade die *imittu*-Scheine mit *šissinnu*-Vermerk ihren engen Zusammenhang mit den Pachtverträgen mit *imittu*-Pachtzins, so fällt doch ein mengenmäßiges Ungleichgewicht zwischen der Fülle von *imittu*-Scheinen[736] und den verhältnismäßig wenigen Pachtverträgen mit *imittu*-Klausel auf. Etwa 270

---

730 Vgl. dazu noch u. bei A. 831 und A. 907.

731 *x kùr suluppê šissinnu etir* „*šissinnu* ist (in Höhe von) x Kor Datteln bezahlt". Vgl. für alle Urkunden dieser Art BIN I 105, 12 f. Ohne Angabe der Menge des bezahlten *šissinnu*: *šissinnu* ^I^PN *etir* „(in Bezug auf) den *šissinnu* ist PN (Schuldner im *imittu*-Schein und damit Pächter des Grundstücks) bezahlt". Vgl. dafür Nbn 6, 10 f.

732 *šissinnu ul etir* „*šissinnu* ist nicht bezahlt". Vgl. ZA IV S. 152 (Smerdis 8, 10).

733 A. 616.

734 Zeitliche und regionale Unterschiede lassen sich dabei nicht feststellen. *imittu*-Scheine ohne oder mit positivem bzw. negativem *šissinnu*-Vermerk sind zu allen Zeiten der nb. Periode und in allen wesentlichen Städten Babyloniens nachgewiesen. Die Erscheinung dürfte sich daher nicht auf Schreibergewohnheiten zurückführen lassen.

735 Die Basis von 17 einschlägigen Urkunden ist allerdings ziemlich schwach. Außerdem beruht die Berechnung auch darauf, daß BE VIII_1 132; IX 99; UM II_1 81; 215 keine *šissinnu*-Klausel in dieser Form enthalten, was, wie gezeigt, nicht ganz unzweifelhaft ist.

736 Vgl. o. A. 616.

imittu-Scheine stehen 17 *imittu*-Pachtverträgen gegenüber. Da das *imittu*-Verfahren jährlich durchgeführt wurde, müßte in jedem Jahr der Laufzeit von 16 dieser Verträge[737] ein Verpflichtungsschein ausgestellt worden sein; das wären für die Verträge, die die Pachtdauer einwandfrei erkennen lassen[738], 23 an der Zahl. Nimmt man mit San Nicolò[739] für Pachtverträge ohne schriftliche Vereinbarung der Laufzeit[740] regelmäßig Verpachtung auf ein Jahr und für die unsicheren Zeitangaben[741] jeweils den Durchschnittswert von 3 Jahren an, so erhöht sich diese Zahl auf 38. Die Differenz zu den etwa 270 überlieferten *imittu*-Scheinen kann prima facie nur schwer mit Überlieferungszufall erklärt werden, zumal bisher noch kein *imittu*-Pachtvertrag mit einem *imittu*-Schein derart verbunden werden konnte, daß Zeit, Grundstück und Parteien übereinstimmten, der *imittu*-Schein also ein bekanntes Pachtverhältnis betroffen hätte. Vielleicht deutet dieser Befund darauf hin, daß eine große Anzahl besonders der kleineren *imittu*-Pachtverträge nur mündlich abgeschlossen wurde[742] und die *imittu*-Scheine die einzigen jemals über diese Pachtverhältnisse ausgestellten Urkunden sind.

9) Pachtverträge ohne ausdrückliche Pachtzinsvereinbarungen

Neben den Verträgen mit Pachtzinsabreden in Form von festem Pachtzins, Teilpacht oder Pachtauflage sind uns aus chaldäischer und persischer Zeit mehrere Pachtverträge – hauptsächlich *ana nukaribbûti*[743], aber auch jeweils vereinzelt *ana zâqipânûti*[744], *ana dulli*[745] und *ana taptû*[746] – in sonst üblichen Formularen überliefert, die keine Pachtzinsklauseln in diesen Formen enthalten. Die expressis verbis vereinbarten Pächterpflichten beschränken sich hier vielmehr auf Arbeitsleistungen im Pachtfeld.

Leistung und Gegenleistung sind bei Verträgen dieser Art nicht einfach zu ermitteln. Der Verpächter wird auch hier zur Überlassung des Nutzungsrechts verpflichtet gewesen sein, wenn das auch in den meisten Verträgen dieser Art nur durch die – von Verträgen mit Pachtzinsvereinbarungen nicht abweichenden – Pachtabschlußklauseln zum Ausdruck kommt. Daß dem Pächter nach Verträ-

737 BE VIII$_1$ 132 scheidet als Schülertafel oder Entwurf aus dieser Berechnung aus.

738 3 Jahre: Dar 427; BE IX 10; 99; UM II$_1$ 215;
2 Jahre: UM II$_1$ 81;
4 Jahre: YBT VII 162;
5 Jahre: YBT VII 47

739 NRV S. 341; dazu näher u. bei A. 774.

740 So Cyr 200; YBT VII 51; NRV 374; 377; 381; BE VIII$_1$ 122.

741 In Amherst 249, 7 teilzerstört, vielleicht aber mit Ungnad, AfO 19 (1959–60) S. 80 auf 5 (?) Jahre anzusetzen. In VS V 121, 12 ff. (NRV 387) könnte sich eine Angabe über die Laufzeit von 2 Jahren finden. Zerstört ist die Angabe der Pachtdauer in VS V 89, 3 (NRV 384).

742 Zur Frage der Formbedürftigkeit der Verträge vgl. auch o. bei A. 402 und u. bei A. 935.

743 BE IX 101; Cyr 230; Dar 35; 273(?); Kr 135; 136; Nbn 578; UM II$_1$ 115; NRV 373; 515; Camb 142.

744 NRV 376.

745 NRV 375.

746 Camb 102.

gen ohne Pachtzinsabrede der ganze Ernteertrag zustehen konnte, zeigt der pachtzinslose Vertrag *ana taptû* Camb 102, 7f.:

mim-ma ma-la ina lìb-bi il-la-a adi 3 šanâte^{meš} *pa-ni-šú id-dag-gal*
„alles was darin (auf dem Feld) wächst, wird ihm (dem Pächter) auf (die gesamte Vertragszeit von) 3 Jahre(n) gehören".

Bei diesem Wortlaut scheidet sicherlich die Möglichkeit stillschweigend vereinbarten Pachtzinses aus. Gegenleistung des Pächters war hier ausschließlich sein Aufwand an Arbeit – darunter wahrscheinlich Z. 6 a. E. *i-zaq(?)-qáp* „(Bäume) anpflanzen" und Pflanzmaterial, das er zur Kultivierung des Pachtfeldes benötigte. Diese Art von Austauschverhältnis stellt YBT VI 33, 11 ff. ausdrücklich klar:

a-di 10-ta šánâte^{meš} *mim-ma ma-la ina lìb-bi ip-pu-šu ku-um e-pe-šú šá dul-lu pâni* ^{I}*PN id-da-gal ár-ki 10-ta šánâte*^{meš} *šal-ši zitti ina mim-ma ma-la ina lìb-bi iz-qu-pi ik-kal*
„auf 10 Jahre wird alles, was er (Pächter) darin (auf dem Feld er)arbeitet, als Gegenwert für das Verrichten der Arbeit dem PN (Pächter) gehören. Nach 10 Jahren wird er (Pächter) einen Drittelanteil von allem, was er darin (auf dem Feld) (an Bäumen) angepflanzt hat, genießen".

Während der ersten zehn Vertragsjahre ist hier also ausdrücklich die Arbeitsleistung des Pächters der einzige Gegenwert, den der Verpächter erhält; erst danach tritt die Teilpachtvereinbarung in Kraft. Ebenso ist wohl auch in der 1 Jahr jüngeren gleichartigen, ebenfalls dem Eanna-Archiv entstammenden und im Wortlaut fast parallelen Pachttafel YBT VI 67 die volle Nutzungsüberlassung innerhalb der ersten 10 Jahre, die von einer gleichartigen Teilpachtregelung wie in YBT VI 33 gefolgt ist, zu verstehen, wenn auch hier der ausdrückliche Hinweis *kûm epêši ša dulli* „als Gegenwert für die Arbeitsleistung" – ebenso wie in sämtlichen Pachtverträgen ohne Pachtzinsvereinbarung – fehlt.

Nach der Mehrzahl dieser pachtzinslosen Urkunden stand dem Pächter für seine Arbeit *šissinnu*-Naturallohn in Datteln zu, der entsprechend den übrigen Pachtverträgen pro Kor zu bearbeitender Fläche in auch sonst üblichen Relationen, also hauptsächlich 5 Kor Datteln pro Kor Feld, zu entrichten war[747]. Wie oben schon besprochen[748], war *šissinnu* wohl nicht das volle Entgelt für die Pächterarbeiten, sondern nur ein unabhängig vom Feldertrag garantiertes Minimalentgelt für die Arbeit des Pächters im Falle unverschuldeter Mißernten. Die Verträge ohne ausdrückliche Vereinbarungen über das Nutzungsrecht des Pächters und über Pachtzins, aber mit gleichzeitiger *šissinnu*-Abrede, lassen sich deshalb auch nicht als reine Arbeitsverträge qualifizieren.

Nach San Nicolò[749] und Petschow[750] soll es sich auch bei diesen pachtzinslosen Verträgen um *imittu*-Pacht gehandelt haben. *imittu* wäre demnach eine Art subsidiärer Pachtzinsregelung, die mangels Parteiabsprache galt.

---

747 NRV 373; 375; 376; Cyr 230; Dar 35; 273; Kr 135; 136; Camb 142.
Ohne *šissinnu*-Abrede: Camb 102; YBT VI 33; 67; BE IX 101; Nbn 578.

748 Vgl. o. bei A. 715

749 NRV S. 340.

750 BiOr 13 (1956) S. 102 rechts.

Für diese These könnte der pachtzinslose Vertrag UM II_1 115 herangezogen werden, der – wie eine Anzahl von *imittu*-Verträgen[751] – das Nutzungsrecht des Pächters ausdrücklich auf den gesamten Unterkulturertrag beschränkt; die einschlägige Klausel lautet Z. 7 f.:

mim-ma ma-la {*la*}[752] *ina šu-pal* ^{iṣ}*gišimmarê ippuš*^{uš} *ana rama-ni-šú ik-kal*
„alles, was er (Pächter) unter den Dattelpalmen(er)arbeitet, wird er selbst genießen".

Bei dieser Sachlage mußte für die Dattelernte, die aus dem Dattelpalmen tragenden Grundstück wohl zu erzielen war, etwas anderes gegolten haben. Von den in den übrigen Pachtverträgen vorgeformten Möglichkeiten kommt hier in der Tat wohl nur die – gewöhnlich speziell auf den Dattelertrag beschränkte – *imittu*-Berechtigung des Verpächters in Betracht, es sei denn, hier hätte als Umkehrung der positiven Regelung zur Unterkultur implicite der gesamte Dattelertrag dem Verpächter zugestanden – eine mangels eindeutiger Parallelen in anderen Pachtverträgen wenig wahrscheinliche Interpretation.

Einen ähnlichen Hinweis auf die Subsidiarität der *imittu* als Pachtzins bietet UM II_1 81, wo wir von der Verpflichtung des Pächters zur Zahlung der *imittu* nicht durch ausdrückliche Vereinbarung dieser Pachtzinsart erfahren, sondern geradezu zufällig durch die oben erwähnte[753] Klausel über die Rechtsfolgen bei Nichtzahlung der *imittu*. Auch dort war wohl das Fruchtziehungsrecht des Pächters auf die Unterkultur beschränkt gem. Z. 8 ff.:

dul-lu šu-pil-šu(!) ^{iṣ}*gišimmarê ip-pu-uš-u' mim-ma ma-la ina lìb-bi ip-pu-uš-u' a-na ri-man*^{an}*-ni-šú-nu ik-kal-la-a'*
„die Arbeit unter den Dattelpalmen werden sie verrichten; alles, was sie darin (wohl: unter den Palmen er-)arbeiten, werden sie selbst genießen".

Beide Urkunden – in ihrer Art jeweils vereinzelt – können freilich auf Schreiberversehen beruhen. Bei UM II_1 81 könnte außerdem der Schreiber die ausdrückliche *imittu*-Vereinbarung deshalb für überflüssig gehalten haben, weil er ihre Erwähnung in der Klausel über die Rechtsfolgen bei Nichtzahlung bereits für ausreichend erachtete. Dies wäre allerdings eine Abweichung von der sonstigen Praxis, denn üblicherweise wurde auch neben dieser Klausel des *imittu*-Pachtzins noch ausdrücklich vereinbart[754].

Für die Subsidiarität der *imittu* als Pachtzins spräche allerdings auch noch das zahlenmäßige Mißverhältnis zwischen Pachtverträgen mit *imittu*-Klausel und *imittu*-Scheinen. Wenn wir sämtliche Pachtverträge ohne ausdrückliche Pachtzinsvereinbarungen den *imittu*-Pachtverträgen hinzurechneten, so kämen zu den oben[755] errechneten 38 Jahren, in denen jeweils ein *imittu*-Schein aufgrund eindeutiger *imittu*-Pachtverträge ausgestellt worden sein konnte, noch weitere 42 Jahre hinzu[756], aus denen jeweils ein *imittu*-Schein stammen könn-

---

751 NRV 377; YBT VII 51; Dar 427; BE VIII_1 132; IX 99; UM II_1 81.
752 Dittographie, vgl. BRAD S. 77.
753 Bei A. 627 und 725.
754 So in BE VIII_1 132; IX 99; UM II_1 215.
755 Bei A. 741.
756 Laufdauer von 3 Jahren: NRV 515; BE IX 101; Camb 102; Kr 136.
5 Jahre: NRV 373; Dar 273; Kr 135.

te. Die zahlenmäßige Diskrepanz zwischen den beiden funktional zusammengehörigen Urkundentypen wäre dann geringer.
Dennoch bleibt die These San Nicolòs und Petschows zweifelhaft. Gäbe es in der nb. Zeit neben *imittu* keine andere Pachtzinsform, so läge zwar die Vermutung näher, daß die Vertragspartner bisweilen auf ausdrückliche Vereinbarungen zur Frage des Pachtzinses verzichteten, weil die Rechtslage ohnehin ganz eindeutig erschien, insbesondere die Höhe des Pachtzinses deshalb der Konkretisierung nicht bedurfte, weil ihre Festsetzung, wie die *imittu*-Klauseln zeigen, offenbar den Pachtauflegern überlassen war. Neben *imittu* hatten die Vertragsparteien jedoch noch festen Pachtzins und Teilpacht als vorgeformte und häufig verwendete Möglichkeiten zur Auswahl, die theoretisch ebenso wie *imittu* – vielleicht mit einer Art „gesetzlichem" Pachtzinsfuß – als subsidiärer Pachtzins in Frage gekommen wären. Von diesen Möglichkeiten gerade *imittu* herauszugreifen, erscheint nicht sonderlich zwingend.
Näher liegt m. E., dem Schweigen der Urkunden über den Pachtzins im Regelfall zu trauen und in diesen Fällen davon auszugehen, daß der Verpächter aus dem Vertrag keinen anderen Vorteil erlangte als die Arbeitsleistung des Pächters zur Erhaltung und Verbesserung des Grundstücks. Ein Leistungsaustausch in dieser Form liegt besonders dann nahe, wenn die Arbeitsbelastung des Pächters und die Verbesserung des Grundstücks groß, der Ertragswert aber gering war, also insbesondere bei Neubruchland oder etwa wenn der Pächter Bäume zu pflanzen hatte. Nun handelt allerdings nur einer dieser Verträge von Neubruchland[757] und nur aus vier von ihnen ist eine Pflicht des Pächters, Bäume anzupflanzen, ersichtlich[758]. Die übrigen Verträge haben dagegen zumeist bereits mit Dattelpalmen bepflanzte und teilweise für Getreide urbare Felder zum Gegenstand[759]. Ob sich der Verpächter in diesen Fällen mit der Arbeitsleistung des Pächters allein zufrieden gegeben hat, mag zweifelhaft sein, ist aber auch hier – vielleicht bedingt durch besondere Interessen der Parteien beim Vertragsschluß, über die die Urkunden nichts aussagen – nicht ausgeschlossen.
Ob der Pachtzins in dem einen oder anderen Vertrag dieser Art mündlich vereinbart wurde, oder ob ein Schreiberversehen zu dieser auffälligen Lücke in den Vertragsabmachungen geführt hat, kann nicht eindeutig entschieden werden. Trotzdem können wir mit einiger Sicherheit davon ausgehen, daß neben festem Pachtzins, Ertragsquoten und *imittu* auch allein die Arbeitsleistung des Pächters als ausreichender Gegenwert für das Nutzungsrecht am Grundstück betrachtet wurde, so daß hier der Pachtvertrag – nach modernrechtlicher Terminologie – dienstvertragsähnliche Formen annahm.

---

10 Jahre: NRV 376.
Ohne ersichtliche Laufzeit und daher wohl auf ein Jahr abgeschlossen: Nbn 578; UM II_1 115; NRV 375; Cyr 230; Dar 35.

757 Camb 102.

758 NRV 376; YBT VI 33; 37; Camb 102.

759 Teilweise ersichtlich aus der Beschreibung des Pachtobjekts, wie in BE IX 101 (*^{še}zêru zaqpu u pî šulpi*), entsprechend wohl auch zu ergänzen in UM II_1 115, 1, oder Dar 35; 273 (*^{še}zêru zaqpu*), teilweise aber erst aus den weiteren Vertragsklauseln, die Dattelpalmen oder deren Teile (wie etwa die *libbi u ḫaruttu*) erwähnen, so in Cyr 230; Kr 135; 136; Nbn 578; UM II_1 115; NRV 373.

Auszuschließen ist freilich nicht, daß die Überlassung des Grundstücks zur Nutzung in diesen Fällen gelegentlich darüber hinaus der Erfüllung einer – vom Pachtverhältnis unabhängigen und deshalb auch im Vertrag nicht erwähnten – Verbindlichkeit des Verpächters gegenüber dem Pächter diente und damit zumindest teilweise als datio in solutum anzusehen ist.

10) Pachtdauer

Die Angabe der Pachtdauer ist gewöhnlich in der Pachtabschlußklausel enthalten, meist in der Wendung *adi x-ta šanâte iddin* „auf x Jahre hat er (der Verpächter das Grundstück) gegeben“, gelegentlich aber auch außerhalb der Pachtabschlußklausel in der Formulierung: *adi x šanâte* ^{še}*zêru ina pân* ^{I}*PN* „auf x Jahre (ist) die Aussaat(fläche) zur Verfügung des PN (Pächters)“.[760]. Rechtliche Unterschiede lassen die beiden Formen nicht erkennen.

Die Laufzeit der Verträge ist äußerst unterschiedlich. Soweit sie begrenzt ist, reicht sie von einem Jahr[761] bis zu sechzig Jahren[762]. Ein einziger Fall von „Erbpacht“ ist bekannt[763]. In Nbk 115, 12 wurde das Feld *a-na* u_4*-mu ṣa-a-ta* „auf ewige Tage“ dem bekannten Šulâ aus dem Hause Egibi gegeben. Ob dieses Pachtverhältnis auch die Erben des Pächters berechtigte und verpflichtete, ist aus der Urkunde nicht erkennbar. Aus der Tatsache, daß das Feld nur dem Pächter ohne Erwähnung etwa seiner Söhne gegeben wurde, könnte man allenfalls schließen, daß mit den Worten *ûmu ṣâtu* die Beschränkung des Pachtverhältnisses auf die Lebenszeit des Pächters ausgedrückt sein sollte.

---

760 YBT VII 162, 10 f.; BE IX 10, 14 f.; Dar 316, 20. Etwas abweichend formuliert ist Nbk 90, 8 f.: *10 šanâte*^{meš} $^{\text{I.d}}$*nabû-šàr-ilâni*^{meš} [*ina(?) kirî(?)*] ^{h}*nukaribbu šá* $^{\text{I.d}}$*nabû-šumu-lîšir* „10 Jahre (lang ist) Nabû-šar-ilâni (Pächter) [im(?) Garten(?)]der Gärtner des Nabû-šumu-lîšir (Verpächters)“.

761 BE IX 65; UET IV 45, 7 ff.: [*a-na*] *šatti* [*10(?)+*] *8*^{kam} [^{I}*ar-taḫ-šá-as-su šarri*] *id-din* „[für] das [10 (?) +] 8. Jahr des Königs Artaxerxes hat (der Verpächter das Grundstück) gegeben“.

762 Kr 144 = BE IX 48. Die außerordentlich lange Laufzeit dieses Vertrages dürfte sich daraus ergeben, daß der Verpächter durch die Nutzungsüberlassung an Enlil-šuma-iddin/Muraššû eine hohe Schuld tilgte, da der Pachtzins schon bei Vertragsschluß als bezahlt gilt: Z. 13 ff.: *sût eqli-šú gam-ri šá šánâte*^{meš}*-e' 60* ^{I}*ba-ga-a'-mi-i-ri . . . ina qâtê*^{II} $^{\text{I.d}}$*en-lîl-šuma-iddin . . . ma-ḫir e-ṭir* „den Pachtzins seines gesamten Feldes für 60 Jahre hat Bagâmîri (Verpächter) . . . aus den Händen des Enlil-šuma-iddin (Pächters) . . . empfangen, er ist bezahlt“. So auch San Nicolò, Beiträge S. 235 f.; Cardascia, AM S. 142; CAD Z S. 58 rechts oben. Die andere Möglichkeit wäre, daß der Muraššû, wie San Nicolò, OLZ 38 (1935) S. 27 annimmt, die gesamte Summe tatsächlich als Pachtzins an den Verpächter gezahlt hat, um das Grundstück sechzig Jahre zu behalten und so dem wirtschaftlichen Effekt der Übereignung nahekam; der Pachtzins wäre dann eine Art Kaufpreis für die Übertragung einer wirtschaftlich dem Eigentum nahekommenden Nutzungsbefugnis. Ein Vergleich mit der *μισθοπρασία* der Papyri wäre dann angebracht. Dasselbe dürfte auch für die stark beschädigte Urkunde NRV 382 (40 oder 50 Jahre Laufzeit) gelten, wenn auch hier die Klausel über die Zinsvorauszahlung fehlt oder zerstört ist. Vgl. San Nicolò, Beiträge S. 236.

763 Dazu auch San Nicolò, Beiträge S. 235.

Die häufigste Laufzeit verschiedenster Arten von Pachtverträgen ist drei Jahre[764]. Auf vier Jahre sind alle bisher bekannten Verträge *ana mandatti*[765], allerdings auch ein Vertrag *ana nukaribbûti*[766] und einer *ana errêšûti*[767] abgeschlossen. Relativ häufig ist noch die Vertragsdauer von 5 Jahren[768], während längere[769] oder kürzere[770] Laufzeiten verhältnismäßig selten sind. Abgesehen von der Pacht *ana mandatti* in Ur läßt sich eine typische Dauer der einzelnen Vertragstypen nicht feststellen. Lediglich beim Vertrag ana *zâqipûti/zâqipânûti* fällt auf, daß sich das Vertragsverhältnis, soweit die Laufzeit vermerkt ist, mindestens auf 10 Jahre, in Nbk 115 sogar mindestens auf Lebenszeit des Pächters erstreckt[771]. Der Grund dafür war wohl, daß sich kaum ein Pächter bereitgefunden hätte, diese Arbeiten, die in den ersten Jahren keinen Ertrag einbrachten[772] auf kurze Zeit zu übernehmen. Verträge, die nicht nach der Pflanzungspflicht benannt sind, aber die Anpflanzung von Bäumen unter den Aufgaben des Pächters erwähnen, erstrecken sich dementsprechend des öfteren über längere Zeit[773].

---

764 *ana sûti:* Kr 145; 147; UM II_1 106; 158; 163; 175; BE IX 26; 29; 30; 34; 35; 40; 45; 52; 72; 88; 99; X 43; 53; 99; 112.
ana nukaribbûti: BE IX 99; 101; Kr 134; 136; Dar 427; UM II_1 215; NRV 379; 515.
ana nukaribbûti u errêšûti: BE IX 10; UM II_1 159.
ana PA.Ú *šarri:* BE X 15.
ana taptû: Camb 102.

765 UET IV 41; 42; 44; 46.

766 YBT VII 162.

767 BRM I 83.

768 *ana sûti:* Liv 24; Kr 148; UM II_1 182; 210; BE IX 107; 108.
ana nukaribbûti: Kr 135; Amherst 249; Dar 193; 273(?); 316; NRV 373.
ana errêšûti: BE IX 102.

769 YBT VII 47. Zunächst auf 5 Jahre geschlossen, dann aber offenbar über diese Zeit hinausgehend: Z. 17 f.: *arki 5-ta šánâte*^{me} *a-ki-i i-[mit-tu šá ul]-tu é-an-na in-nem-mi-di ebûra a-na é-an-n[a i-nam-din]* „nach 5 Jahren [wird er] gemäß der A[uflage, die vo]n Eanna auferlegt wird, die Ernte an Eann[a geben]".
6 Jahre: *ana errêšûti:* NRV 380; BE VIII_1 132, 14 ff.
ana nukaribbûti: BRM I 53; NRV 522.
10 Jahre: *ana nukaribbûti:* Nbk 90; RA 10 (1913) S. 68, 40–41.
ana sûti: NRV 489; Camb 42.
ana zâqipânûti: NRV 376.
Länger als 10 Jahre: (*ana dulli*) YBT VI 33, diese Laufzeit ergibt sich aus der Teilpachtklausel Z. 13 f.: *ár-ki 10-ta šánâte*^{meš} *šal-ši zitti ina mim-ma ma-la ina lìb-bi iz-qu-pi ik-kal* „nach 10 Jahren wird er 1/3 Anteil von allem, was er darin angepflanzt hat, genießen"; entsprechend YBT VI 67 (*ana zâqipûti*).

770 2 Jahre: *ana nukaribbûti:* UM II_1 81.
1 Jahr: *ana sûti:* BE IX 65.
ana errêšûti u šutapûti: UET IV 59.

771 Unklar in VS V 121, 12 ff. (NRV 387). Vielleicht der Vermerk über die Laufzeit von 2 Jahren?

772 Vgl. Cocquerillat, Palmeraies S. 32 f. zu der Aufzuchtzeit von 4 bis 5 Jahren der Dattelpalme aus einem Schößling, bzw. von 8 bis 15 Jahren bei der selteneren und wirtschaftlich weniger geeigneten Aufzucht aus Dattelkernen.

773 Kürzeste Laufzeit: 3 Jahre: Dar 427; Camb 102;
5 Jahre: Dar 193; YBT VII 47 (vgl. A. 769).
10 Jahre: RA 10 (1913) S. 68, 40–41.

Von fast allen Vertragstypen[774] sind jedoch Exemplare überliefert, die keine Angaben über die Vertragsdauer enthalten. San Nicolò hat für diese Verträge – gestützt auf den sich aus *imittu*-Scheinen ergebenden häufigen Pächterwechsel – die Laufzeit von regelmäßig einem Jahr angenommen[775]. Die Argumentation mit den *imittu*-Scheinen ist allerdings nur für die Verträge tauglich, aus denen sich *imittu*-Auflagen ergeben können, also nicht für Verträge mit festem (*sûtu*)-Pachtzins.

Für Verträge sämtlicher Typen ohne ausdrücklich vereinbarte Laufzeit sind zwei Möglichkeiten in Erwägung zu ziehen: Entweder waren sie auf unbestimmte Zeit abgeschlossen und durch Kündigung zu beenden, oder entsprechend dem jährlich zu zahlenden Pachtzins auf ein Jahr begrenzt.

Für die erste Erklärung spricht allein der auffällige Mangel an Vereinbarungen über die Vertragsdauer, gegen sie andererseits, daß auch von der Kündigung und ihren Modalitäten nirgendwo die Rede ist, obwohl doch zu erwarten wäre, daß die Kündigung als wesentlicher Bestandteil des Vertrages wenigstens in einigen Urkunden schriftlich fixiert worden wäre, zumal oft bei weitem weniger wichtige Klauseln in den Vertragstext aufgenommen wurden.

Die Theorie vom Abschluß auf unbestimmte Zeit läßt sich auch nicht durch eine Formulierung der Klausel über Pachtzinszahlung in Verträgen ohne Angabe der Laufzeit[776] stützen: *ina šatti x mana kaspa* (*x kùr suluppê* o. ä.) *inamdin* „jährlich wird er (der Pächter) x Minen Silber (x Kor Datteln o. ä. als Pachtzins) geben". Man könnte aus der Wendung *ina šatti* „jährlich" folgern, daß der Pachtzins jährlich wiederkehrend zu leisten, der Vertrag also auf mehr als ein Jahr abgeschlossen war. Daß dieser Schluß unberechtigt ist, zeigt der einjährige[777] Pachtvertrag BE IX 65, dessen Pachtzins *ina šatti* „jährlich" zu entrichten war[778]. Zur Vermeidung von Fehlinterpretationen dürfte sich die Übersetzung „im Jahr"[779] statt „jährlich"[780] empfehlen.

Die Ansicht, daß Verträge ohne Angabe der Laufzeit grundsätzlich auf ein Jahr abgeschlossen waren, kann sich auf die übliche Pachtzinszahlung in Jahresabschnitten stützen. Eine kürzere Laufzeit oder mindestens ein Vertragsablauf vor der nächsten Ernte dürfte deshalb und auch aus wirtschaftlichen Gründen regelmäßig ausgeschlossen gewesen sein. Andererseits ist eine längere Vertragsdauer ohne besondere Vereinbarung deshalb wenig wahrscheinlich, weil gerade Verträge mit ausdrücklich vereinbarter Laufzeit von zwei bis fünf

---

774 *ana nukaribbûti:* BE VIII_1 122; BIN I 117; 125; Camb 142; Cyr 200; 230; Dar 35; Nbn 578; UM II_1 115; NRV 374; 377; 383; YBT VII 51; 162.
ana errêšûti u šutapûti: BE VIII_1 125; Kr 146; UET IV 59.
ana sûti: BE X 79; Kr 137; 142.
ana errêšûti: UM II_1 124; NRV 378.

775 NRV S. 341; Beiträge S. 234.

776 Für alle BE X 79.

777 Z. 5, 9, 14: *ana ištêt*^{et} *šátti* „auf ein Jahr".

778 Z. 5, 10, 14.

779 In dieser Richtung auch Cardascia, AM S. 141 A. 14.

780 So für BE IX 65 Augapfel, BRAD S. 72.

Jahren im Gegensatz zu solchen von einem Jahr[781] in verhältnismäßig großer Zahl überliefert sind. Vielleicht haben Verträge ohne ausdrücklich vereinbarte Dauer diese überraschende Lücke ausgefüllt[782]. Möglicherweise war die Vertragsdauer von einem Jahr so die Regel, daß gewöhnlich nur Abweichungen besonders erwähnt zu werden brauchten.
Das schließt allerdings nicht aus, daß solche Verträge wie auch Verträge mit fester Laufzeit gelegentlich mit stillschweigendem Einverständnis der Parteien zu gleichen Bedingungen ohne erneute Beurkundung verlängert wurden und so die unsichere Lage der Pächter in der Praxis gemildet wurde. Konkrete Nachweise über die relocatio tacita sind uns jedoch nicht erhalten.

11) Klauseln über Verpflichtungen des Pächters

Die bisher in ihren Einzelheiten besprochene Pachtabschlußklausel, die – wie gesagt – die zentrale Klausel unserer Verträge darstellt, umreißt Zweckbestimmung des Vertrags und Haupt(austausch)leistungen der Parteien in den Grundzügen: Besitz- und Nutzungsüberlassung durch den Verpächter, Pachtzinszahlung und gegebenenfalls Arbeitspflichten des Pächters. Präzisiert und ergänzt wird diese Hauptklausel zumeist durch die sich anschließenden Klauseln, die in aller Regel genauere Bestimmungen zu jenen Hauptpflichten zum Gegenstand haben. So sind hier zu Lasten des Pächters z. B. Höhe und Zahlungsmodalitäten des Pachtzinses vermerkt, die z. T. in der Pachtabschlußklausel schon erwähnt sind, oder das Verhältnis der Ertragsberechtigungen bei Teilpachtverträgen. In den Verträgen *ana nukaribbûti, errêšûti, taptû, zâqipûti, dulli, sûti*[783] werden insbesondere die verschiedenen Arten von Arbeitspflichten des Pächters oft bis ins Detail festgestellt. Soweit diese Klauseln inhaltlich für das Pachtrecht erheblich sind, sind sie bereits oben[784] im Zusammenhang mit den jeweiligen Vertragstypen besprochen worden. Es bleibt hier nur noch über die sprachliche Ausgestaltung dieser Klauseln zu sprechen. Zu unterscheiden sind die Klauseln über die Pachtzinszahlung von denen über Arbeitspflichten des Pächters. Erstere[785] sind einheitlich jeweils in Form von Schuldversprechen stilisiert. So z. B. in Camb 42, 6 f. (Vertrag *ana sûti*):

---

781 BE IX 65; UET IV 59, 6 f.: *a-na* [*šátt*]*i an-ni-tu₄* „für dieses (Pachtabschluß-)[Jah]r". Vielleicht auch BE VIII_1 124, 6 f.: *a-na ebûr šatti . . . id-din* „für die Ernte des Jahres . . . hat er (Verpächter) (das Feld) gegeben".

782 Vgl. zur ab. Pacht Edzard, ed-Dēr S. 76 zu IM 50, 426, 7. „In der Pachtformel ist die Dauer der Pacht nicht angegeben, was besagt, daß sie ein Jahr nicht überschritt".

783 In Verträgen *ana sûti* sind Arbeitspflichten des Pächters nur selten (Camb 42; Dar 409; Liv 24; NRV 489; Kr 137), in Verträgen *ana mandatti* überhaupt nicht belegt.

784 Bei A. 463.

785 Soweit diese Pflicht nach der Pachtabschlußklausel, die bei festem Pachtzins (*sûtu, mandattu*) bereits eine Angabe über die Höhe regelmäßig enthält (Ausnahmen z. B. Kr 143; 148), überhaupt noch einmal erwähnt ist. Vgl. Camb 42, 6 ff.; UM II_1 210, 10 ff.; VS V 66, 11 ff. (NRV 489); 120, 7 ff. (NRV 389); UET IV 41, 15 ff.; 42, 16 ff.; 44, 11 ff.; 46, 11 ff.

*suluppê-e' 600 (?) kùr gam-ru-tu ina bît karê*meš *a-na* d*šamaš i-nam-din*
„die gesamten 600 (?) Kor Datteln wird er (der Pächter) dem Gotte Šamaš (Verpächter ist der Tempel in Ebabbara) im Speicher geben",
oder in UET IV, 41, 15 ff. (Vertrag *ana mandatti*):
*šá šatti 12 šiqil kaspa man-da-tu₄ šá a-ḫi ina eqli šu'âti*meš I*PN₁ a-na* I*PN₂* – I*PN₇ ù* h*bêlê qašti*ti*-šú-nu i-nam-din*
„jährlich wird PN_1 (Pächter) 12 Sekel Silber Abgabe für die Hälfte dieses Feldes den PN_2–PN_7 und den Herren ihres Bogens (sämtlich Verpächter) geben" oder in VS V 33, 8 ff. (NRV 378, Vertrag *ana errêšûti* mit Teilpachtvereinbarung): *ina ebûri(!) šal-šú šib-šú a-na bêl eqli i-nam-din* „Von der Ernte wird er (Pächter) ein Drittel des Worfelertrages dem Herren (Eigentümer) des Feldes geben".
Selbstbürgschaften des Pächters für seine Pachtzinsleistungen sind mir nicht bekannt. Anders dagegen bei den Vereinbarungen über die Arbeitspflichten des Pächters. Hier finden sich – soweit vorhanden[786] – auffälligerweise zwei formaljuristisch völlig verschiedene Formulierungen: entweder ebenfalls die Form des Schuldversprechens oder aber die der Selbstbürgschaft des Pächters, jene entsprechend z. B. der Phrase: *dulla ina libbi ippušu* „die Arbeit werden sie (die Pächter) darin verrichten"[787], letztere z. B. in der Form: *pût epêši ša dulli naši* „für das Verrichten der Arbeit ist er (der Pächter) Bürge"[788].
Die Verwendung der beiden Formen für die diversen Arbeitspflichten des Pächters ist uneinheitlich und scheint im großen und ganzen willkürlich zu sein. Etwa 58 % der Urkunden dieser Art enthalten nur Stilisierungen in der Schuldversprechensform[789], etwa 14 % nur in der Selbstbürgschaftsform[790], etwa 28 % schließlich verwenden hier beide Formen[791]. Viele der Vertragspflichten finden sich wechselnd in der einen oder anderen Form vereinbart, so z. B. die Pflicht zu bewässern[792], Gräben zu graben und allgemein Grabungsarbeiten auszuführen[793], Mauern zu errichten[794], *akkullâtu*[795] zu entfernen[796], oder ganz allgemein Arbeit zu leisten[797].

---

786 Arbeitspflichten des Pächters dürften in gewissen Verträgen auch ohne ausdrückliche Vereinbarung bestanden haben; vgl. o. bei A. 484.

787 BIN I 125, 7; YBT VI 67, 11; Dar 427, 7; BE VIII_1 132, 16.

788 YBT VII 51, 9 ff.; VS V 19, 15(?) (NRV 375).

789 Amherst 249; BE VIII_1 132; IX 10; 99; 101; BIN I 117; 125; Camb 42; 102; 142; Cyr 200; 230; Dar 35; 273; 316; Nbn 578; UM II_1 81; 115; 159; 215; BRM I 83; YBT VII 47; VI 67; NRV 376; 378; 385; 387; Liv 24.

790 NRV 374; 383; 515; Nbk 90; YBT VII 51; Kr 133 (teilzerstört); 136; 137.

791 Dar 193; 427; Kr 134; 135; RA 10 (1913) S. 68, 40–41; NRV 373; 377; 379; 384; 522; 375; 489; BRM I 53; YBT VII 162; UET IV 45.

792 Als Schuldversprechen: *mê ḫarpûtu išaqqû* „sie werden mit Wasser des frühen Hochwassers des Flusses bewässern" (vgl. CAD Ḫ S. 105 rechts): Dar 193, 13; Camb 142, 7 f.; VS V 26, 8 f. (NRV 377); VS V 49, 8 (NRV 379).
In Bürgschaftsform: *pût šaqû(ti ša mê) naši* „für das Bewässern ist er Bürge": Kr 134, 5 ff.; 135, 6 ff.; 136, 5 ff.; VS V 86, 5 ff. (NRV 383); VS V 10, 6 (NRV 373); VS V 66, 13 f. (NRV 489); Nbk 90, 13 ff.

793 Als Schuldversprechen: še*zêra gabbi iḫerre* „er wird die gesamte Aussaat(fläche) umgraben": Kr 139, 6 f.; VS V 24, 9 (NRV 376).

Andererseits wird für gewisse Vertragspflichten nur eine der beiden Ausdrucksformen ausschließlich oder überwiegend verwendet[798]. So ist auffällig, daß die allgemeine Bewachungspflicht in Pachtverträgen nur in Selbstbürgschaftsform belegt ist[799], während die Pflicht, die Schößlinge und Dattelpalmenzweige (*libbi*[800] *u ḫaruttu*[801]) zu schützen, ganz überwiegend in Versprechensform übernommen wurde[802].
Weshalb im Einzelfall die eine oder die andere Form verwendet wurde, läßt sich nicht eindeutig klären. Zunächst würde man einen Unterschied in der Rechtswirkung vermuten, etwa in einer Differenzierung zwischen Schuld und Haftung[803]. Indessen kann der von Koschaker[804] für die Entstehung der Selbstbürgschaft wahrscheinlich gemachte Grund, daß in der ältesten Zeit das Schuldversprechen allein nur die Schuld des Versprechenden, nicht aber auch seine

---

ḫarri iḫerre „er wird Gräben graben": BIN I 125, 7; Camb 142, 6; Dar 273, 7; UM II_1 159, 7; UET IV 45, 11; YBT VI 67, 12. In Bürgschaftsform: *pût ḫerûti ḫarri u aritti naši* „für die Grabung eines Grabens und eines Abflußkanals (CAD A II S. 269 links: „canal branching off at a right angle") ist der Bürge": Kr 134, 5 ff.; 135, 6 ff.; 136, 5 ff.

794 Schuldversprechen: *igari kirî ippušu* „sie werden eine Gartenmauer errichten": Cyr 200, 12; RA 10 (1913) S. 68, 40–41, 18 f.; VS V 10, 5 (NRV 373).
Bürgschaftsform: *pût epêši ša igari našû* „für das Errichten einer Mauer sind die Bürgen": Kr 134, 9 ff.

795 CAD A I S. 275 rechts: „clods or similar undesirable formations on a field".

796 Schuldversprechen: *akkullâtu inašši* „er wird die *akkullâtu* entfernen": Dar 35, 7; Camb 142, 7; Cyr 230, 11; BRM I 53, 5 f.
Bürgschaftsform: *pût našû šá akkullâtu našû* „für das Entfernen der *akkullâtu* sind sie Bürgen": Nbk 90, 13 ff.; Kr 134, 5 ff.; 135, 6 ff.; 136, 5 ff.

797 Schuldversprechen: *dulla ina libbi ippušu* „die Arbeit werden sie darin verrichten": Dar 427, 7; RA 10 (1913) S. 68, 40–41, 6 f.; YBT VI 67, 11; BIN I 125, 7; UM II_1 159, 6 f.
Bürgschaftsform: *pût epêši ša dulli naši* „für das Verrichten der Arbeit ist er Bürge": YBT VII 51, 9 ff.; VS V 19, 15 (NRV 375); Nbk 90, 13 ff.

798 Einige dieser Pflichten sind allerdings so selten belegt, daß nicht erkennbar ist, ob die eine oder andere Stilisierung für sie typisch war, so etwa die Pflicht, den Boden aufzulockern (*ipaššaru*): VS V 33, 7 (NRV 378); Dar 273, 16; Camb 102, 6; zu jäten (*idekke*): VS V 33, 7 (NRV 378); Camb 102, 6; Dar 273, 15; (sämtlich Schuldversprechen) oder die Bäume auszuputzen (*pût ḫuppû ša* ^iš^*gišimmarê naši*): Kr 135, 22 ff.; 136, 5 ff.; (beide Selbstbürgschaften). Zu *ḫuppû* vgl. CAD Ḫ S. 173 „pruning"; anders AHw S. 340 links und 341 links oben Ziff. 8: „zerschlagen (von Dattelpalmen?)".

799 Dar 193, 13 f.; 427, 8; Kr 135, 6 ff,; VS V 26, 5 f. (NRV 377); 49, 14 f. (NRV 379); 86, 5 ff. (NRV 383); 89, 14 (NRV 384); 104, 8 f. (NRV 515); 110, 21 f. (NRV 522); UET IV 45, 12; Nbk 90, 13 ff.; YBT VII 51, 9 ff.

800 Vgl. Landsberger, Date Palm S. 42 rechts „offshoot"; anders AHw S. 550 links: „Vegetationskegel der Palme".

801 Vgl. AHw S. 329 links.

802 BE IX 10, 9; 99, 7 f.; 101, 8; BIN I 117, 13; 125, 9; Camb 142, 9 f.; Cyr 200, 7; 230, 9 f.; Dar 35, 8; Nbn 578, 7 f.; VS V 49, 6 f. (NRV 379); 104, 22 (NRV 515); UM II_1 81, 7; 115, 8; 159, 7 f.; 215, 6 f.; BE VIII_1 132, 9f.; BRM I 53, 8; YBT VII 162, 8 f.; Camb 42, 9 f.
Ausnahmsweise in Bürgschaftsform:
VS V 10, 8 ff. (NRV 373); VS V 26, 5 f. (NRV 377).

803 Ausschließlich unter diesem Gesichtspunkt untersucht ihn auch Koschaker, Bürgschaftsrecht S. 107 ff.

804 Bürgschaftsrecht S. 109 ff.

Haftung erzeugte, diese vielmehr erst durch Selbstverbürgung entstehen konnte, wohl in nb. Zeit nicht mehr maßgeblich gewesen sein. Das ergibt sich zunächst aus der großen Zahl von Verpflichtungsscheinen in dieser Zeit, in denen meist ohne besondere Haftungsvereinbarungen Forderungen des Gläubigers beurkundet wurden. Daß aus allen diesen aufwendig erstellten Urkunden dem Gläubiger das Recht auf Vollstreckung gegen den Willen des Schuldners, das sich nur aus der Haftung ergibt, nicht zugestanden haben sollte, ist gänzlich unwahrscheinlich[805].

Gerade das Pachtrecht mit seiner Vielzahl von Verpflichtungen zeigt deutlich, daß die Verpflichtung auch die Haftung des Schuldners ausgelöst haben muß. Die Verträge, die weder Selbst- noch Fremdbürgschaften[806] noch Vertragsstrafen enthalten, welche man als Mittel zu indirektem Erfüllungszwang und damit als Haftungsersatz ansehen könnte, würden dem Verpächter bei Verletzung dieser Pflichten kein Recht zur Vollstreckung gegen den Schuldner geben, weil dieser nicht gehaftet hätte. Unverständlich wären insbesondere auch die Urkunden, die sowohl die Versprechens- als auch die Selbstbürgschaftsform verwenden, und zwar gelegentlich für die wichtigsten Pächterpflichten das „bloße" Schuldversprechen, für weniger erhebliche dagegen die Form der Selbstbürgschaft[807].

Auch aus den Pflichten, die regelmäßig nur in der einen oder anderen Form vereinbart sind, läßt sich keine Erklärung für diese Erscheinung geben. Völlig willkürlich erscheint es z. B., daß die Pflicht, die Schößlinge und Dattelpalmenzweige (*libbi u ḫaruttu*) zu schützen, meist in der Verpflichtungsform, die Pflicht zum Schutz des gesamten Grundstücks dagegen immer als Selbstbürgschaft ausgedrückt wurde. Die allgemeine Bewachungspflicht dürfte die besondere bezüglich der *libbi u ḫaruttu* mit umfaßt haben, so daß wir insoweit für dieselbe Pflicht beide Ausdrucksformen vorfinden, eine Erscheinung, die mir sonst nur noch in RA 10 (1913) S. 68, 40–41 bekannt ist[808].

Dies alles zeigt, daß für den Schreiber in nb. Zeit kein Unterschied mehr bestand zwischen Verpflichtungs- und Selbstbürgschaftsform[809]. Besonders deutlich kommt dies dadurch zum Ausdruck, daß offenbar örtliche und/oder zeitliche Schreibergewohnheiten bei der Wahl der beiden Ausdrucksformen eine Rolle gespielt haben. So ist die Selbstbürgschaftsform allgemein in vorpersi-

---

805 Ebenso Koschaker, Bürgschaftsrecht S. 113; Petschow NPR S. 25 ff.

806 Vereinzelt findet sich in VS V 19, 15 f. (NRV 375, Vertrag *ana dulli*) eine Fremdbürgschaft eines sonst in der Urkunde nicht mehr erwähnten Zababa-erîba für die Vornahme der Arbeiten(?) des Pächters.

807 Z. B. NRV 379: die Pflanzung von Bäumen und Sträuchern sowie deren Pflege (Grabungen, Bewässerung) und Aufzucht in Versprechens-, die Bewachung des Gartens dagegen in Selbstbürgschaftsform.

808 Z. 8 ff.: *pu-ut ru-ub-bu-ú šá* ^{iṣ}*ga-pa-na* $^{\text{I.d}}$*bêl-*[*erîba*] <*na-ši*> [^{i}]^{ṣ}*ga-pa-na šá ina lìb-bi mîtû*^{ú} $^{\text{I.d}}$*bêl-erîba i-šak-kan ù ú-ra-ab-bu pu-ut ru-ub-bu-ú ù su-ud-du-du na-ši* „für das Großziehen der Sträucher/Obstbäume <ist> Bêl-[erîba] <Bürge>. [B]äume, die darin (ab)gestorben sind, wird Bêl-erîba (er)setzen und großziehen. Für das Großziehen und die pflegliche Behandlung ist er Bürge".

809 So auch Koschaker, Bürgschaftsrecht S. 166.

scher Zeit häufiger belegt als in achämenidischer. Im Verlauf der Perserzeit nimmt sie immer mehr ab und erscheint nicht mehr in Pachtverträgen des Muraššû-Archives, wo alle Klauseln dieser Art in der Form des Schuldversprechens stilisiert sind. Besonders bevorzugt wurde die Selbstbürgschaftsform während der vorpersischen Zeit in Barsippa, wo auch sonst die größte Eigenständigkeit in der Urkundenpraxis herrschte[810]. Am stärksten hat sich auch außerhalb Barsippas sogar bis in die späte Perserzeit[811] die Selbstbürgschaft für die allgemeine Bewachungspflicht gehalten. Offenbar war die Form der Klausel hier über örtliche und zeitliche Grenzen hinaus fest fixiert und konnte so gelegentlich ganz oder beinahe allein neben mehreren Klauseln der Schuldversprechensform erscheinen[812].

---

810 Von den vorpersischen Pachtverträgen enthalten
a) nur Selbstbürgschaften:
Kr 133 (aber teilzerstört, vorchaldäisch, Kandalanu 4, Barsippa)
Nbk 90 (Nbk. II 11, Suqâin)
NRV 374 (Nbk. II 32, Kâr-Tašmêtu)
Kr 136 (Nbn. 4, Barsippa)
b) überwiegend Selbstbürgschaften:
Kr 134 (Nabopolassar 7, Barsippa)
Kr 135 (Neriglissar 3, Barsippa)
c) überwiegend Schuldversprechen:
NRV 373 (Nbk. II 31, Babylon)
BRM I 53 (Nbk. II x, Dilbat)
NRV 375 (Neriglissar 1, Banitâ)
NRV 377 (Nbn. 7, Babylon)
d) nur Schuldversprechen:
YBT VI 67 (Nbn. 4, Uruk)
NRV 376 (Nbn. 5, Babylon)
Nbn 578 (Nbn. 11, Babylon)
Von den persischen Pachtverträgen enthalten
a) nur Selbstbürgschaften:
YBT VII 51 (Cyr. 5, Kurbat)
Kr 137 (Camb. 2, Barsippa)
NRV 383 (Dar. I 19, Barsippa)
NRV 515 (Dar. I 31, Babylon)
b) überwiegend Selbstbürgschaften:
NRV 384 (Dar. I 19, Barsippa)
c) überwiegend Schuldversprechen:
YBT VII 162 (Camb. 3, Uruk)
NRV 379 (Camb. 4, Babylon)
RA 10 (1913) S. 68, 40–41 (Camb.(?), x)
Dar 193 (Dar. I 5, Babylon)
NRV 489 (Dar. I 5, Babylon)
Dar 427 (Dar. I 16, Birtu-ša-Kinâ)
NRV 522 (Dar. I 36, Dilbat)
d) zu gleichen Teilen Selbstbürgschaft und Schuldversprechen:
UET IV 45, 11 f. (teilzerstört, Artax. II 18(?), Ur)
e) nur Schuldversprechen:
Camb 42 (Cyr. 1, Sippar)
Camb 102 (Cyr. 1, Birtu-ša-Kinâ)
Cyr 200 (Cyr. 2, Babylon)
Cyr 230 (Cyr. 6, Al-ša-Itbâk)
YBT VII 47 (Cyr. x, Uruk)
Camb 142 (Camb. 2, Babylon)
BIN I 117 (Camb. 5, Pitqa-ša-Bêl-êṭir)
Dar 35 (Dar. I 2, Babylon)
Dar 273 (Dar. I 10, Babylon)
Dar 316 (Dar. I 11, x)
Kr 139 (Dar. I 13 + x, Barsippa)
Liv 24 (Dar. I 14, Babylon)
BRM I 83 (Dar. I 31, Nippur)
NRV 385 (Dar. I 32, x)
Amherst 249 (Šikušti(?), Barsippa)
NRV 387 (Artax. I 8(?), Âl-Ardi-Ea)
BE IX 10 (Artax. I 28, Nippur)
BE IX 99 (Artax. I 41, Nippur)
BE IX 101 (Artax. I 41, Nippur)
UM II_1 159 (Dar. II 1, Nippur)
UM II_1 81 (Dar. II 4, Nippur)
UM II_1 115 (Dar. II 5, Nippur)
UM II_1 215 (Dar. II 6, Nippur)
BIN I 125 (Camb.(?), x)
BE VIII_1 132 (x, x).

811 UET IV 45, 12 (Artax. II 18(?), Ur); 47, Rs. 3' ff.

812 Vgl. Dar 193: 7 Klauseln als Schuldversprechen, 2 (darunter die Bewachungspflicht) als Selbstbürgschaft; NRV 379: 6 Klauseln als Schuldversprechen, nur die Bewachungspflicht als Selbstbürgschaft.

12) Wechselseitige Verbürgungen

Die Haftung von Pächtermehrheiten wurde in manchen Verträgen durch Klauseln näher ausgestaltet, in denen sich die Pächter wechselseitig verbürgten, teils vereinzelt in der kurzen Form *ištên pût šanî našû* „sie sind einer für den anderen Bürgen (Typ A)[813], teils in der erweiterten Fassung: *ištên pût šanî (ana eṭêri) našû ša qereb iṭṭir* „sie sind einander (für das Zahlen) Bürgen, wer am nächsten ist, wird zahlen" (Typ B)[814].

Klauseln dieser Art sind am häufigsten in Verpflichtungsscheinen[815] belegt[816], in anderen Verträgen, also auch bei der Pacht, dagegen verhältnismäßig selten. Der Grund dafür ist bei Pachtverträgen nicht nur, daß Pächtermehrheiten an sich selten sind, fehlt doch auch in diesen Fällen die Klausel häufig[817].

Leider läßt sich anhand der wenigen Urkunden nicht mit Sicherheit feststellen, ob und gegebenenfalls welcher rechtliche Unterschied zwischen Typ A und B im Rahmen unserer Pachtverträge besteht. Da Typ A m. W. nur in dem Vertrag *ana nukaribbûti* mit *imittu*-Vereinbarung Cyr 200 sicher belegt ist, die Belege für Typ B dagegen alle aus Verträgen *ana sûti* stammen, könnte man allenfalls erwägen, ob zwischen der Zahlung des *imittu*- und des *sûtu*-Pachtzinses hier terminologische Unterschiede bestanden etwa der Art, daß man von einem „Zahlen" (*eṭêru*) der bei Pachtabschluß der Höhe nach unbestimmten *imittu*-Pacht-

---

813 Mir ist nur Cyr 200 als Pachtvertrag bekannt. VS V 121, 22 f. (NRV 387) ist stark zerstört: *[1^en pu-ut] šá-ni-[i] na-šu-ú [x x x x x x x x]*, beide Typen sind hier also möglich. Die in Verpflichtungsscheinen nicht seltene erweiterte Fassung dieser Kurzform *ištên pût šanî ana eṭêri našû* „sie sind einer für den anderen für das Zahlen Bürgen" erscheint m. W. in keinem Pachtvertrag.

814 Mit *ana eṭêri:* BE IX 35; 65; 86a; 88; UM II_1 106; ohne *ana eṭêri:* BE IX 45 = Kr 143; sämtlich Verträge *ana sûti,* Pachtverträge anderer Art sind mir mit dieser Klausel nicht bekannt. Die Übersetzung von *qereb* ist jetzt gesichert. Daß *qerbu* nicht „gemeinsame, ganze Schuld" (so noch Koschaker, Bürgschaftsrecht S. 90) bedeutet, wurde von Pognon, JA 11. Ser. 9 (1917) S. 387 erkannt. An die Übersetzung des Stativs *qereb* (von *qerêbu* „sich nähern") „ist nahe, am nächsten" haben sich verschiedene Deutungen der Klausel angeschlossen. Koschaker, Neue Rechtsurkunden S. 122 A. 4 unter Aufgabe der Übersetzung im Bürgschaftsrecht S. 90: „derjenige, welcher zur Stelle ist, wird zahlen"; San Nicolò, Nachbürgschaft S. 33 A. 1: „derjenige, der am nächsten ist (d. h. der zur Stelle ist), wird begleichen" und Or 23 (1954) S. 280: „der Anwesende wird begleichen" mit Hinweis auf eine Variante in Urkunden aus Nuzi. Ebenso AHw S. 265 links und S. 915 rechts: „ist zugegen, ortsanwesend" und entsprechend CAD E S. 405 links: „whoever is available (lit. nearest) will pay". Landsberger, ZA 35 (1924) S. 36: „wer zur Stelle ist, wird das Geld geben". Cuq, Etudes S. 301: „le plus rapproché livrera". Cardascia, AM S. 31: „le solvable paiera".
Die Übersetzungen sind bedeutungsmäßig sehr ähnlich, scheinbar am weitesten weicht die Übersetzung Cardascias ab, sie ist aber – wie er aaO. S. 34 selbst bemerkt – nur die übertragene Bedeutung, die sich aus dem babylonischen Bürgschafts- und Vollstreckungsrecht ergibt.

815 Belege bei Koschaker, Bürgschaftsrecht, S. 85 A. 6 und Petschow, NPR S. 77 A. 229, 231 (in Konkurrenz mit Pfand).

816 So auch Koschaker, aaO. S. 85; Cardascia, AM S. 31.

817 Vgl. Camb 142; Kr 134; NRV 383; 522; BE IX 101; UM II_1 81, sämtlich Verträge *ana nukaribbûti,* teilweise mit *imittu-* bzw. Teilpachtvereinbarungen; BE X 112 (Vertrag *ana sûti*).

auflage im Gegensatz zu dem von vornherein feststehenden *sûtu*-Pachtzins im Pachtvertrag selbst noch nicht sprechen konnte, die wechselseitige Zahlbürgschaft vielmehr erst in die *imittu*-Verpflichtungsscheine aufgenommen werden konnte, die die Schuldhöhe fixierten. Eine endgültige Beantwortung dieser Frage würde die Untersuchung des gesamten hierzu einschlägigen Urkundenmaterials auch außerhalb des Pachtrechts voraussetzen, die hier nicht erfolgen kann. Immerhin sei angemerkt, daß in Urkunden außerhalb des Pachtrechts die kurzen Klauseln Typ A vorwiegend in chaldäischer Zeit erscheinen und dann abnehmen, während der Befund bei Typ B anscheinend umgekehrt ist, die Unterscheidung der beiden Typen also vielleicht nur historischer Entwicklung zuzuschreiben ist und keine rechtlichen Unterschiede bestanden.
Die rechtliche Bedeutung der gegenseitigen Verbürgung ist umstritten.
Koschaker[818] geht von der Teilschuld der Schuldner aus und sieht in der gegenseitigen Verbürgung die Haftungsvereinbarung jedes Schuldners bezüglich der Teilschuld des anderen zugunsten des Gläubigers.
Pognon[819] sieht in der Kurzform *ištên pût šanî našû* eine gegenseitige Verbürgung der Mitschuldner für die jeweilige Teilschuld des anderen, aber mit der Einrede der Vorausklage.
Cuq[820] dagegen will die Zahlungsklausel *ša qerb iṭṭir* auch in den Fällen als stillschweigend vereinbart annehmen, in denen nur die wechselseitige Verbürgung vereinbart ist, mit der Folge, daß sich der Gläubiger immer wegen der gesamten Forderung unmittelbar an einen von mehreren Schuldnern halten konnte. Die Einrede der Vorauspfändung gibt es nach seiner Ansicht nie.
Gegen Cuq folgt Cardascia[821] der Theorie Pognons und geht für die Urkunden des Muraššû-Archives noch weiter, wenn er die Haftung jedes Mitschuldners schon von Gesetzes wegen auf den gesamten Betrag annimmt, die Garantieklauseln demgemäß als rein deklaratorischen Hinweis des Schreibers auf diesen Rechtszustand in den Fällen auffaßt, in denen die Unteilbarkeit der Leistung den Parteien nicht ausreichend klar ist.
Im einzelnen kann hier auf die gesamte Problematik nicht eingegangen werden. Als sicher ist jedoch anzunehmen, daß bei Schuldnermehrheit normalerweise jeder nur den auf ihn entfallenden Kopfteil oder sonst ausdrücklich anders bestimmten Anteil schuldet, durch die wechselseitige Bürgschaft jedoch im Ergebnis jeder Mitschuldner als Bürge für die Teilschulden der Mitschuldner haftete und so letzten Endes für jeden von ihnen gegenüber dem Gläubiger die solidarische Haftung auf das Ganze erzielt wurde.

13) Pflichten des Verpächters

Der Verpächter hat mit der Übergabe des Pachtobjektes und – falls vereinbart – des Inventars in der Regel seine Hauptpflicht erfüllt. Die Pachtbegründungsklausel umreißt diese Pflichten vollständig. Im Gegensatz zu den Pflichten

818 Bürgschaftsrecht S. 95.
819 JA 11. Ser. 9 (1917) S. 399.
820 Mélanges Cornil I S. 166 f.; Etudes S. 301 ff.
821 AM S. 32 ff.

des Pächters sind sie darüber hinaus nicht mehr weiter beschrieben, sieht man von Garantie- und Vertragsstrafenklauseln ab, die die vorzeitige Entziehung oder sonstige Störung des Pächterbesitzes betreffen[822].
Nur eine Pflicht des Verpächters wurde immer selbständig außerhalb der Pachtbegründungsklausel notiert: Die Zahlung des *šissinnu* in Pachtverträgen, die u. a. oder allein die Arbeit auf dem Grundstück als Gegenleistung des Pächters für das Nutzungsrecht vorsehen.
Abgesehen von ihrer Stilisierung im Präsens/Futur[823] ist die Klausel über die Zahlung des *šissinnu* nicht einheitlich konstruiert, und zwar ex latere locatoris (Verpächters, Typ A) oder ex latere conductoris (Pächters, Typen B_1 und B_2).
Typ A formuliert mit Varianten im einzelnen:

ina muḫḫi (oder *ana*) *1 kur* $^{\check{s}e}$*zêri x kur suluppê šissinnu* $^{I}PN_1$ *ana* $^{I}PN_2$ *inamdin*

„auf 1 Kor Aussaat(fläche) x Kor Datteln als *šissinnu* wird PN_1 (Verpächter) dem PN_2 (Pächter) geben“[824].
Typ B_1 – ebenfalls mit Varianten – dagegen:

^{I}*PN ina* (oder *ana*) *muḫḫi 1 kur* $^{\check{s}e}$*zêri x kur suluppê šissinnu inašši*

„PN (Pächter) wird auf 1 Kor Aussaat(fläche) x Kor Datteln als *šissinnu* an sich nehmen“[825],
bzw. Typ B_2, ebenfalls mit Varianten:

ana muḫḫi 1 kur $^{\check{s}e}$*zêri x kur suluppê šissinnu ikkal*

„auf 1 Kor Aussaat(fläche) wird er (Pächter) x Kor Datteln genießen“[826].
Rechtliche Unterschiede werden zwischen den verschiedenen Typen nicht bestanden haben. Man könnte allenfalls daran denken, daß Typ A eine positive Leistungs- bzw. Zahlungspflicht des Verpächters bestimmte, während die Formulierungen der Typen B nur auf das Recht des Pächters abstellen, sein *šissinnu* selbst aus der Ernte zu entnehmen („an sich zu nehmen“), und damit umgekehrt implicite dem Verpächter nur die Unterlassungspflicht auferlegen, den Pächter nicht an der Entnahme seines *šissinnu* aus der Ernte zu hindern. Die Urkunden nach Typ A sprechen jedoch in gewisser Weise dagegen, sind dort doch die Pachtobjekte Palmengrundstücke, aus denen der Pächter ohne den Umweg über eine gesonderte Zahlung durch den Verpächter sein *šissinnu*, das in Datteln zu entrichten war, viel einfacher selbst einbehalten konnte. Vermutlich gehen diese Unterschiede allein auf verschiedene Schreibergewohnheiten zurück, wie sehr wahrscheinlich bei den beiden Varianten des Typs B. Soweit

---

822 Dazu u. bei A. 835.

823 Selbstverbürgung des Verpächters für die Zahlung des *šissinnu* ist mir nicht bekannt. Auch hier wird davon auszugehen sein, daß der Verpächter den *šissinnu* nicht nur schuldete, sondern auch für die Zahlung haftete.

824 Vgl. Dar 193, 16 f.; 316, 15 ff.; VS V 10, 11 f. (NRV 373); 11, 15 ff. (NRV 374); 19, 11 ff. (NRV 375); 24, 10 ff. (NRV 376); 89, 4 ff. (NRV 384) Kr 139, 7 ff.

825 Vgl. Dar 35, 8 ff.; 273, 11 ff.; Camb 42, 10 f.; VS V 26, 20 f. (NRV 377); 49, 19 ff. (NRV 379); 86, 7 ff. (NRV 383). Zur Bedeutung von *našû* „(Waren, Geld) an sich nehmen“ vgl. AHw S. 764 rechts III 4e.

826 Vgl. Kr 134; 135; 136; sämtlich aus Barsippa und vorpersisch. Dagegen ist NRV 383 (Dar. I 19, Barsippa) nach Typ B_1 stilisiert, NRV 384 (Dar. I 19, Barsippa(?)) und Kr 139 (Dar. I 13+[x], Barsippa) nach Typ A.

ich sehe, ist die Stilisierung B_2 nur aus vorpersischer Zeit in Barsippa belegt, wo die Schreiberpraxis auch bei anderen Klauseln des öfteren vom sonst üblichen Formular abwich[827].

Die *šissinnu*-Zahlung, deren Funktion oben besprochen wurde[828], stand im vertraglichen Austauschverhältnis und war nur geschuldet, wenn der Pächter seine vertraglich geforderte Arbeitsleistung erbrachte.

Nicht wenige Urkunden bringen das zum Ausdruck mit der Klausel „wenn er seine Arbeit leistet, wird er *šissinnu* an sich nehmen“[829] oder umgekehrt „wenn er seine Arbeit nicht leistet, wird er kein *šissinnu* an sich nehmen“[830]. Bei Teilpacht kann die Zahlungspflicht im Falle der Nichterfüllung der Arbeitsleistung durch den Pächter sogar umgekehrt werden dahin, daß der Päch-

---

827 Vgl. dazu o. bei A. 423 und u. bei A. 923.

828 Vgl. o. bei A. 689.

829 Kr 139, 7 ff.: *šezêru ma-la* <*ina*> *lìb-bi i-ḫe-ru-ú i-na muḫ[ḫi 1 kù]r 5 kùr šis-sin-ni* IP[N$_1$ *a-n*]*a* IPN$_2$ *i-nam-din* „Aussaat(fläche), soviel er (der Pächter) darin umgräbt, au[f 1 Ko]r (Aussaat(fläche)) 5 Kor *šissinnu* wird P[N$_1$ (Verpächter) de]m PN$_2$ (Pächter) geben“.
Camb 42, 10 f.: *ki-i i-ḫi-te-ru-ú šis-sin-ni i-na-áš-ši* „wenn er (der Pächter) umgegraben haben wird, wird er den *šissinnu* an sich nehmen“.
Dar 35, 8 ff.: *šezêru ma-la ina lìb-bi ina mar-ri parzilli ip-pu-šú muḫḫi 1 kurri 5 kùr suluppê šis-sin-na-šú i-na-áš-ši* „Aussaat(fläche), soviel er (der Pächter) darin mit dem eisernen Spaten bearbeitet, wird er auf 1 Kor (Aussaat(fläche)) 5 Kor Datteln als sein *šissinnu* an sich nehmen“.
Ähnliche Formulierungen in Dar 273, 11 ff.; VS V 10, 11 ff. (NRV 373); 49, 19 ff. (NRV 379); Camb 142, 10 ff. (hier ist der Vordersatz in Z. 10 verkürzt: *šezêra ip-pu-šu-ma ina muḫḫi 1 kùr* „wenn sie (die Pächter) die Aussaat(fläche) bearbeiten, werden sie auf 1 Kor . . .“).

830 Vgl. Camb 142, 13 ff.: *dul-lu ina lìb-bi la ip-pu-šu ù ul il-du-u šá ri-ḫi-it šezêri ma-la i-pu-šu šis-sin-nu(!) ul i-na-áš-šu-ú* „wenn sie (die Pächter) die Arbeit darin nicht verrichten und nicht . . . , werden sie von dem Rest der Aussaat(fläche), soviel sie bearbeitet haben, *šissinnu* nicht an sich nehmen“. Das heißt wahrscheinlich: wenn sie nicht alle vorgesehene Arbeit erledigt haben, bekommen sie überhaupt nichts, was deutlich zum Ausdruck kommt in VS V 26, 19 ff. (NRV 377): *šezêra gab-bi ú-qa-te-e-ma i-ḫe-re-ma a-na muḫ-ḫi 1 kurri* . . . „wenn er (der Pächter) die gesamte Aussaat(fläche) fertig umgräbt, wird er auf 1 Kor . . . “; Teilleistungen genügen hier nicht. Vielleicht ist aber in Camb 142, 15 wegen Haplographie zu ergänzen: *šá ri-ḫi-it šezêri ma-la* <*la*> *i-pu-šu* „vom Rest der Aussaat(fläche), die sie <nicht> bearbeitet haben“, dann entfiele der Anspruch auf *šissinnu* nur für die nicht bearbeiteten Feldteile.
Ähnlich vielleicht auch in VS V 49, 18 f. (NRV 379): *ki-i šezêra la iḫ-te-ru-ú ina ep-šú qâtII-su te-el-li* „wenn er die Aussaat(fläche) nicht umgegraben haben wird, geht seine Hand des Verrichteten (womöglich ist hier der Anspruch auf *šissinnu* gemeint) verlustig“, was den Ausschluß der nachfolgenden Vereinbarung über die *šissinnu*-Zahlung bedeuten würde. Vgl. dazu CAD E S. 230 links: „ . . . he loses his claim (even) to what has (already) been hoed“ bzw. S. 247 links: „ . . . he will forfeit (even) what has been put under cultivation“.
Vgl. auch die Liste über *šissinnu*-Zahlungen VS VI 12, 6 (NRV 731): [*a-di la* IPN$_1$] *dul-la-šú ú-qat-tu-ú* IPN$_2$ *šis-sin-ni ul i-na-an-da-áš-šú* „[bevor PN$_1$ (wohl Pächter)] seine Arbeit vollendet hat, wird PN$_2$ ihm *šissinnu* nicht geben“.
Ausnahmsweise auch *šissinnu*-Zahlung vor Erledigung der gesamten Arbeit in der Liste VS III 79, 6 ff. (NRV 422): IPN . . . *šis-sin-na-šú e-ṭir* . . . *tap-tu-šú ul-tu ûmu 11kám šá araḫṭebeti ú-pat-tu*$_4$ „PN . . . ist (bezüglich) seines *šissinnu* bezahlt . . . sein Neubruchland wird er vom 11. Tag des Monats Ṭebet an urbar machen“.

ter eine als *šissinnu* bezeichnete Zahlung an den Verpächter leisten mußte, so vereinzelt in VS V 89, 9 (NRV 384):

šezêru šá ina lìb-bi ú-šad-du-ú ana 1 kùr šezêri 5(?) [*kùr suluppê*] *šis-sin-nu* I*PN*$_1$ *a-na* I*PN*$_2$ *i-nam-din*

„(was) die Aussaat(fläche betrifft), die er davon brach liegen läßt, wird PN$_1$ (Pächter) auf 1 Kor Aussaat(fläche) 5(?) [Kor Datteln] *šissinnu* dem PN$_2$ (Verpächter) geben"[831].

Vielleicht wollte sich der Verpächter durch diese Vereinbarung einen pauschalen Ersatz sichern für den durch Vernachlässigung des Feldes entstehenden Ernteausfall, der ihn als Quotenberechtigten unmittelbar traf. Gegen den Schaden, der durch diese Nachlässigkeit am Feld selbst entstehen konnte, sicherte er sich durch die folgende Klausel, wonach der Pächter das Feld[832] *šá la šis-sin-nu* „ohne *šissinnu*" (Z. 11) umzugraben hatte. Der Pächter wurde hier also bei Nachlässigkeit auch durch Zahlung des *šissinnu* nicht von seiner Arbeitspflicht befreit[833].

Die Abhängigkeit der *šissinnu*-Zahlung des Verpächters an den Pächter von des letzteren Arbeitsleistung, die in diesen Urkunden dokumentiert ist, wird wohl dieselbe gewesen sein in den Fällen, in denen dies nicht expressis verbis vermerkt wurde.

Wie oben schon ausgeführt[834], ist der Anspruch auf *šissinnu* nicht das einzige und sicher auch nicht das allein wichtigste Recht des Pächters; wirtschaftlich viel bedeutender war die Befugnis, das Grundstück zu nutzen. Fraglich ist, ob der *šissinnu* auch dann zu zahlen war, wenn die dem Pächter zustehenden Erträge des Grundstücks den jeweiligen *šissinnu*-Betrag überstiegen. Die Tatsache, daß die Stilisierung ex latere conductoris (Pächters) wesentlich häufiger belegt ist als die nach Typ A, sowie die Funktion des *šissinnu* in den Pachtverträgen, legen die Vermutung nahe, daß der *šissinnu* vom Pächter aus der Ernte zu entnehmen, also vom Verpächter nicht zu entrichten war, soweit die Ernte den Betrag des *šissinnu* überstieg. Nur für den Fall, daß die Ernte trotz der Arbeiten des Pächters mißriet und der Betrag des *šissinnu* nicht erreicht wurde, war dem Pächter der Fehlbetrag an diesem „Einkommensminimum" vom Verpächter aus eigenen Mitteln zu leisten.

14) Eviktions- und Defensionsklauseln

Nach der Vereinbarung der verschiedenen Rechte und Pflichten der Vertragsparteien finden sich in einigen Pachtverträgen – auffälligerweise erst seit achämenidischer Zeit – Garantieklauseln des Verpächters für den Fall, daß die Durchführung des Vertrages durch Ansprüche (Dritter) gegen den Pächter auf Herausgabe des Grundstücks gestört wurde[835].

---

831 Vgl. dazu u. bei A. 907.

832 Wohl das Pachtobjekt trotz der mißverständlichen Formulierung in Z. 11 f.: *šezêra* . . . IPN$_1$ *ina eqli* IPN$_2$ *i-ḫe-re* „die Aussaat(fläche) wird PN$_1$ (Pächter) im Felde des PN$_2$ (Verpächters) umgraben".

833 Zu den Parallelen in BE VIII$_1$ 132; IX 99; UM II$_1$ 81; 215 vgl. o. bei A. 720.

834 Vgl. o. bei A. 714.

835 Zu den folgenden Klauseln 2 und 3b für die achämenidische Zeit Cardascia, AM S. 147.

Drei Grundformen dieser Garantieerklärung sind mir in den Pachtverträgen der verschiedenen Arten bekannt:

1. Der Verpächter bürgt für Leute, die (Eigentums-)Ansprüche auf das Grundstück erheben oder „sich (gegen den Vertrag) auflehnen" (d. h. wohl den Vertrag gerichtlich oder außergerichtlich anfechten):
pût ^{h}*sêḫî* ^{h}*pâqirâni* ^{I}*PN našî*
„für einen, der sich (gegen den Vertrag) auflehnt (und) einen Vindikanten ist der PN (Verpächter) Bürge"[836].
2. Der Verpächter verbürgt sich dafür, daß das Grundstück nicht weggenommen wird:
pût la paqâri[837] *ša* ^{še}*zêri šu'âti* ^{I}*PN našî*
„für Nicht-Vindikation dieser Aussaat(fläche) ist der PN (Verpächter) Bürge"[838].
3. a) Der Verpächter bürgt für die „Bereinigung" des Grundstücks:
pût murruqu ša . . . eqli $^{I}PN_1$ – $^{I}PN_X$ *našû*
„für das „Bereinigen" des . . . Feldes sind die PN_1 – PN_X (Verpächter) Bürgen"[839],
oder
3. b) in der Form einer Verpflichtungserklärung ausführlicher ausgedrückt: der Verpächter verpflichtet sich, im Falle von Vindikationen das Grundstück zu „bereinigen" und dem Pächter zu „geben":
ina ûmu paqâru ina muḫḫi ^{še}*zêri šu'âti ittabšû* $^{I}PN_1$ ^{še}*zêra šu'âti umarraqamma ana* $^{I}PN_2$ *inamdin*
„wenn Vindikation hinsichtlich dieser Aussaat(fläche) eintritt / geschieht[840], wird der PN_1 (Verpächter) diese Aussaat(fläche) „bereinigen (vom Anspruch reinigen)" und dem PN_2 (Pächter) geben"[841].

In der leider fragmentarischen Tafel NRV 389 (Âl-Ardi-Ea, Artaxerxes I.) sind die Klauseln 2 und 3b) anscheinend kumuliert[842].

Alle drei Arten der Garantieerklärung wurden außerhalb des Pachtrechts haupt-

---

836 So m. W. nur in VS V 55, 12 ff. (NRV 380), einem Vertrag *ana errêšûti* aus dem 7. Jahr des Cambyses aus Sippar, d. h. aus einer Zeit, in der die Klausel des unten angeführten Typs 3b anscheinend noch nicht allgemein geläufig war. Zu einem Vorläufer des Typs 3b schon zur Zeit Nabonids vgl. BR 6, Nr. 7, 9.

837 Geschrieben: *pa-qa-ri:* UM II_1 96, 8; Kr 146, 10; 148, 11; VS V 120, 12(?) (NRV 389) oder *pa-qa-ru:* BE X 99, 9; UET IV 59, 15.

838 So in BE X 99, 9 (Vertrag *ana sûti*); Kr 146, 10 f. (*ana errêšûti u šutapûti*); 148, 11 (*ana sûti*); UM II_1 96, 8 f. (*ana sûti*); UET IV 59, 15 f. (*ana errêšûti u šutapûti*); VS V 120, 11 f. (NRV 389) (*ana sûti*, Ergänzung mit NRV 389 A. 4), sämtlich aus der Zeit Artaxerxes I und II und Darius II.

839 UET IV 41, 19 ff.; 44, 17 ff., je mit Verpächtermehrheit, vielleicht auch entsprechend zu ergänzen in UET IV 46, 15 ff. Sämtliche Urkunden aus Ur und aus der Zeit Artaxerxes II.

840 Vgl. AHw S. 113 rechts N 3.

841 Kr 144, 18 f. = BE IX 48 (Nippur, Artaxerxes I).

842 So mit NRV 389 A. 4–7. Vgl. dieselbe Erscheinung auch in den mit NRV 389 etwa zeitgenössischen Kaufurkunden über eine Tür UM II_1 173 und über einen Sklaven UM II_1 65 aus Nippur und etwas früher NRV 84; 91; 96.

sächlich in Kaufverträgen verwendet, allerdings – von Ausnahmen abgesehen[843] – auf den Mobiliarkauf beschränkt[844].

Die Bedeutung der Garantieklauseln im Kaufrecht liegt auf dem Gebiet der Rechtsmängelhaftung. In den Fällen der Eviktionshaftung (Klauseln 1 und 2) haftete der Eviktionsbürge – das war meist der Verkäufer, konnte aber daneben oder allein auch eine andere Person sein[845] – dafür, daß dem Käufer die Sache nicht wegen des Rechtes eines Dritten ganz oder teilweise entzogen wurde.

Der Grund für den Entzug der Sache konnte das Eigentum eines Dritten sein – also ein Fall der Vindikation: *paqâru* „wegnehmen" – oder bei Sklavenkäufen die Tatsache, daß der vermeintliche Sklave in Wirklichkeit frei war und deshalb nicht verkauft werden konnte – also ein Fall der Freiheit: *mâr-bânûtu* – oder daß der Sklave Königssklave war, was seinen Verkauf als Sklave ausschloß[846] oder zumindest sonst seinen Wert beeinträchtigte[847] – also ein Fall öffentlich-rechtlicher Beschränkung: *arad-šarrûtu* „Königssklavenschaft"[848].

Über die präzise Bedeutung des weiteren Garantiefalles ^{h}*sêḫû* – der in unserem Pachtvertrag NRV 380 (523 v. Chr.) und beim Sklavenkauf noch unter Darius II. z. B. in UM II_1 65, 12 (421 v. Chr.) erscheint – herrscht noch immer nicht volle Klarheit. Anhand der Pachturkunde NRV 380 und auch anderer Urkunden, die einen Sklavenkauf nicht zum Gegenstand haben – z. B. die Grundstückskaufurkunden BR 8/7 Nr. 19 über einen Dattelpalmengarten[849] und NRV 47 über einen Grundstücksanteil sowie BR 8/7 Nr. 35 über einen Anteil an einer Schlächterpfründe – und dennoch diese Klausel enthalten, kann jedenfalls festgestellt werden, daß es sich nicht um einen Haftungsfall gehandelt haben kann, der nur auf das Sklavenrecht zugeschnitten war, wie Unbotmäßigkeit oder Flucht[850]. Daß ein Unterschied zu *paqâru* bestanden haben muß, ergibt sich aus dem stereotypen Nebeneinander des ^{h}*sêḫû* und des ^{h}*pâqirânu* in den Klauseln dieser Form. Landsberger[851] erklärt *sêḫû* im Gegensatz zu *paqâru* als die eigenmächtige Inbesitznahme des Gegenstandes durch

---

843 Vgl. Petschow, NKF S. 40 f.; BR 8/7 Nr. 19, 37 ff.

844 Vgl. Petschow, NKF S. 33 und SZ 76 (1959) S. 68, der diese Beschränkung auf einen nicht näher gekannten Publizitätsakt beim Immobiliarkauf zurückführt, der jegliche nach Abschluß des Publizitätsaktes, also verspätet geltend gemachte, Ansprüche etwaiger Drittberechtigter ausgeschlossen habe. Zur ab. Urkundenpraxis insoweit San Nicolò, Schlußklauseln S. 138 ff. Vgl. auch das Aufgebotsverfahren in den ma. Gesetzen Tafel B § 6.

845 Vgl. Petschow, NKF S. 57 mit A. 43, 44.

846 So CAD A II S. 212 links: „a special status based on a relationship to the king which precludes the sale of a person as a slave".

847 Vgl. Koschaker, Bürgschaftsrecht S. 178 ff.

848 Über die Erweiterung der möglichen öffentlich-rechtlichen Belastungen, die auf einem Sklaven ruhen konnten, im Verlauf der nb., insbesondere der persischen Zeit und der seleukidischen Zeit vgl. Petschow, NKF S. 57, 70.

849 Dazu A. 843.

850 Zu dieser Problematik und auch zu den Bedeutungen der einzelnen Haftungsfälle eingehend Koschaker, Bürgschaftsrecht S. 173 ff. sowie Eilers OLZ 37 (1934) S. 94 und Petschow, NPR S. 7 A. 14.

851 ZA 39 (1930) S. 287.

den richtigen (bzw. sich so gebärdenden) Eigentümer außerhalb des Gerichtsweges im Wege der Selbsthilfe. Noch allgemeiner übersetzt ^{h}*sêḫû* v. Soden[852] als „sich Auflehnender" (sc. gegen den Vertrag) und CAD[853] „a person acting unlawfully". An NRV 380 ist auffällig das Nebeneinander der Verpächterhaftung für ^{h}*sêḫû* bzw. ^{h}*pâqirânu* einerseits und einer Pächter wie Verpächter treffenden allgemeinen Vertragsstrafenklausel andererseits[854]. Wurden diese Klauseln mit juristischem Kalkül und nicht einfach mechanisch als vorgefertigtes Formularmaterial in den Vertrag aufgenommen, so ergäbe sich daraus wohl, daß ^{h}*sêḫû* nicht den vertragsuntreuen („sich (gegen den Vertrag) auflehnenden") Verpächter, sondern irgendeinen vertragsfremden Dritten gemeint haben muß. Der Vertragsbruch des Verpächters wäre durch die Vertragsstrafenklausel bereits sanktioniert, eine Selbstverbürgung von seiten des Verpächters gegen Vertragsbruch wäre wohl eine überflüssige Häufung von Haftungsvereinbarungen. Eine nähere Untersuchung dieser Frage ginge aber über die Grenzen dieser Arbeit hinaus, zumal das Wort in unseren Pachtverträgen nur einmal belegt ist.

Rechtsfolge der Wegnahme war wohl beim Kauf für den Eviktionsbürgen – wenn nichts anderes vereinbart war – ausschließlich die Rückzahlung des Kaufpreises; überdies nach § 6 des sogen. nb. Gesetzesfragmentes bei Eviktion einer Sklavin zusätzlich 1/2 Sekel Silber für jedes Kind, das zwischen Kaufabschluß und vollzogener Eviktion geboren und dann offensichtlich zusammen mit der Mutter als „Sachfrucht" weggenommen wurde[855]. Weitere Schadensersatzpflichten mußten wahrscheinlich zusätzlich vereinbart gewesen sein[856].

Anders als die Eviktionsklausel ist die Defensionsklausel (Klauseln 3 a und b) konzipiert. Sie geht zwar von demselben Fall wie die Eviktionsklausel aus: Beeinträchtigung des Käufers durch etwa von dritter Seite geltend gemachte Rechtsmängel – allerdings beschränkt auf das *paqâru*[857]. Indessen wird die Garantie hier anders und zeitlich früher wirksam insofern, als der „Bereiniger" (*mumarriqânu*) – das kann wiederum der Verkäufer und/oder ein Dritter sein – schon vor Vollendung der Eviktion verpflichtet ist[858], anstelle des Käufers die Drittansprüche zu beseitigen, insbesondere gegebenenfalls in einen Vindikationsprozeß[859] einzutreten und die Kaufsache durch „Bereinigen" (*murruqu*) der Angelegenheit gegen den Vindikanten zu verteidigen. Nach er-

852 BR 6, S. 27 ad 7.

853 A II S. 212 links.

854 Dazu u. bei A. 893.

855 Dazu Petschow, NKF S. 64 mit A. 74; SZ 76 (1959) S. 66 ff.; RlA III S. 277 rechts.

856 So schon Koschaker, Bürgschaftsrecht S. 182 f.; Petschow, NKF S. 64 f. und SZ 76 (1959) S. 67 ff. Zu den Rechtsfolgen der Eviktion bei der Pacht s. sogleich unten.

857 Vgl. Petschow, NKF S. 58 f.

858 So schon Koschaker, Bürgschaftsrecht S. 193.

859 Daß das *murruqu* „Bereinigen" spätestens im Prozeß stattfinden mußte, ergibt sich aus UM II_1 65, 18; 173, 13: (*murruqu*) *ina pân* ^{h}*daiânê* „(bereinigen) vor den Richtern"; vgl. Cardascia AM S. 172 f. Zu Defensionsklauseln in Keilschrifturkunden der hellenistischen Zeit Lewenton, Studien S. 46 ff.

folgreicher „Bereinigung" hatte er die Sache an den Käufer herauszugeben[860]. Mißlangen die Bemühungen des „Bereinigers", so traten wahrscheinlich – wenn die Urkunden dazu auch nichts ausdrücklich erwähnen – die gleichen Rechtsfolgen wie bei der Eviktionshaftung ein, also regelmäßig die Rückzahlung des Kaufpreises[861].
Die häufigere Form der Defensionsklauseln ist dabei beim Kauf der Typ 3 b. Die Bürgschaftsfassung (3 a) ist dagegen im Kaufrecht selten[862] und auch im Pachtrecht bisher nur in Ur in UET IV 41; 44; 46(?) belegt. Ein rechtlicher Unterschied zu der sonst geläufigeren Defensionsklausel 3 b dürfte kaum bestanden haben.
Anders als im Kaufrecht erscheint in Pachtverträgen nie ein Vertragsfremder als Garant dieser Haftungsklauseln, sieht man von Kr 148 ab, wo der beim Vertragsschluß auftretende Stellvertreter (^{h}*paqdu*) des Grundstücksinhabers nach Z. 11 eine Eviktionsbürgschaft bezüglich des Pachtfeldes vielleicht deshalb übernimmt, weil er – nach Z. 7 ff. zumindest formell als Empfänger des Pachtzinses stilisiert – in den Augen des Pächters auch materiell an die Stelle des Grundstücksinhabers getreten ist.
So auffällig die Pachtverträge hier vom Kaufrecht abweichen, so wenig ist dafür ein Grund einzusehen. Der Verzicht eines Dritten auf Einspruchsrechte am Vertragsobjekt, der mit seiner Eviktionsbürgschaft verbunden war[863], konnte auch in Pachtverträgen von Bedeutung sein, bei Unterverpachtungen sogar in größerem Umfang als im Kaufrecht, hätten auf diese Weise doch Ansprüche des (im Unterpachtvertrag Eviktionsbürgschaft leistenden) Oberverpächters gegen den Unterpächter ausgeschlossen werden können. Vielleicht beruht aber der vorliegende Befund der Pachtverträge auf Überlieferungszufall.
Sicher anders als im Kaufrecht war dagegen in den Pachtverträgen die Rechtsfolge der Garantieklauseln. Bestand sie dort regelmäßig in der Rückzahlung des Kaufpreises, so hier wohl darin, daß der Verpächter den Schaden zu ersetzen hatte, der dem Pächter durch den vorzeitigen Verlust des Nutzungsrechtes bei Eingriffen Dritter entstand[864]. Besonders vorsichtige und wohl auch ausnahmsweise wirtschaftlich den Verpächtern überlegene Pächter, wie Enlil-šuma-iddin in BE IX 48 = Kr 144, Rîmût-Ninurta in UM II_1 96 und dessen *ardu* Rîbât in BE X 99 setzten darüber hinaus noch Vertragsstrafen für einen wohl

---

860 Ob die Herausgabepflicht nach „Bereinigen" eine Sonderpflicht war, oder ob *murruqu* und *nadânu* als Hendiadyoin für die Prozeßhandlungen des „Bereinigers" (*mumarriqânu*) im Eviktionsprozeß anzusehen ist, ist umstritten. Vgl. dazu Petschow, NKF S. 60 ff.; Landsberger, ZA 39 (1930) S. 288 f. und neuerdings Lewenton, Studien S. 47 ff.

861 Vgl. Koschaker, Bürgschaftsrecht S. 193, der auch „Interesseleistung" des Verkäufers in Erwägung zieht; Petschow, NKF S. 65.

862 In NRV 76 in die Klausel Typ 2 eingefügt und in CT IV 32a, 9 f. neben (Z. 11 ff.) der Defisionsklausel; beide Tafeln aus der Zeit Darius I; ebenso VS XV 13, 13 ff. und 17 f. (seleukidisch). Vgl. Petschow, NPR S. 27 A. 59. Für das Pfandrecht vgl. AnOr 8 Nr. 13, 21 (Nbk. II 28. Jahr). Das Wort *murruqu* für „Bereinigen" (von Ansprüchen) ist also schon chaldäisch belegt; vgl. auch BR 6 Nr. 7, 9 (Nbn. 10. Jahr), hier allerdings in der Verpflichtungsform des Praes./Fut.

863 So Koschaker, Bürgschaftsrecht S. 200 f.; Petschow, NKF S. 57.

864 Vgl. Petschow, NPR S. 115 und A. 360.

nicht schon durch die Eviktionshaftung gedeckten Störungsfall durch: die vorzeitige Wegnahme (*ekêmu*) des Grundstücks durch den Verpächter selbst. Die Haftung für diese Fälle ergab sich vielleicht schon unmittelbar aus dem Leistungsversprechen des Verpächters, so daß durch diese Vereinbarung dem Pächter lediglich der Nachweis der konkreten Schadenshöhe erspart werden sollte. Der Pächter konnte die Vertragsstrafsumme als pauschalierten Schadensersatz verlangen, was plastisch zum Ausdruck kommt in der Vertragsstrafenklausel des über 60 Jahre laufenden „Pacht"vertrags[865] BE IX 48 = Kr 144, 15 ff.:

ina u_4*-mu a-di la šánâte*^{meš}*-e' 60 i-šal-lim-u' u* ^{še}*zêra šu'âti*^{meš} $^{I}PN_1$ *a-na* $^{I}PN_2$ *ik-ki-mu ku-um dul-lu šá ina lìb-bi i-pu-šú u ziq-pu šá ina lìb-bi iz-qu-pu 1 bilat kaspa* $^{I}PN_1$ *a-na* $^{I}PN_2$ *i-nam-din*

„wenn vor Ablauf der 60 Jahre der PN_1 (Verpächter) diese Aussaat(fläche) dem PN_2 (Pächter) wegnimmt, wird PN_1 dem PN_2 für die Arbeit, die (dies)er darin (auf dem Felde) verrichtete und die (Palm-)Schößlinge[866], die er darin pflanzte, ein Talent Silber geben."

Obgleich hier die Strafsumme den Wert des gesamten voraus entrichteten „Pachtzinses" von 1200 Kor Datteln weit überstieg[867], scheint der „Pachtzins" in ihr wenigstens dem Wortlaut nach nicht enthalten gewesen zu sein. Der „Pachtzins" war hier im Falle der vorzeitigen Wegnahme des Grundstücks von seiten des Verpächters gesondert für die Jahre zurückzugewähren, in denen dem „Pächter" die Nutzung vertragswidrig vorenthalten wurde, eine Haftungsfolge, die – dem Kaufrecht entsprechend – im Sonderfall des praenumerando gezahlten Pachtzinses auch mangels ausdrücklicher Vereinbarung anzunehmen sein wird. War der Pachtzins – wie allgemein – postnumerando zu zahlen, so konnte die Rückzahlung naturgemäß nicht in dieser Haftung enthalten gewesen sein.

Das Nebeneinander von Eviktionsbürgschaft (Typ 2) *pût la paqâri naši* „für das Nichtwegnehmen (Nicht-Vindikation) ist er (Verpächter) Bürge" und Vertragsstrafe bei vorzeitiger Wegnahme des Grundstücks durch den Verpächter, selbst in den genannten Urkunden, deutet darauf hin, daß *paqâru* im Gegensatz zu *ekêmu* auf den Eingriff Dritter begrenzt war[868]. Vorausgesetzt muß dabei allerdings werden, daß die Klauseln in dieser Häufung juristisch gezielt in die Urkunde aufgenommen wurden. Möglich wäre – wie schon zur Häufung von Klauseln über ^{h}*pâqirânu* und ^{h}*sêḫû* erwähnt – daß der Schreiber die Klauseln vorsichtshalber aus seinem Repertoire in die Urkunde übernommen hatte, ohne sich der möglichen Konkurrenzen bewußt zu sein.

865 In Wirklichkeit handelt es sich hier wohl um Darlehen, das der „Pächter" dem „Verpächter" gegeben hat; vgl. o. A. 762 und u. bei A. 888.

866 Vgl. CAD Z S. 127 rechts: „(palm)shoots".

867 Selbst wenn man von einer Verteuerung der Datteln in achämenidischer Zeit von durchschnittlich 1 Sekel Silber pro Kor Datteln (so der Idealkurs in der Chaldäerzeit) auf 2 Sekel Silber ausgeht, entspricht der gesamte Pachtzins etwa 2400 Sekel Silber und liegt damit noch um ein Drittel unter der Strafsumme von einem Talent = 3600 Sekel.

868 Anders Cardascia, AM S. 147 mit A. 3: „Le preneur est garanti: a. Contre le trouble venant du bailleur: *pût lâ paqâri ša bîti šu'âti A naši*", im Gegensatz zur Garantie Typ 3b: „Contre le trouble provenant d'un tiers".

Die Gefahr, die sich für den Pächter aus einem Rechtsmangel ergeben konnte, war u. U. – insbesondere wenn er schon seit längerem Aufwendungen (z. B. Feldbestellung, Baumpflanzungen) auf das Grundstück gemacht und vielleicht auch unberechtigt gezogene Nutzungen dem Vindikanten herauszugeben hatte – kaum geringer als die des Käufers, der den Kaufpreis umsonst gezahlt hatte. Verpachtete ein Nichtberechtigter das Grundstück, so konnte sich der Pächter dem Berechtigten gegenüber auf seinen Pachtvertrag nicht berufen, da er ebensowenig wie der Käufer in seinem Vertrauen auf die Berechtigung des Vertragspartners geschützt war.

Eine ganz andere Frage ist aber, ob darüber hinaus der Pächter auch dann den Ansprüchen Dritter ausgesetzt sein konnte, wenn der Verpächter bei Abschluß des Vertrages zur Verpachtung berechtigt war, dann aber – etwa durch Verkauf oder Verpfändung – dieses Recht verlor.

Daß das Pachtverhältnis den Eigentümer/Verpächter nicht hinderte, das Grundstück zu veräußern, dürfte anhand der Urkundengruppe NRV 515; 54; 55 erwiesen sein. Während der Laufzeit des Pachtvertrages NRV 515 verkaufte die Verpächterin Ina-Esagila-bêlet gemeinsam mit ihrem Ehemann das Grundstück in NRV 54 an Amat-Baba, die durch ihren Mann vertreten wurde[869]. Von einer Zustimmung des Pächters Iddina-Nabû/Nûr-Marduk ist weder in NRV 54 noch in NRV 55 die Rede, noch ist er unter den Zeugen erwähnt. Man darf also wohl auch annehmen, daß seine Zustimmung für die Wirksamkeit der Veräußerung nicht erforderlich war. Wenn dies auch die einzige Urkundengruppe ist, mit der dieser Nachweis geführt werden kann, dürfte doch feststehen, daß Pacht die Veräußerung allgemein nicht hinderte.

Der Eigentümer verlor also durch die Verpachtung nicht das Recht, über die Sache zu verfügen. Das setzt aber doch wohl voraus, daß zwischen Eigentum an einer Sache als einem von jeder Art von Besitz unabhängigem Recht und dem Besitz als tatsächlichem Herrschaftsverhältnis bereits unterschieden wurde, wenigstens soweit die praktischen Auswirkungen davon berührt wurden. Durch die Verpachtung wurde nur der Besitz, nicht etwa auch die gesamte Sachherrschaft – beschränkt auf die Laufzeit des Vertrages – übertragen. Die Auffassung Cardascias[870], ein Unterschied zwischen Eigentum und Besitz im Sinne des geltenden Rechtes sei nicht bekannt gewesen, Eigentum sei vielmehr eine allgemeine Herrschaftsbefugnis gewesen, die der Eigentümer in vollem Umfang entweder für immer (beim Verkauf) oder auf Zeit (z. B. bei Verpachtung) verlor, wann er den Besitz der Sache etwa durch Verpfändung, Vermietung, Verpachtung oder Verkauf aufgab, ist deshalb fragwürdig. Cardascia selbst[871] weist darauf hin, daß seiner These die Veräußerung einer verpachteten Sache widersprechen würde. Seine Argumentation beruht u. a. darauf, daß ihm die Veräußerung einer verpachteten Sache nicht bekannt sei[872]. Die genannte Ur-

---

869 Dieses Vertretungsverhältnis kommt erst in NRV 55 zum Ausdruck; vgl. dazu o. bei A. 111.

870 RIDA 3. Ser. VI (1959) S. 19 ff.

871 aaO. S. 27 f.

872 Daher auch die Bemerkung aaO. S. 27: „Une autre opération ne devait pas être practicable, si notre thèse est fondée: l'aliénation d'un bien loué".

kundengruppe gibt aber doch wohl eindeutig diesen Fall wieder, es sei denn, der Pachtvertrag wäre im Einvernehmen beider Vertragsparteien oder auf einseitige Veranlassung des Pächters vorzeitig aufgelöst worden, wofür wir keinerlei Anhaltspunkte haben[873]. Bestand also das Pachtverhältnis bei Verkauf und war die Zustimmung des Pächters zum Kaufvertrag nicht erforderlich – beides Annahmen, von denen wir bis zum Nachweis des Gegenteils ausgehen können – so ergibt sich umgekehrt, daß der Pächter nur das Recht zu Besitz und Nutzung erlangte, nicht aber, daß damit der Verpächter jede Verfügungsbefugnis für die Pachtdauer einbüßte.
Nach den Urkunden, in denen sich der Pächter durch Vertragsstrafklauseln gegen vorzeitige Besitzentziehung durch den Verpächter zu schützen versuchte[874], hat es sogar prima facie den Anschein, als ob das beim Verpächter/Eigentümer verbliebene Verfügungsrecht über das Grundstück diesem die Befugnis gegeben habe, das Grundstück auch während der Pachtdauer dem Pächter jederzeit wegzunehmen (*ekêmu*). Driver-Miles[875] nehmen für den Mietvertrag aufgrund § E CH und HG III 503; 504 dementsprechend an, daß sich der Mieter gegen die vertragswidrige Wegnahme des Grundstücks durch den Vermieter nicht wehren konnte, sondern seine Rechte lediglich auf Schadensersatzansprüche gegen den Vermieter beschränkt waren, die in der Rückgewähr des praenumerando gezahlten Mietzinses bestanden hätten. Der Schutz des Mieters sei aber durch diese „ingenious provision" des Gesetzgebers voll gewährleistet gewesen. Fraglich ist aber schon zu § E CH, ob eine Wegnahmebefugnis des Vermieters der Regelung zugrundelag. Daß das Gesetz als Rechtsfolge nur den Mietzinsverlust für den Vermieter ausspricht, braucht nicht bedeutet zu haben, daß weitere Sanktionen gegen diesen offensichtlichen Vertragsbruch[876] ausgeschlossen waren. Vielleicht wurde § E CH nur als Ergänzung zu dem – aus der Bindungswirkung des Vertrags resultierenden – selbstverständlichen und daher einer schriftlichen Regelung nicht bedürftigen Rechtssatz in das Gesetz aufgenommen, daß Vertragsbruch die Vertragspflichten nicht beseitigen kann.

Einen ab. Beleg für einen Verkauf eines verpachteten Feldgrundstücks enthält – worauf mich Prof. Petschow hinweist – vielleicht der fragmentarische Feldkaufvertrag ARN 56 (nach ebenda S. 84 Isin-Zeit); dazu Kraus, Edikt Ammiṣaduqa S. 138 Ziff. (2).

873 Möglich wäre freilich, daß der Pächter nach Kaufabschluß in einer besonderen – uns nicht erhaltenen – Urkunde „zur Zeugenschaft" zugezogen und damit seine nachträgliche Genehmigung eingeholt wurde.

874 UM II_1 30; 96; 182; BE IX 48; X 99; NRV 386; dazu näher u. bei A. 897.

875 BL I S. 168 ff., 170: „It appears that the latter can be evicted by the owner even during his term and cannot protect his possession by an application to a court in the nature of an action of ejectment or of an injunction. He is not a tenant and has no interest in land or right *in rem*, but is rather in the position of a licensee with a purely contractual interest, who can only sue for damages".
Vgl. auch Lautner, Personenmiete S. 118 A. 383; S. 140 f.

876 So auch Lautner, aaO. S. 141: „vorzeitige Vertragslösung ist in jedem Fall Vertragsbruch" und Driver-Miles aaO. S. 170: „If, when he has done this (sc. den Mieter vorzeitig zu vertreiben), the owner breaks the contract".

Für die nb. Pachtverträge wäre die Regelung des § E CH meistens ins Leere gegangen, da hier im Gegensatz zum Mietrecht der Pachtzins gewöhnlich postnumerando zu entrichten, seine Rückgewähr für das jeweilige Pachtjahr also ausgeschlossen war. Denkbar wäre allerdings eine dem unterschiedlichen Zahlungsmodus angepaßte Regelung, nach der in diesem Fall der Pachtzins für das gesamte Jahr nicht geschuldet war. Dafür haben wir jedoch keine konkreten Anhaltspunkte. Wahrscheinlich ist m. E., daß die Bindungswirkung des Vertrages allein ausreichte, um den Pächter vor der widerrechtlichen Besitzentziehung von seiten des Verpächters zu schützen. Die Tatsache, daß die Mehrzahl der Pachtverträge allgemeine oder auf diesen Störungsfall speziell zugeschnittene Vertragsstrafenklauseln nicht enthalten, spricht dafür, daß sich der Pächter im Regelfall auf die Bindungswirkung des Vertrages auch insoweit verlassen hatte und auch konnte. Die Vertragsstrafen hatten wohl – ebenso wie im geltenden Recht – nur die Funktion, Vertragsbrüche, die das Vertragsverhältnis rechtlich nicht beeinträchtigen konnten, wegen der tatsächlichen Nachteile für den Pächter bei rechtswidriger Besitzentziehung, dem Verpächter von vornherein zu verleiden.

Die weitere Frage ist nun, ob dieses Recht zum Besitz nur gegenüber dem Verpächter wirkte, oder ob es der Pächter jedem Dritten entgegenhalten konnte. Das ist gerade dann aktuell, wenn das Grundstück nach Pachtvertragsabschluß während des Pachtbesitzes des Pächters oder auch schon vorher verkauft, anderweitig veräußert oder mit einem Nutzungsrecht – etwa einem antichretischen Pfandrecht – belastet wurde. Problematisch ist, ob die Veräußerung den Pachtvertrag überhaupt beseitigte oder ob der Pachtvertrag zwischen Verpächter und Pächter zwar aufrechterhalten blieb mit etwaigen Strafwirkungen gegenüber dem Verpächter, aber der Erwerber des Grundstücks ihn nicht gegen sich gelten zu lassen brauchte, oder ob schließlich der Pachtvertrag auf den Erwerber in der Form überging, daß dieser ipso iure in den Vertrag als Verpächter eintrat. Die Fragen lassen sich nicht sicher beantworten. Die gänzliche Beseitigung des Pachtvertrages durch Veräußerung des Grundstücks ist wenig wahrscheinlich, denn sie würde im Ergebnis dem Verpächter die Befugnis geben, den Vertrag straflos einseitig zu lösen. San Nicolò[877] zieht anhand von NRV 54 f., 515, 516 in Erwägung, daß die Veräußerung des Grundstücks nicht den Übergang der Verpächterstellung auf den Erwerber bewirkte. Wie schon oben erwähnt, wurde nach NRV 515 ein Grundstück auf 3 Jahre an Iddina-Nabû verpachtet, aber in NRV 54 (ergänzt durch NRV 55) schon ein Jahr später von der Verpächterin und ihrem Ehemann veräußert. Zwei Monate nach der Veräußerung wurde der *imittu*-Schein NRV 516 offenbar bezüglich desselben Grundstücks zugunsten der Erwerberin ausgestellt. Geschuldet wurde die *imittu* jedoch nicht von Iddina-Nabû, dem Pächter des Grundstücks vor Veräußerung, sondern von zwei anderen, im Pachtvertrag NRV 515 nicht erscheinenden Leuten. Unmittelbar nach der Veräußerung muß also die Erwerberin einen neuen Pachtvertrag mit diesen beiden abgeschlossen haben, aufgrund dessen die *imittu* als Pachtzins festgesetzt wurde. Wenn Iddina-Nabû der Erwerberin gegenüber nicht frei-

877 NRV S. 455.

willig auf sein Pachtrecht verzichtet hatte oder sonst ein Endigungsgrund für das Pachtverhältnis vorgelegen hatte, wofür wir keinen Anhaltspunkt haben, muß diese Urkundengruppe in der Tat als Hinweis darauf gewertet werden, daß der Erwerber des Grundstücks nicht in die Pflichten und Rechte des Pachtvertrags eintrat, der Pächter ihm umgekehrt auch ein Recht zum Besitz nicht entgegenhalten konnte. Das Pachtverhältnis bliebe also dann auf die ursprünglichen Vertragsparteien beschränkt; die Veräußerung durch den Verpächter/Eigentümer würde nachträglich einen Eviktionsfall schaffen, gegen den sich der Pächter – allerdings nur seinem Verpächter gegenüber – durch Eviktionshaftungsklauseln und wohl auch der Vertragsstrafen absichern konnte. Ob mangels solcher Vereinbarungen dem Pächter keinerlei Handhabe gegen seinen vertragsbrüchigen Partner gegeben war, mag zweifelhaft erscheinen angesichts der überwiegenden Zahl von Verträgen, die keine Klauseln dieser Art enthalten. Auch bei einer „gesetzlichen" Haftung des Verpächters für solche Störungsfälle hätten diese Klauseln ihren Zweck: die Eviktions- bzw. Defensionsklauseln für die Fälle unverschuldeter Eviktion, für die vielleicht „gesetzlich" nicht gehaftet wurde, die Vertragsstrafen in der Pauschalierung einer Schadensersatzsumme.

Die Aufnahme der Rechtsmängelhaftung in den Vertrag war der Parteivereinbarung überlassen und damit auch dem freien Spiel der Kräfte auf beiden Seiten des Vertrages. Gerade bei diesen Nebenabreden zeigt sich – wie ja auch heute noch[878] – die wirtschaftliche Stärke der Vertragsparteien: dem Pächter als regelmäßig schwächerer Partei gelang oft die Durchsetzung solcher Klauseln nicht und war ihm vielleicht auch nicht so wesentlich wie beispielsweise die Vereinbarung eines erträglichen Pachtzinssatzes. Bei einer vom Pächter erhofften reibungslosen Durchführung des Vertrages hatten diese Haftungsklauseln im Gegensatz dazu keine primäre Bedeutung. Daraus wird sich wohl erklären, daß hier anders als beim Kauf – wo keine der Parteien typischerweise schwächer war – Rechtsmängelklauseln verhältnismäßig selten belegt sind. So nimmt z. B. ein Mitglied des Hauses Muraššû solche Klauseln nie als Verpächter, wohl aber gelegentlich als Pächter[879] in seine Pachtverträge auf. Bezeichnenderweise läßt die Mehrzahl der Urkunden, in denen dem Muraššû als Pächter die Vereinbarung solcher Klauseln nicht gelungen ist, erkennen, daß ihm der Vertragspartner in irgendeiner Form überlegen war, so in Kr 147, 1 f. der *muḫḫi sûti ša* $^{nâr.d}$*sîn* „Domänenverwalter[880] des Sîn-Kanales[881]", in BE IX

878 Man denke nur an die Unzahl „kleingedruckter" Geschäftsbedingungen bei Formularkauf-, -miet- oder -darlehensverträgen, gegen die der einzelne Käufer, Mieter oder Darlehensnehmer regelmäßig nichts unternehmen kann und vielleicht auch nicht will, weil er ihre rechtliche Bedeutung nicht überblickt oder ihre Realisierung nicht befürchtet.

879 Rîmût-Ninurta: UM II_1 96
Muraššû: Kr 148
Enlil-šuma-iddin: BE IX 48
Ribât, *ardu* des Rîmût-Ninurta: BE X 99; Kr 146.

880 So Ungnad, Glossar S. 140. Vgl. Moore, NBAD S. 308 für *ša muḫḫi sûti* im Eanna-Archiv: „the official in charge of the rent paid on temple property" und Ebeling, RlA I S. 453 links für *amêlu ša (ina) elî sûti:* „Vorsteher des Pachtabgabenamtes".

72, 2 die ^{h}*šangê ša larag*^{ki} „Priester von Larag“, vertreten durch den ^{h}*rab-umma* „Kanzler[882]“, in BE IX 102, 7 f. der ^{h}*ustarbari* ^{h}*šaknu ša* ^{h}*banaikânu* „Polizist, Vorsteher (des Kollektivs) der ^{h}*banaikânu*[883] und schließlich in BE X 15, 3 ff. (6) der ^{h}*šaknu ša bît umasupitrû* „Vorsteher von Bît-Umasupitrû“. Nur wenige Urkunden dieser Art enthalten keine erkennbaren Hinweise auf solche Rangunterschiede zwischen den Vertragsparteien[884]. Das Kräfteverhältnis der Parteien wird aber wohl auch hier den Ausschlag gegeben haben.

15) Quittungsklauseln

Pachtverträge enthalten in aller Regel keine Quittungsklauseln über gezahlten Pachtzins. Das ist bei Teilpachtverhältnissen und *imittu*-Verträgen selbstverständlich, weil der Pachtzins hier erst nach der vom Pächter durchzuführenden Ernte aus den Erträgen des Feldes zu entrichten war. Ebenso selbstverständlich ist das Fehlen von Quittungsklauseln in Pachtverträgen, in denen das Entgelt des Pächters in Arbeitsleistung bestand.

Aber auch Pachtverträge gegen festen Pachtzins enthalten nur ganz selten Quittungsklauseln[885]. Die erste Pachtzinsrate wird auch hier wohl grundsätzlich nicht bei Vertragsabschluß, sondern erst nach der ersten Rechnungsperiode zu zahlen gewesen sein, also im Gegensatz zur Miete[886] regelmäßig postnumerando. Die Vertragsvereinbarungen wurden demnach üblicherweise so getroffen, daß der Pächter, der in der Regel einer sozial und wirtschaftlich schwachen Bevölkerungsgruppe angehörte, den Pachtzins aus den Erträgen des Grundstücks bestreiten konnte, besonders dann, wenn – wie gewöhnlich – der Pachtzins in Naturalien zu entrichten war. Die wirtschaftlichen Voraussetzungen waren insoweit gänzlich vom Mietrecht verschieden, wo der Mieter aus der Mietsache seltener, nämlich nur aus Geschäftsgrundstücken, nicht aber aus seiner Privatwohnung, Erträge zur Begleichung der Mietzinsen erwirtschaften konnte. Dem Interesse des Pächters an postnumerando-Zahlung wird der Verpächter außerdem auch deshalb regelmäßig ohne wesentliche Bedenken Rechnung getragen haben, weil er sich auch bei diesem Zahlungsmodus gewöhnlich

---

881 Die Rangordnung kommt hier auch darin zum Ausdruck, daß der Muraššû Rîmût-Ninurta ausnahmsweise als Vertragsofferent in der Zwiegesprächsurkunde auftritt.

882 So Cardascia, AM S. 12 A. 5 zu *rab um:* „chancelier?“. Zur Stelle S. 128 „chef de la collectivité“ (sc. der Priester).

883 So Cardascia, AM S. 87 A. zu BE X 89, 15; S. 128 mit A. 1.

884 So BE IX 60; X 53; UM II_1 20. In UM II_1 182, 9 ff. gelingt es Rîmût-Ninurta, wenigstens eine gegen die Wegnahme des Grundstücks durch den Verpächter gerichtete Vertragsstrafenklausel in Höhe von 5 Minen Silber in den Vertrag aufzunehmen.

885 Die Formulierung ist nahezu einheitlich:
(kaspâ x) sût (mandatti) eqli ša šatti y^{kam} $^{I}PN_1$ *ina qâtê*^{II} $^{I}PN_2$ *maḫir eṭir* „(das Silber (im Betrage von) x), den Pachtzins (die Abgabe) des Feldes des y. Jahres hat der PN_1 (Verpächter) aus den Händen des PN_2 (Pächters) empfangen, er ist bezahlt“.
Belege für Verträge *ana sûti:* BE X 53, 17 ff.; UM II_1 16, 11 f.; BE IX 48, 13 ff.
Für Verträge *ana mandatti:* UET IV 41, 23 ff.; 42, 23 ff.

886 Zur praenumerando-Zahlung bei der Hausmiete vgl. Oppenheim, Mietrecht S. 16; Petschow, NPR S. 9 A. 20a; S. 56 A. 161.

leicht Befriedigung durch rechtzeitigen Zugriff auf die Ernte verschaffen konnte, während der Vermieter bei postnumerando-Zahlung ein erheblich größeres Verlustrisiko bei Zahlungsunfähigkeit oder Flucht des Mieters zu tragen hatte. Die Interessen beider Parteien wurden also insofern in beiden Vertragstypen sehr deutlich berücksichtigt.

Die oben[887] aufgeführten 5 Urkunden mit Quittungsvermerk über Zahlung des Pachtzinses sind also der irreguläre Fall. Der Pachtvertrag BE IX 48 über 60 Jahre, der die Entrichtung des vollen Pachtzinses für diese Zeit beurkundet, dürfte, wie oben ausgeführt[888] in Wahrheit die verdeckte Form der Abzahlung von Schulden (Kapital, Kapitalzinsen und Bearbeitungskosten) des „Verpächters" durch „zinslose" Überlassung des Grundstücks an den Gläubiger („Pächter") Enlil-šuma-iddin sein, dem derzeitigen Chef des großen Geschäftshauses Muraššû in Nippur. Der Vertrag muß insoweit wohl aus der Betrachtung des Pachtrechts ausscheiden. Dagegen wird es sich bei BE X 53 und UM II_1 16 – in beiden ist ebenfalls Enlil-šuma-iddin Pächter – nicht um diese Form der Schuldentilgung gehandelt haben, da der Pachtzins hier jeweils nur für das erste Jahr des dreijährigen Pachtvertrages quittiert ist, während der Zahlungsmodus für die restlichen Jahre im Gegensatz zu BE IX 48 nicht erwähnt ist. In UM II_1 16 wird es sich aber trotz der Quittungsklausel um postnumerando-Zahlung gehandelt haben, ist doch der Vertrag erst am 20. Tašrit des 1. Jahres des Darius II. aufgesetzt worden, während der Pächter gem. Z. 13 ff. schon seit Nisan desselben Jahres, also bereits nahezu 7 Monate, im Besitz des Pachtgrundstückes war. Im Monat der Vertragserrichtung konnte er bereits die Ernte der Dattelpalmen[889], mit denen das Grundstück bepflanzt war, eingebracht und in Silber umgesetzt haben und so daraus den Pachtzins entrichten. Dasselbe könnte auch der Quittungsklausel in BE X 53 zugrundeliegen. Der Vertrag ist vom 21. Tašrit des 1. Jahres des Darius II. datiert, die Klausel über den Beginn des Pachtzinses in Z. 15 ist aber leiter zerstört. Vielleicht ist hier entsprechend UM II_1 16 – diese Tafel ist nur einen Tag älter als BE X 53 – zu ergänzen:

ul-[tu ^{araḫ}*nisani šatt]i 1*^{kám} ^{I}*d[a]-r[i]-ia-a-muš šarri* ^{še}*zêru šu'âti*^{meš} *a-na sûti a-di 3-ta šánâte*^{meš} *ina pân* $^{\text{I.d}}$*enlil-šuma-iddin*;

„v[om Monat Nisan des] 1. [Jahre]s des Königs D[a]r[i]us (= II) (ist) diese Aussaat(fläche) gegen Pachtzins auf 3 Jahre zur Verfügung des Enlil-šuma-iddin"[890].

Wie UM II_1 16 und vielleicht BE X 53 enthält auch UET IV 42 eine Quittung über Pachtzinszahlung und einen Vermerk über vorzeitigen Beginn des Pachtbesitzes. Der Pachtzins (10 Sekel Silber) ist nach Z. 17 im Ajjar, dem Erntemonat der Gerste, fällig und für das erste Jahr bezahlt. Der Pächter war aber nach Z. 26 ff. schon seit Nisan im Besitz des Grundstücks, konnte also vielleicht schon

---

887 A. 885.

888 Vgl. A. 762.

889 Vgl. Cocquerillat, Palmeraies S. 34 rechts: Dattelernte im September bis Anfang Oktober, also im Ulul oder Tašrit.

890 Anders HAU Nr. 55: „Vom 21. Tischri(?) . . . ". Nach der Kopie würde aber der Raum in der Textlücke wohl für die Ergänzung nicht ausreichen. Im Ergebnis wie HAU Nr. 55 Cardascia, AM S. 140: „En BE, X, 53, Muraššû regle, lors du contrat, tout le loyer de la première année".

die Gersteernte des vorhergehenden Jahres eingebracht[891] und in Silber umgesetzt haben und damit den Pachtzins für das neue Pachtjahr im voraus entrichten. Anders als zumindest in UM II_1 16 blieb hier aber dem Pächter nur sehr wenig Zeit, sich um den Ertrag des Feldes im ersten Pachtjahr zu kümmern und sich diesen damit sozusagen zu verdienen. Wir müßten hier irgendeinen Ausgleich mit dem Vorpächter annehmen, worüber natürlich der Pachtvertrag nichts aussagt. In UET IV 41 ist von vorzeitigem Beginn des Pachtbesitzes dagegen keine Rede; die Zahlung des Pachtzinses ist hier ausdrücklich wohl für das erste der vier Pachtvertragsjahre beurkundet[892]. Es handelt sich dort um eine Ausnahme vom Grundsatz der postnumerando-Zahlung des Pachtzinses, deren Gründe für die Parteien sicher klar waren, uns aber nicht mehr erkennbar sind.

16) Vertragsstrafen

Die Rechtsmängelhaftung erstreckte sich nur auf einen verhältnismäßig geringen Teil aller denkbaren Vertragsstörungen, betraf sie doch nur Eingriffe Dritter – wahrscheinlich nicht einmal des Verpächters selbst – in das Besitz- und Nutzungsrecht des Pächters am Grundstück. Vertragsstörungen, die sich nicht als Eviktionsfälle darstellten, etwa die Nichtzahlung des vereinbarten *šissinnu*, wohl auch die Besitzentziehung durch den Verpächter und vor allem sämtliche Vertragsverletzungen des Pächters waren nicht Gegenstand dieser Haftung.
Nicht selten erscheinen deshalb zum Schutze der Parteien gegen jene, nicht von der Rechtsmängelgewährschaft des Verpächters erfaßten Vertragsstörungen spezifische Vertragsstrafklauseln, teils in allgemeiner Form, teils aber auch auf ganz bestimmte Vertragsverletzungen abgestellt.
Nach den allgemein gefaßten Vertragsbruchklauseln soll *nabalkattânu*[893] oder *ša ittabalkitu*[894] *x kaspa inamdin*[895] „der Übertreter (des Vertrages, der Ver-

---

891 Das Pachtobjekt setzt sich nach Z. 1 aus einem mit Dattelpalmen bepflanzten Feld und einer (für Getreidebau) kultivierten Aussaat(fläche) zusammen.

892 Vgl. Z. 23 ff.: *man-da-tu₄ šá a-ḫi [ina eqli šu'âti]*^{meš} *ul-tu* ^{araḫ}*araḫsamni šá šatti an-ni-tu₄ a-di* ^{a}[^{raḫ}*tašriti(?)*] *šá šatti 28*^{kám} ^{I}*ár-taḫ-šá-as-su šarri* $^{I}PN_1$ [$^{I}PN_2$] $^{I}PN_3$–$^{I}PN_6$ *ina qâtê*^{II} $^{I}PN_7$ *maḫ-ru-ú e-ṭè-ru-u'* „die Abgabe für die Hälfte(?) [von di]esem [Feld] vom Monat Araḫsamnu dieses Jahres (Urkunde vom 27. Jahr) bis zum M[onat Tašrit(?)] des 28. Jahres des Königs Artaxerxes haben PN_1 [PN_2] PN_3–PN_6 (sämtlich Verpächter) aus den Händen des PN_7 (Pächters) erhalten, sie sind bezahlt". Da die Angabe über den Monat der Urkundenausstellung in Z. 33 und den Monat des Endes des quittierten Zeitraumes in Z. 24 zerstört ist, läßt sich nicht mit Sicherheit feststellen, ob der Pachtzins seit Vertragserrichtung als empfangen quittiert ist. Dafür spricht aber, daß der Vertrag die vorzeitige Besitzverschaffung nicht erwähnt. Weiterhin ist nicht ganz sicher, ob die Zahlung des Pachtzinses für das gesamte Jahr, also vom Araḫsamnu bis zum Tašrit (wie oben ergänzt), quittiert wurde.

893 Geschrieben: *na-bal-kát-ta-nu:* VS V 55, 14 (NRV 380); VS V 66, 14 (NRV 489); BE IX 10, 19; Dar 273, 17.
na-bal-kát-<*ta*>*-nu:* VS V 10, 14 (NRV 373);
[*n*]*a-ba*[*l*]*-k*[*át*]*-ta-nu:* BRM I 83, 20.

894 Geschrieben teils mit, teils ohne „korrekte" Subjunktivform: *šá it-ta-bal-kit:* BRM I 53, 13; Kr 137, 20 f.; VS V 86, 13 (NRV 383); *šá it-ta-bal-ki-tu:* Kr 134, 17; Nbk 90, 17; Kr 133 Rs. 1' f. (teilzerstört).

tragsbrüchige)" oder „wer (den Vertrag) übertreten haben wird, x Silber geben (zahlen)".
Diese Vertragsbruchklauseln mit allen ihren sachlich gleichbedeutenden Varianten richten sich gegen jede Art von Vertragsverletzung und gegen jede der Vertragsparteien gleichermaßen. Sie sind zeitlich durchgehend belegt seit vorchaldäischer (Kr 133, Kandalânu 4. Jahr) bis in die spätere persische Zeit (UET IV 42, Artaxerxes II. 35. Jahr).
Die Zweite (seltenere) Gruppe von Vertragsstrafenklauseln hat – wie erwähnt – jeweils ganz fest umrissene Vertragsverletzungen zum Gegenstand.
War die Verletzung einer Pächterpflicht unter Strafe gestellt, so lautete die Klausel wie z. B. in Dar 193, 18 (Vertrag *ana nukaribbûti*):

ki-i ga-ap-nu la il-ta-kan 1 mana kaspa i-nam-di[*n*]

„wenn er die (im Vertrag vorgesehenen) Obstbäume nicht gepflanzt haben wird, wird er eine Mine Silber gebe[n]"[896].
Gegen den Verpächter gerichtete Strafklauseln der zweiten Gruppe lauten dagegen etwa:

ina ûmu adi lâ šanâte x-ta išallimu u $^{I}PN_1$ ^{še}*zêra ana* $^{I}PN_2$ *îtekim x kaspa inamdin*[897]

Variante: „wer (den Vertrag) übertreten wird":
šá ib-ba-lak-ki-tu$_4$: Dar 316, 22;
šá ib-bal-k[*i*]*t(?)*: UET IV 42, 28;
šá ib-bal-la-kit: YBT VI 46, 17.

895 VS V 55, 15 (NRV 380); 66, 15 (NRV 489); BE IX 10, 20; BRM I 83, 21; UET IV 42, 29; Dar 273, 18; 316, 22 (sämtlich persisch). Terminologische Varianten statt *inamdin:*
a) *i-tur-ru:* „er wird (es mit x Silber) büßen": VS V 10, 14 (NRV 373); Nbk 90, 17; Kr 133, Rs. 2'; BRM I 53, 14 (sämtlich vorpersisch); Kr 133 (vorchaldäisch).
b) *ú-šal-lam:* „er wird (den Gläubiger) zufriedenstellen": Kr 134, 18; 137, 21; VS V 86, 13 a. E. (NRV 383): *ú*-[*šal-lam*] (sämtlich aus Barsippa; vgl. auch den ebenfalls von dort stammenden Bau- und Mietvertrag NRV 628 mit derselben Strafklauselvariante).

896 Ähnlich – mit Varianten im Gegenstand der unter Strafe gestellten Vertragsverletzungen des Pächters – auch: UM II_1 115, 8 ff.; BE IX 99, 12 f.; 101, 10 ff.; UM II_1 215, 12 f. (Vertrag *ana nukaribbûti,* ergänzt nach BE IX 99, 12 f.): [*ina u*$_4$*-mu dul-l*]*u ina šu-pul la it-te-ép-šú* [*x x ka*]*spa šá la dîni ina-an-din* „[wenn er die Arb]eit unten (d. h. unter den Bäumen) nicht verrichtet haben wird, wird er [x x Si]lber ohne gerichtliche Klage geben". Auch die fragmentarische Klausel in VS V 121, 20 ff. (NRV 387) dürfte mit San Nicolò, NRV 387 bei A. 18 eine Vertragsstrafe angedroht haben u. a. für den Fall, daß die Pächter vertragswidrig die Bäume nicht pflanzen.

897 UM II_1 182, 9 ff.; ähnlich – mit Schreibvarianten – UM II_1 30, 21 f.; 96, 9 ff.; BE X 99, 11 f. (sämtlich teilzerstört).
Statt *itekim* „(wenn) er weggenommen haben wird" in BE IX 48 = Kr 144, 16: *ik-ki-mu* „(wenn) er wegnimmt".
Vgl. auch den fragmentarischen Pachtvertrag VS V 115 (NRV 386) aus der Zeit des Dar. I, der eine ähnliche Klausel, allerdings wohl nicht in der Form einer Vertragsstrafvereinbarung in Z. 11 ff. enthält: [*ina šanâte*^{meš}]*-a*$_4$ *5-ta* ^{še}*zêra šu'âti*^{meš} [^{I}*il-ta*]*-meš-li-in-dar a-na* [^{I}*itti-*^{d}*nabû(?)-nu*]*-uh-šú ul ik-kim ki-i* [*a-di k*]*i-it šanâte*^{meš}*-a*$_4$ *5(!)-ta* [^{I}*il-ta-m*]*eš-li-in-dar* ^{še}*zêra* [*a-na* ^{I}*itti-*^{d}*nabû(?)-nu*]*-uh-šú ul i-te*[*-kim(?) . . .*]
„[während] der 5 [(Vertrags-)Jahre] wird [Ilta]mešlindar (Verpächter) dem [Itti-

„wenn PN_1 (Verpächter) vor Ablauf der x Jahre (Pachtdauer) dem PN_2 die Aussaat(fläche) weggenommen haben wird, wird er x Silber geben (zahlen)".
Beide Formen der zweiten Gruppe „spezieller" Vertragsstrafenklauseln sind im Gegensatz zu denen der ersten Gruppe bisher erst seit der Perserzeit belegt, gegen den Verpächter gerichtete dabei ausschließlich in Urkunden des Muraššû-Archives, während nach Dar 193 die gegen den Pächter gerichtete in Babylon schon am Anfang der Regierungszeit des Darius I., also etwa 60 Jahre vor dem Beginn der Blüte des Hauses Muraššû, gebräuchlich war, im Muraššû-Archiv allerdings dann auch am häufigsten anzutreffen ist[898].
Nach den wenigen Belegen zu beiden Klauseltypen der zweiten Gruppe hat es den Anschein, als ob die Beschränkung der Vertragsstrafe auf eine der beiden Parteien immer mit einer Einschränkung des betroffenen Pflichtenkreises verbunden gewesen wäre. Klauseln, die Vertragsverletzungen lediglich einer Partei generell mit Strafe bedrohen – nach dem Muster der allgemeinen Vertragsstrafenklausel[899] – sind mir nicht bekannt. Vielleicht wollten die Vertragspartner, die die Beschränkung der Vertragsstrafe auf die Gegenpartei durchsetzen konnten, dieses Ungleichgewicht nicht so offen dokumentieren und durch die Aufzählung einzelner unter Strafe gestellter Vertragsverletzungen in gewisser Weise verschleiern. In Wahrheit kamen allerdings in den wenigen Urkunden dieser Art zumindest gegen den Pächter gerichtete Strafklauseln solchen generellen Vertragsstrafen recht nahe, lassen diese Verträge doch erkennen, daß gerade die Verletzung der wichtigsten Pächterpflichten unter Strafe gestellt war[900]. Entsprechendes gilt im Grunde auch für die gegen den Verpächter gerichteten Vertragsstrafenklauseln: in allen fünf überlieferten Fällen dieser Art[901] ist die vorzeitige Wegnahme des Grundstücks durch den Verpächter mit Geldstrafe bedroht, was dem Pächter das bedeutsamste, wenn nicht gar einzige[902] Recht sichern sollte, das ihm nach dem Vertrag gegen den Verpächter zustand, nämlich das ungestörte Besitz- und Nutzungsrecht. Zur Ergänzung des Schutzes dieses Rechts auch gegen Eingriffe Dritter vereinbarten die Päch-

Nabû(?)-nuḫšu (Pächter)diese Aussaat(fläche)nicht wegnehmen.Wenn [bis zum E]nde der 5 Jahre der [Iltam]ešlindar die Aussaat(fläche) [dem Itti-Nabû(?)-nuḫšu nicht weggen[ommen (?) hat . . .]".

898 Außer Dar 193 ist mir nur noch NRV 387 (Âl-Ardi-Ea, Artaxerxes I 8(?). Jahr) außerhalb des Muraššû-Archives bekannt.

899 Etwa: „wenn der Pächter (bzw. Verpächter) den Vertrag übertritt, muß er x Silber zahlen".

900 So in Dar 193, 8 ff., 18: offenbar die Pflanzung von 53 Obstbäumen auf einem Grundstück von 1 Pânu 4 Seah Aussaat(fläche); ähnlich in NRV 387. In BE IX 99 und UM II_1 215 wird die Verletzung der allgemeinen Pflicht, unter den Dattelpalmen zu arbeiten im Gegensatz zu der im Vertrag außerdem noch ausdrücklich erwähnten – vielleicht nicht so bedeutsamen – Pflicht, die *libbi u ḫaruttu* zu bewachen und Gräben zu ziehen, unter Geldstrafe gestellt.
BE IX 101 und UM II_1 115 drohen dagegen für den Fall der Verletzung sämtlicher ausdrücklich erwähnter Pächterpflichten hohe Geldstrafen an.

901 A. 897.

902 Weitere Rechte – wie etwa der Anspruch auf Zahlung des *šissinnu* – kommen nach diesen Verträgen offenbar nicht in Betracht.

ter in drei dieser Urkunden außerdem noch Rechtsmängelhaftungen[903] und dehnen damit ihre Sicherung über das Maß dessen aus, was ihnen nach einer allgemeinen Vertragsstrafenklausel zugestanden hätte.
Ähnlich wie bei den Rechtsmängelklauseln läßt sich auch hier erkennen, daß die Vereinbarung spezieller Strafklauseln das Ergebnis des Diktats der stärkeren Vertragsparteien war, die sich selbst von der Strafhaftung ausnehmen wollten. So enthält keiner der Pachtverträge des Muraššû-Archives Strafklauseln, die sich in allgemeiner oder spezieller Form gegen Angehörige dieser Familie richten. Lediglich ein *ardu* des Enlil-šuma-iddin muß sich als Pächter in BE IX 10 zusammen mit den Verpächtern einer allgemeinen Vertragsstrafe unterwerfen. Und so gelingt es auch nur Angehörigen des Hauses Muraššû, sich als Pächter mit – überdies sehr hohen[904] – Strafvereinbarungen einseitig gegen vorzeitige Besitzentziehung durch den Verpächter abzusichern. Dementsprechend wirken im Muraššû-Archiv gegen den Pächter gerichtete spezielle Strafklauseln mit Ausnahme von UM II_1 215[905] zugunsten und nie gegen einen Angehörigen dieser Familie[906]. Auch außerhalb dieses Archives treffen wir in NRV 387 einen sozial offenbar schwachen *ardu* als Pächter an, der mit Vertragsstrafen dieser Art bedroht ist, und in Dar 193 gehörte der Verpächter, der die Aufnahme der Strafklausel gegen den Pächter durchzusetzen vermochte, der bedeutenden (mit dem Hause Egibi verschwägerten) Familie Nabâja an.
Die Strafsanktion besteht in Pachtverträgen jedes Strafklauseltyps – mit Ausnahme von NRV 384[907] – ausschließlich in der Pflicht zur Zahlung von Silber[908]. Die Höhe variiert dabei erheblich, so bei den allgemeinen Strafklauseln von 1/3 Sekel[909] bis zu einer Mine (= 60 Sekel)[910] Silber, bei den speziellen gegen den Pächter gerichteten von einer [911] bis zu 5 Minen[912] Silber, bei den speziell gegen den Verpächter gerichteten von 5 Minen[913] bis zu einem Talent[914]. Die Höchstwerte finden sich dabei im Muraššû-Archiv, also erst in der

---

903 BE IX 48 = Kr 144, 18 f.; UM II_1 96, 8; BE X 99, 9.
904 5 Minen Silber: UM II_1 182; BE X 99.
1/2 Talent (= 30 Minen) Silber: UM II_1 30; 96.
1 Talent Silber: BE IX 48 = Kr 144.
905 Verpächter ist hier ein Familienfremder, sonst nicht bezeugter Qudâ/Ninurta-ibni, Pächter ein *ardu* des Rîmût-Ninurta, der vielleicht aus wirtschaftlicher Unterlegenheit die Strafklausel akzeptieren mußte.
906 UM II_1 115; BE IX 99. Pächter ist hier jeweils ein *ardu* des Verpächters, in BE IX 101 zwei *ardû* des Enlil-šuma-iddin, des Vaters des Verpächters Muraššû.
907 Dazu o. bei A. 730.
908 Klauseln, die den Verlust des Anspruchs auf *šissinnu* als Folge der Vernachlässigung der Arbeiten statuieren, sind wohl keine selbständigen Vertragsstrafen. Sie sagen wohl nur das expressis verbis, was sich auch sonst versteht, nämlich daß *šissinnu* nur bei voll erledigter Arbeit geschuldet ist.
909 Kr 134 (Barsippa, Nabopolassar).
910 Nbk 90 (Suqâin, Nbk. II); Dar 273 (Babylon, Dar. I); 316 (x, Dar. I).
911 Dar 193 (Babylon, Dar. I); BE IX 101 (Nippur, Artax. II).
912 UM II_1 115 (Nippur, Artax. II).
913 BE X 99 (Nippur, Dar. II).
914 BE IX 48 = Kr 144 (Nippur, Artax. II), allerdings atypisch.

Perserzeit, was vielleicht mit einer gewissen Teuerung[915], hauptsächlich aber wohl mit der wirtschaftlichen Überlegenheit dieser Familie, zu deren Gunsten nahezu alle diese Vereinbarungen wirken, und gelegentlich sicher auch mit der Bedeutung des Pachtgegenstandes zusammenhängen wird.

Wie sich die Höhe der Vertragsstrafe zum Interesse der Parteien an der ordnungsgemäßen Durchführung des Vertrages verhielt, ist nur schwer auszumachen. Die Größe des Pachtobjekts war allein offensichtlich kein bedeutsamer Faktor bei der Straffestsetzung, ist doch in Dar 193 für ein Grundstück von 1 Pânu 4 Seah (= 1/3 Kor = ca. 4.100 m^2) ebenso wie für das etwa doppelt so große Feld in Nbk 90 (4 Pânu = 4/5 Kor = ca. 9900 m^2) eine Mine (= 60 Sekel) Silber vereinbart, dagegen in dem 25 Jahre älteren Vertrag Kr 134 für ein Feld von 1 Kor 4 Pânu (= 1 4/5 Kor = ca. 22.300 m^2) nur 1/3 Sekel Silber, in BRM I 53 für 1 Kor (= ca. 12.400 m^2) jedoch 1/2 Mine, und für ein Feld derselben Größe in NRV 489 1/3 Mine Silber. Der Pächter des Feldes von 30 Kor (= 370.000 m^2) in UM II_1 182 kann sich nur durch eine Strafdrohung von 5 Minen Silber – was 10 Sekel pro Kor entspräche – vor der Wegnahme des Feldes durch den Verpächter schützen.

Auch das Interesse des Verpächters an der Leistung des Pächters kann nicht immer den entscheidenden Ausschlag gegeben haben. Das zeigt z. B. der Vergleich von Nbk 90 und Kr 134: In Nbk 90 hat der Pächter im 4/5 Kor großen Palmengarten Grabungsarbeiten zu leisten, *akkullâtu* wegzutragen, die Dattelpalmen zu bewachen, ihren Ausfall zu ersetzen[916] und den Garten zu bewässern, während der Pächter in Kr 134 für die mehr als doppelt so große (1 4/5 Kor), mit Obstbäumen teilweise schon bepflanzte Aussaat(fläche) zum größten Teil dieselben Arbeiten zu leisten hatte[917], darüber hinaus aber noch eine Mauer und eine genau beschriebene Rampe errichten muß[918]. Trotz alledem beträgt die Vertragsstrafe in Nbk 90 mit 1 Mine gegenüber 1/3 Mine (in Sekeln) in Kr 134 das 3-fache.

Auch an der Höhe des jährlichen Pachtzinses wurde der Betrag der Strafe offenbar nicht orientiert. Dieses Bild ergeben zumindest die wenigen Verträge, die zugleich festen Pachtzins und Vertragsstrafen beurkunden[919]. Ebensowenig

---

915 Der niedrigste Betrag in der Perserzeit ist m. W. in NRV 380 in Höhe von 10 Sekeln Silber belegt.

916 Z. 15: *<ṣa>-bat bat-qu šá* [iṣ]*gišimmarê*[meš] „(für) das Ausbessern des Ausfalls der Dattelpalmen (ist er Bürge)". So auch CAD B S. 167 rechts. Anders Koschaker, Bürgschaftsrecht S. 153.

917 Z. B. Gräben zu graben (Z. 5 f.); *akkullâtu* wegzutragen (Z. 6 f.); Bewässerung durchzuführen (Z. 7).

918 Vgl. die teilweise divergierenden Übersetzungen in BR 8/7 S. 104 und CAD K S. 111 links.

919 Vertragsstrafe in Sekel Silber: jährlicher Pachtzins:

Kr 137	: 2	3 1/2 Kor Datteln + 3 *biltu ša huṣâbi*
NRV 489	: 20	8 1/2 Kor Datteln + Nebenprodukte
UET IV 42	: 25	10 Sekel Silber
BE X 99	: 300	150 Sekel Silber + Nebenleistungen (Bier, Mehl, Schaf)
UM II_1 182	: 300	30 Kor Gerste

war die Laufzeit des Vertrages allein maßgebend, denn Pachtverträge mit langer Laufzeit enthalten oft niedrigere Vertragsstrafen als solche mit verhältnismäßig kurzer[920].

Offenbar war also die Höhe der Vertragsstrafe von keiner uns erkennbaren Besonderheit des Vertragsinhalts abhängig. Sie wird sicher im freien Belieben der Parteien gestanden haben, deren Motivationen wir im einzelnen nicht mehr nachvollziehen können. Freilich wurde dabei wohl in der Regel die wirtschaftliche Leistungsfähigkeit der Beteiligten berücksichtigt.

Wie die übrigen Zahlungspflichten sind auch die Vertragsstrafen in Pachtverträgen ausschließlich als Schuldverpflichtung im Präsens/Futur – nicht in Form von (Selbst-)Bürgschaften stilisiert[921]. Daß die Parteien bei Verwirkung der Vertragsstrafe aus dieser Vereinbarung nicht nur schuldeten, sondern auch hafteten, dürfte außer Zweifel stehen, da letztere andernfalls als Mittel zur Sicherung der Vertragserfüllung im „Ernstfall" wirkungslos gewesen wäre[922].

Mit welchem der drei Verben – ***nadânu, târu*** oder ***šullumu*** – die Zahlungsverpflichtung stilisiert ist[923], ist rechtlich ohne Bedeutung. Vielleicht spielen örtlich und/oder zeitlich bedingte Schreibergewohnheiten eine Rolle, so wahrscheinlich bei der Stilisierung mit ***šullumu***, die in Strafklauseln der Pachtverträge nur in Barsippa belegt ist, wo auch sonst Abweichungen vom üblichen Formular nicht selten sind[924]; die Belege mit ***târu*** stammen sämtlich aus vorpersischer Zeit, allerdings aus verschiedenen Orten.

Ziel der Vertragsstrafvereinbarungen war es, durch die Androhung der Strafe indirekt die Erfüllung des Vertrages erzwingen zu können und/oder den etwaigen Schadensersatz zu pauschalieren; Abmachungen über Verzugszinsen in bestimmter Höhe enthielten sie nicht[925]. Die speziellen Strafklauseln erstrekken sich nur, die allgemeinen u. a. auch auf die Verletzung von Tätigkeits- bzw. Unterlassungspflichten. Insoweit ist schon begrifflich kein Raum für die Konstruktion der Strafklauseln als vereinbartem Verzugszins.

Sollte also die Vertragsstrafe als Mittel zum indirekten Erfüllungszwang der vertragstreuen gegen die vertragsbrüchige Partei dienen, so stellt sich die weitere Frage, ob die Strafvereinbarung über die Begründung der Strafzahlungspflicht hinaus auch noch die zusätzliche Bedeutung hatte, daß der vertragstreue Teil nach Vertragsbruch des Gegeners und damit Verfall der Strafe gegen den zahlungsunwilligen Vertragsbrüchigen ohne gerichtliche Entscheidung die Strafsumme eintreiben oder sonstige erforderliche Maßnahmen ergreifen konnte.

---

920 | | |
|---|---|
| 10 Jahre und 1 Mine | : Nbk 90 |
| 10 Jahre und 1/3 Mine | : NRV 489 |
| 6 Jahre und 10 Sekel | : NRV 380 |
| 5 Jahre und 1 Mine | : Dar 273; 316 |
| 3 Jahre und 1/2 Mine | : BE IX 10 |
| 3 Jahre und 1/3 Sekel | : Kr 134 |

921 Vgl. die Belege o. bei A. 785.

922 So auch Petschow, NPR S. 26.

923 In den speziellen Strafklauseln der Pachtverträge wurde nur ***nadânu*** verwendet.

924 O. bei A. 418; 810; 827.

925 So auch Cardascia, AM S. 59 f. für die Strafklauseln der Verpflichtungsscheine im Gegensatz zu Verzugszinsklauseln.

Die Frage wäre also, ob der Vertrag hinsichtlich der Strafvereinbarung eine unmittelbar „vollstreckbare Urkunde" war[926].
Daß im Pachtrecht die Vertragsstrafe mit unmittelbarer Vollstreckungswirkung ausgestattet sein konnte[927], zeigen z. B. BE IX 99, 12 f. und UM II_1 215, 12 f. Hier verpflichtet sich der jeweilige Pächter, einen Silberbetrag *ša lâ dîni* „ohne Prozeß"[928] an den Verpächter zu zahlen, wenn er seine Arbeit nicht pflichtgemäß erfüllte. Offenbar wurde damit der Gläubiger der Vertragsstrafe auch berechtigt, unmittelbar aus der Urkunde und ohne Urteil gegen den Pächter zu vollstrecken[929]. Ob das auch ohne diese Zusatzklausel galt, kann nicht sicher ermittelt werden, ist aber nicht wahrscheinlich. Aus der Funktion der Vertragsstrafe läßt sich die unmittelbare Vollstreckbarkeit nicht ohne weiteres herleiten. Auch wenn die Strafe erst nach gerichtlichem Urteil vollstreckt werden konnte, behielt sie ihre Funktion als indirektes Zwangsmittel gegen den Schuldner. Die unmittelbare Vollstreckbarkeit der Urkunde selbst – herbeigeführt durch die Klausel *ša lâ dîni* „ohne Prozeß" – verstärkte diesen Zwang allerdings noch.

17) Klausel über den Empfang von Vertragsausfertigungen

Welcher Partei das uns erhaltene Exemplar des Vertrages zustand, läßt sich aus der Urkunde nicht entnehmen; nie finden wir einen Vermerk wie „Vertragsausfertigung des X" oder dergleichen. Ergäben sich aus dem Pachtvertrag nur für eine Partei Rechte, wie etwa in der Regel aus Verpflichtungsscheinen, so könnten wir wohl annehmen, daß jedenfalls dem aus dem Vertrag Berechtigten eine Vertragsurkunde mindestens zum Nachweis seiner Rechte zustand. Das schlösse zwar nicht aus, daß auch in diesem Fall der Schuldner ein „Original" als Zweitausfertigung hätte bekommen können. Indessen kann das hier dahingestellt bleiben, da sich aus dem Pachtverhältnis für beide Parteien Rechte und Pflichten ergeben, so daß ohne Bedenken anzunehmen ist, daß bei schriftlicher Ausfertigung des Pachtvertrags jede Partei eine Originalausfertigung erhielt. Viele Urkunden des Pachtrechts – besonders in achämenidischer Zeit[930] – enthalten dementsprechend regelmäßig am Ende des Vertragstextes[931] eine Klausel über den Empfang je einer Vertragsausfertigung durch die Vertrags-

---

926 Die Frage wird von Petschow, NPR S. 27 A. 58a für die Verpflichtungsscheine aufgeworfen und S. 37 A. 85b bejaht. Ebenso San Nicolò, Beiträge S. 169 f.

927 Zu anderen Rechtsgebieten vgl. für das Bürgschaftrecht Nbk 52; Kr 203; BE IX 57; UM II_1 17; 21. Strafklausel gegen Verstoß gegen Klageverzicht nach Begleichung einer Silberschuld: BE X 94; Strafklausel in einem Wassernutzungsvertrag gegen unzeitige Wassernutzung: BE IX 7.

928 Dieser Zusatz ist in Pachtverträgen weder bei der allgemeinen noch bei der speziell gegen den Verpächter gerichteten Vertragsstrafklausel belegt.

929 Zur Durchführung der Vollstreckung durch den Gläubiger selbst Petschow, NPR S. 37.

930 M. W. einzige Ausnahme: NRV 378 (Ḫarrân-Kiš, Nabonid, 15. Jahr).

931 Ausnahmen: UET IV 41 vor Quittungsklausel; NRV 378, Rand (vgl. NRV 378 A. 13); NRV 515, Rand; BE X 99 vor Klausel über die vorzeitige Besitzentziehung durch den Verpächter; UM II_1 96, 13: folgende Klausel (Z. 14 f.) zerstört.

partner mit den Worten: *ištênâ/û (šaṭâri) il(te)qu*[932] „je ein (Schriftstück) haben sie genommen". Der Zweck der doppelten Vertragsausfertigung wird gewesen sein, Änderungen des Vertrags durch den Inhaber der Urkunde zu verhindern und beiden Parteien den Nachweis ihrer vertraglichen Rechte zu sichern[933]. In Vertragstypen außerhalb des Pachtrechts wird der erstgenannte Zweck der Klausel durch den Zusatz *ana la enê* „um (den Vertrag) nicht zu ändern" noch besonders deutlich unterstrichen[934]. Bedenklich scheint es mir aber, mit San Nicolò[935] aus dieser Klausel die Schriftbedürftigkeit der Verträge zu entnehmen, zeigen doch Urkunden, die erst nach Beginn des Vollzuges des Pachtvertrages ausgestellt worden sind[936], daß die Schriftform für die Wirksamkeit des Vertrages offensichtlich nicht Voraussetzung war[937].
Ob von Urkunden, die eine Klausel über Vertragsausfertigungen nicht enthielten, dennoch zwei Exemplare ausgestellt wurden, läßt sich anhand des Vermerks allein nicht nachweisen[938]. Die Rückschlüsse, die sich aus der Siegelungspraxis zu dieser Frage ziehen lassen, sollen unten[939] behandelt werden.

18) Siegel, Fingernägelabdrücke

Nach der Angabe der Zeugen, des Ausstellungsortes und des Datums[940], die gegenüber anderen Verträgen keine Besonderheiten aufweisen und deshalb aus der Behandlung der Pachtformulare ausscheiden können, folgt in Urkunden der mittleren bis späten achämenidischen Zeit – meist auf Tafelrändern – oft der Abdruck des Siegels (*^{aban}kunukku; unqu* (Siegel)ring) oder des Fingerna-

---

932 Geschrieben z. B.:
1^{en}*-na*-TA. ÀM *šá-ṭar* TI^{ú}: UET IV 41, 22 f.; 42, 29; 47, Rs. 6; 59, 16; UM II$_1$ 81, 15 f.; 96, 13 (*šá-ṭa-[r]i(?)); Kr 148, 12 (*šá-ṭa-ri*); UET IV 44, 19; 46, 18 (*šaṭâri* vielleicht zerstört).
1^{en}-T[A.]A' *šá-ṭa-ri* TI^{ú}: BRM I 83, 9 f.
1^{en}-TA. ÀM. TI^{ú}: BE X 99, 10.
[*1*^{en}]-TA *il-te-qu-ú:* BIN I 117, 21
1^{en}-TA. ÀM *il-te-qu:* Liv 24, 15
1^{en}-TA. ÀM *šá-ṭa-ri il-qu-ú*/TI^{ú}: VS V 104, 23 (NRV 515); BIN I 125, 16; BE IX 102, 14; UM II$_1$ 124, 8 f. (*šá-ṭar*, wohl auch 210, 14; 215, 14 (beide teilzerstört)); Dar 193, 21 (*il-te-qu-ú*).
1-TA. ÀM *šá-ṭar* TI^{ú}: BE IX 25, 15
[*xxxx*]TI^{ú}: VS V 120, 16 (NRV 389)
1^{en} *n* [*a(?) x*]-T[A.]A' *il-qu-u*: VS V 33, Rand (NRV 378).
933 Letzteres ist bei Verpflichtungsscheinen, die nur Verpflichtungen einer Partei beurkunden, nicht erforderlich. Vielleicht lag darin der Grund, daß diese Klausel bei solchen Urkunden nicht belegt ist. Die Verhinderung von Fälschungen tritt hier offenbar hinter dem Gesichtspunkt zurück, daß nur der Gläubiger Inhaber der Urkunde sein sollte.
934 Vgl. San Nicolò, NRV 20 A. 8.
935 Beiträge S. 164 f.; 188.
936 Vgl. o. A. 401.
937 So auch Cardascia, AM S. 145.
938 Bejahend San Nicolò, Beiträge S. 164.
939 Sogleich im folgenden Abschnitt.
940 Vgl. die Stellung dieser Angaben im Gesamtformular o. bei A. 380.

gels (*ṣupru*) einer bei der Ausstellung der Urkunde beteiligten Person, deren Name jeweils dem Abdruck beigefügt ist. Meistens sind dies einer oder mehrere Zeugen[941], nicht selten aber auch daneben oder allein eine Vertragspartei, scheinbar willkürlich einmal der Pächter[942] oder der Verpächter[943], niemals jedoch beide Parteien nebeneinander in einer Urkunde. Siegel- oder Fingernagelabdrücke wurden – das gilt für alle Vertragstypen – regelmäßig nur von der Partei beigefügt, die im Vertrag eine Verpflichtung übernahm oder ein Recht aufgab[944]. Daß die Pachturkunde von jeder der Parteien gesiegelt werden konnte, liegt in der Natur dieses Vertragstyps, aus dem sich immer Verpflichtungen für beide Seiten ergeben. Die Erklärung dafür, daß trotzdem niemals beide Parteien nebeneinander in einer Urkunde siegeln, ergibt sich aus folgendem: Im Muraššû-Archiv sind – mit der einzigen Ausnahme UM II_1 20[945] – alle Pachtverträge – wenn überhaupt – von der Gegenpartei gesiegelt, und zwar unabhängig davon, ob der Muraššû Pächter[946] oder Verpächter[947] war. In anderen Urkunden ist die Siegelung durch einen Muraššû nicht belegt[948]. Da alle diese Texte im Hause der Familie Muraššû gefunden wurden, liegt der Schluß sehr nahe, daß es sich jeweils um ein Originalexemplar handelt, das vom Muraššû nicht gesiegelt zu werden brauchte, da er es in Händen hatte. Ihm kam es wohl nur darauf an, eine Urkundenausfertigung mit dem Siegel seines Vertragsgeg-

---

941 Fingernagelabdrücke von Zeugen sind sehr selten (vgl. Boyer, Symbolae Koschaker S. 209, 214) und mir aus Pachtverträgen nicht bekannt.
Siegel (*^{aban}kunukku*) nur eines Zeugen:
UM II_1 124; unklar, ob auch in BE X 44, wo außer dem Pächter Šuma-iddin und dem Zeugen Šitâ noch ein sonst nicht erwähnter Dâdija siegelt, dessen Beteiligung am Vertragsschluß unbekannt ist.
Siegel mehrerer Zeugen: BE IX 48; 60; 72; X 15; 53; 79; 112; UM II_1 106; Kr 147; 148.
Ringsiegel (*unqu*) von Zeugen: BE IX 72; X 15; 79; Kr 148; UET IV 41; 42; UM II_1 106 (der Zeuge Z. 20 siegelt mit Goldring); UM II_1 16 (Beischrift nicht wie in BRAD S. 62:
^{I}Ba-ga-pa[-a-tum], sondern ^{I}*ba-ga-z[u-uš-tu₄]* zu ergänzen, also wie der Zeuge in Z. 17 (^{I}*ba-ga-a'-zu-uš-tu₄*) und nicht wie dessen Vater (^{I}*ba-ga-pa-a-tu₄*)).

942 Siegel: BE X 44; 79; 112; UM II_1 20; 106; BE IX 65; 67; UET IV 41.
Fingernagel (*ṣupru*): UM II_1 124; UET IV 44; BE VIII_1 124; IX 29; 30; 65 (die sachliche Gleichwertigkeit von *^{aban}kunukku* und *ṣupru* zeigt BE IX 65, wo ein Pächter sein *^{aban}kunukku*, der andere sein *ṣupru* beifügt).
Ringsiegel: BE IX 45; Kr 145; UM II_1 115; UET IV 42.

943 Siegel: BE IX 60; X 15; Kr 147.
Fingernagel: UM II_1 16; BE IX 10; 48; X 53; NRV 389(?).
Ringsiegel: BE IX 72; Kr 146; 148.

944 Vgl. Boyer, Symbolae Koschaker S. 210; Petschow, NPR S. 14 A. 28.

945 Rîmût-Ninurta/Muraššû als Pächter.

946 Vgl. alle A. 943 zitierten Urkunden mit Ausnahme von NRV 389 (anderes Archiv).

947 Vgl. alle A. 942 zitierten Urkunden außer UM II_1 20 (vgl. A. 945) und UET IV 41; 42; 44 (anderes Archiv).

948 Bei BE X 2; 3 (Duplikate eines Verpflichtungsscheines über Silber) dürfte das Siegel des Enlil-šuma-iddin von dem gleichnamigen, nicht zum Hause Muraššû gehörigen Zeugen (BE X 2, 11; in BE X 3, 12 zerstört) stammen und nicht vom Gläubiger, da der Fingernagelabdruck der Schuldnerin in BE X 2 vorhanden ist (in BE X 3 am Ende ist er wohl zerstört).

ners zu besitzen, so wie dieser nur eine Urkunde mit dem Siegel des Muraššû benötigte[949]. Die Ausnahme UM II_1 20 ist vielleicht auf eine Verwechslung der Exemplare zurückzuführen.
So lassen sich beide Erscheinungen erklären, erstens, daß niemals beide Parteien zugleich siegelten, und zweitens, daß die Texte des Muraššû-Archivs das Siegel des Muraššû nicht aufweisen.
Das setzt allerdings voraus, daß von diesen gesiegelten Urkunden auch jeweils zwei Exemplare ausgestellt und je eines davon jeder Partei gegeben wurde. Wie schon oben[950] festgestellt, enthalten nicht alle Urkunden den Vermerk über die doppelte Vertragsausfertigung. Das gilt auch für Urkunden mit Parteisiegel – oder -fingernageleindruck[951]. Daß nur bei Vermerk über die doppelte Vertragsausfertigung zwei Exemplare ausgestellt wurden, wurde schon oben[952] als nicht sehr wahrscheinlich dargestellt.
Die sonst nicht erklärbare Einseitigkeit der Siegelung durch die eine oder die andere Partei läßt aber wohl den Schluß auf die zweifache Vertragsausfertigung, die vielleicht auch bei anderen Vertragstypen die allgemeine zeitgenössische Praxis war, zwingend erscheinen. Der Vermerk über die zweifache Vertragsausfertigung kann jedenfalls in Pachtverträgen wohl nur deklaratorischer Natur gewesen sein, wird ganz im Belieben des Schreibers gestanden und an der Rechtspraxis insoweit nichts geändert haben.

---

949 So auch vermutungsweise Petschow, NPR S. 14, A. 28.
950 Vgl. o. bei A. 938.
951 Z. B. UM II_1 16; 20; 106; 115 u. v. a.
Parteisiegel und Vermerk über die zweifache Vertragsausfertigung enthalten aber z. B. UET IV 41 (Pächter: Siegel 7); UET IV 42 (Pächter: Siegel 4); UET IV 44 (Pächter: Fingernageleindruck auf Rückseite unten); BE IX 60.
952 Vgl. bei A. 938.

VI. ZEHN AUSGEWÄHLTE URKUNDEN

Nbk 115 — Ḫuṣêtu-ša-Ḫaḫḫuru — 587/586 v. Chr.

I*šu-la-a apil-šá* I.d*nabû-ga-mil apil* I*e-gi-bi*
a-na I*ḫa-aḫ-ḫu-ru apli-šú šá* I*nad-na-a*
h*qalli-šú* [*x(?)*] *šá* I*zêri-iá* h*bêl-pîḫâti šá ekalli(?)*
ki-a-am iq-bi um-ma 1 še*zêru šá šarri*
x x x x x šá ina kišâd nâr*ḫar-ri* [*šá*] *i-*[*na*] *m*[*a-ḫa*]*r*
*šá ina qâtê*II I*zêri-iá* h*bêl-pîḫâti a-na za(!)-q*[*ip-an-nu-*]*tu*
bi-in-nam-ma 2(?) iṣ*(?)gi*[*šimm*]*arê(?)* [*ina(?) lìb-bi(?) 1*]*u-*[*u*]*z-qu-up*
I*ḫa-aḫ-ḫu-ru a-na* I*šu-la-a*
iš-me-e-ma 800 <*ammâte*> *pûtu kišâd* nâr*ḫar-ri šá ina ma-ḫar*
ul-tu muḫ-ḫi mi-ṣir šá I.d*bêl-x x x x (x)*
a-di muḫ-ḫi mi-ṣir šá IHA RI-d*mar*[*du*]*k*
a-na za-qìp-an-nu-tu a-na u₄-mu ṣa-a-ta
id-da-áš-šú a-ḫi zitti a-na u₄-mu ṣa-a-tú
I*šu-la-a it-ti šarri ina m*[*i*]*m-m*[*a(!)*] *ma-la*
[*ina* š]*e(!)*[*zêr*]*i(!) š*[*á*] *šarri il-la-a' x x*
i[*k(!?)-*] *ka*[*l(!?)*] *i-ga(!?)-ri i*[*p*]*-p*[*u(?)-uš(?)*]
(Es folgen drei unleserliche Zeilen)
ina(?) x x i-nam-din
ina šu-pa-lu x x x x RI *ia-a-nu*
h*mu-kin-nu* I*ri-mut-ilâni*meš
apil-šú šá I*enlil-udammiq*iq
IMI-*x x-*d*marduk apil-šú šá* I.d*šamaš-it-tan-nu(!)*
I*ba-ni-ia apil-šú šá* I*x x x x x (x)*
I.d*nergal-êṭir apil-šú šá* I.d*nabû-balâṭ-su-iqbi*
I*nad-na-a apil-šú šá* I*uballiṭ-su*
I.d*nabû-aḫa-êreš apil-šú šá* I.d*nabû-šuma-iddin*
h*ṭupšarru* I*bu-na-nu apil-šú šá* I.d*nabû-nâṣir-x*
âl*ḫu-ṣe-e-tú šá* I*ḫa-aḫ-ḫu-ru*
arah*ulûlu ûmu 29*kam
*šattu 18*kam I.d*nabû-kudurra-uṣur*
*šàr bâbili*ki
I.d*bêl-ušallim apil-šú šá* I.d*nabû-bêl-šumâte*meš

Šulâ, Sohn des Nabû-gamil, Nachkomme des Egibi, hat zu Ḫaḫḫuru, Sohn des Nadnâ, dem Sklaven des Zêrija, des Bezirksgouverneurs des Palastes(?) folgendermaßen gesprochen: Eine Aussaat(fläche) des Königs (Z. 5), die am Ufer des Ḫarri-š[a]-i[na]-m[a]ḫar-Kanals (gelegen ist), die in den Händen des Zêrija, des Bezirksvouverneurs (ist), gib mir zur Anp[flanzung] (von Bäumen). 2(?) Datt[elpal]men(?) [wi]ll ich [darin(?)] a[n]pflanzen. Ḫaḫḫuru erhörte den Šulâ und gab ihm 800 <Ellen> Stirnseite am Ufer des Ḫarri-ša-ina-maḫar-Kanals (Z. 10) von der Grenze des Bêl- . . . . bis zur Grenze des ḪA RI-Marduk zur Anpflanzung

(von Bäumen) auf ewige Zeiten. Den halben Anteil von a[l]le[m], was (Z. 15) [auf der] A[ussaa]t(fläche) [des] Königs wächst . . . . , wird Šulâ mit dem König auf ewige Zeiten ge[ni]eße[n](?). Eine Mauer(?) w[ird] er er[richten(?)] (Z. 20) in(?) . . . . wird er geben. Unterhalb . . . . gibt es nicht.
Zeugen: (es folgen die Namen von 6 Zeugen)
(Z. 29) Schreiber: Bunânu, Sohn des Nabû-nâṣir-x. Ḫuṣêtu-ša-Ḫaḫḫuru, Monat Ulûl, 29. Tag, 18. Jahr des Nebukadnezar, Königs von Babylon
Bêl-ušallim, Sohn des Nabû-bêl-šumâte.

Camb 102 Birtu-ša-Kunâ 538/537 v. Chr.

[^{še}zêru bît] tap-tu-ú ^{še}zêru (!) 50 kù[r x x]
[šá i-na] bir-tu$_4$ šá ^{I}ku-na-a $^{I.d}$marduk-šuma-iddin
[^{h}šangû sippar]^{ki} a-na tap-tu-ú a-na ^{I}bêl-šú-nu
apli-šú šá ^{I}ba-ku-ú-a adi 3-ta šanâte^{meš}
id-din tap-tu-ú ú-pat-ta(!) pa-áš-ku^{meš}
i-na-á[š]-ši i-de-ki i-pa-áš-ru ù i-zaq(!)-qap(!)
mim-ma ma-la ina lìb-bi il-la-a adi 3 šanâte^{meš}
pa-ni-šú id-dag-gal ár-ku 3-ta šanâte^{meš}
[a(?)]-ki-i bîtu la ma-ši-ḫu(!?) eqla a-na
[x(x)]NA i-nam-din
^{h}mu-kin-nu $^{I.d}$nabû-šumu-lîšir apil-šú šá ^{I}uballiṭ-su
apil ^{h}šangû ^{d}ištar bâbili^{ki} $^{I.d}$bêl-apla-iddin apil-šú šá
$^{I.d}$KASKAL+KUR-*ú apil šangû sip-par^{ki} $^{I.d}$marduk-uṣur*
apil-šú šá ^{I}šâkin-šumi apil ^{h}šangû ^{d}ištar bâbili^{ki}
u ^{h}ṭupšarru $^{I.d}$bêl-uballiṭ^{iṭ} apil-šú šá ^{I}ki-rib-tu$_4$
apil ^{h}šangû sip-par^{ki} bir-tu$_4$ šá ^{I}ku-na-a
[^{arah}x ûmu x]^{kám}(!) *šattu 1*^{kám} *^{I}kam-bu-zi-ia*
š[à]r [bâ]bili^{ki}

[(Betrifft die) Aussaat(fläche)], Neubruch[land], eine Aussaat(fläche(!) von) 50 Ko[r x x, die in] Birtu-ša-Kunâ (gelegen ist). Marduk-šuma-iddin, [der Priester von Sippar] hat (sie) zur Erschließung dem Bêlšunu, Sohn des Bakûa auf 3 Jahre (Z. 5) gegeben. Das Neubruchland wird er aufbrechen, die steinharten Erdklumpen(?) wird er wegtragen, er wird auflockern(?), jäten und (Bäume) pflanzen. Alles, was darin wächst, wird ihm auf 3 Jahre gehören. Nach 3 Jahren, [w]enn(?) das Grundstück nicht vermessen ist(?), wird er das Feld an (Z. 10) . . . geben.
Zeugen: (Es folgen die Namen dreier Zeugen)
(Z. 15) und Schreiber: Bêl-uballiṭ, Sohn des Kiribtu, Nachkomme des Priesters von Sippar. Birtu-ša-Kunâ, [Monat x, x. Tag] 1. Jahr des Cambyses, K[öni]gs von [Ba]bylon.

Cyr 200 Babylon 534/533 v. Chr.

[^{še}zêru] ^{iṣ}gišimmarê iṣṣi bil-tu$_4$ makkûr ^{d}šamaš
[ina bâbili(?)]^{ki} a-na ^{h}nukaribbu-ú-tu
[a-na ^{I}]ri-mut apli-šú šá ^{I}za-kir ù ^{f}i-lat
mârat-su šá ^{I}ri-mut aššati-šú $^{I.d}$marduk-šuma-iddin
^{h}šangû sippar^{ki} ù ^{h}ṭúpšarrê^{meš} šá é-babbar-ra
id-di-nu-u' ḫe-ru-ú-tu i-ḫe-er-re
lìb-bi ù ḫa-ru-ut-tu$_4$ i-na-aṣ-ṣar
^{h}ṭúpšarrê^{meš} im-mi-du-ši-ma a-ki i-mit-tu$_4$
šá ^{h}ṭúpšarrê^{meš} suluppê a-na é-babbar-ra
i-nam-din-nu-u' it-ti 1 kurru tu-ḫal-la
qi-pu-ú man-ga-ga bil-tu$_4$ šá ḫu-ṣa-bi
i-nam-din-nu-u' i-ga-ri ^{iṣ}kirî
ip-pu-šú-u' 1^{en} pu-ut šanî^{i} na-šu-ú
$^{h.mu}$mukinnu ^{I}nâdin-šumi apil-šú šá $^{I.d}$nabû-bâni-aḫi
apil $^{I.d}$sîn-karâba-išmê ^{I}lûṣi-a-na-nûri
apil-šú šá ^{I}šuma-ukîn apil ^{h}šangû ^{d}ištar-bâbîli^{ki}
u ^{h}ṭúpšarru ^{I}iqîša$^{šá-d}$marduk apil-šú šá ^{I}e-tel-pi-i-^{d}šamaš
apil ^{h}šangû ^{d}šamaš bâbîli^{ki} araḫabu
û[mu x]^{kám} šattu 5^{kám} ^{I}ku-raš šàr bâbîli^{ki} šàr mâtâte

[(Betrifft die) Aussaat(fläche)] (mit) Dattelpalmen, tragfähigen Bäumen, (Tempel-)Gut des Gottes Šamaš, [in Babylon(?) (gelegen)]. Zur gärtnerischen Bearbeitung haben (die Aussaat(fläche)) Marduk-šuma-iddin, (Z. 5) der Priester von Sippar und die Schreiber von Ebabbara [dem] Rîmût, Sohn des Zâkir und der Ilat, Tochter des Rîmût, seiner Ehefrau gegeben. Die Grabungen wird er graben, die Vegetationskegel und die Zweigsprossen wird er schützen. Die Schreiber werden ihm (dem Feld eine Auflage) auferlegen und gemäß der Auflage der Schreiber werden sie (die Pächter) Datteln an (den Tempel) Ebabbara (Z. 10) geben. Zusammen mit 1 Kor (Datteln) werden sie Palmmatten, (Dattel-)Körbe, Palmbast (und) Traglasten von (Feuer-)Holz geben. Eine Gartenmauer werden sie errichten. Sie sind einander Bürgen.
Zeugen: (Es folgen die Namen zweier Zeugen).
(Z. 17) und Schreiber: Iqîša-Marduk, Sohn des Etel-pî-Šamaš, Nachkomme des Šamaš-Priesters. Monat Abu, [x.] T[ag], 5. Jahr des Cyrus, Königs von Babylon, Königs der Länder.

Kr 137 Barsippa 528 v. Chr.

^{še}zêru šá ḫanšê^{e} šá bît bi-ib-bi-e
šá ^{I}ši-rik-tu$_4$ apli-šú šá ^{I}iṣ-ṣur-^{d}marduk
apil ^{I}ilu-ba-ni ina pân ^{I}itti-^{d}nabû-balâṭu
apli-šú šá ^{I}balâṭ-su a-na sûti iṣ-ba-tu

3 kùr (!) 2 pân 3 sât suluppê 3 bil-tu$_4$
šá ḫu-ṣab suluppê gam-ru ina ma-ši-ḫu šá šarri
ina bît ^{I}*ši-rik-tu*$_4$ *i-nam-din*
dul-lu ^{h}*gugallu-ú-tu*
e-ṭir pu-ut šá-qu-ú-tu
šá me-e ku-ub-bu-bu
u pu-uš-šu-ḫu na-ši
^{h}*mu-kin-nu* $^{\text{I.d}}$*nabû-mušêtiq-urri*
apil-šú šá $^{\text{I.d}}$*bêl-zêra-ibni apil* ^{I}*i*[*tt*]*i-*[*x x (x)*]*-balâṭu*
^{I}*iddina*^{na}*-*^{d}*nabû apil-šú šá* $^{\text{I.d}}$*bêl-uballiṭ*^{iṭ}
apil ^{I}*šá(!)-ruḫ* ^{h}*ṭúpšarru* ^{I}*arad-*^{d}*nabû*
apil-šú šá $^{\text{I.d}}$*mâr-bîti-na'id apil* $^{\text{I.d}}$*nabû-še-me*
bar-sip^{ki} *araḫabu ûmu 4*^{kám}
šattu 2^{kám} ^{I}*kám-bu-zi-iá*
šàr bâbili^{ki} *u mâtâte*^{meš}
šá it-ta-[*ba*]*l-kit*
2 šiqil kaspa ú-šal-lam

(Betrifft die) Aussaat(fläche), die 50-er-(Grundstück) des Gebietes Bibbê (ist), des (gehörig dem) Širiktu, Sohn des Iṣṣur-Marduk, Nachkommen des Ili-bani; zur Verfügung des Itti-Nabû-balâṭu, Sohnes des Balâṭsu; gegen Pachtabgabe hat er (Itti-Nabû-balâṭu sie) genommen. (Z. 5) 3 Kor 2 Pânu 3 Seah Datteln, 3 Traglasten von (Feuer)holz, die gesamten Datteln wird er im Maße des Königs im Hause des Širiktu geben. Die Inspektorarbeit ist beglichen. Für die Tränkung (des Bodens) (Z. 10) mit Wasser, das Verbrennen und das Brachliegenlassen ist er Bürge.
Zeugen: (Es folgen die Namen zweier Zeugen)
(Z. 15) . . . Schreiber: Arad-Nabû, Sohn des Mâr-bîti-na'id, Nachkomme des Nabû-šeme. Barsippa, Monat Ab, 4. Tag, 2. Jahr des Cambyses, Königs von Babylon und der Länder.
(Z. 20) Wer (den Vertrag) über[tr]itt wird 2 Sekel Silber zahlen.

Zu *puššuḫu* „brachliegenlassen" vgl. Ehrenkranz, Bodenpacht S. 11 f. und YBT VI 11, 9 *ú-pa-áš-šá-ḫa* sowie Kr 136, 8 [*ku-*]*up-pu-pu u pu-uš-šú-ḫu šá* ^{iṣ}*gi*[*šimm*]*arê*. Wie Ehrenkranz auch CAD Ḫ S. 173 rechts zu *puššuḫu* in Kr 136: „resting(?) of the date palms".
Anders AHw S. 841 links zu *puššuḫu*: „Boden umbrechen? ? ".

BRM I 83 Nippur 490 v. Chr.

eqlu pî šul-pu bît ^{h}*qašti*
šá ^{I}*iddin-*^{d}*en-líl u* $^{\text{I.d}}$*bêlet-*[*x x ap*]*li-šú šá* ^{I}*arad-*^{d}*nínurta*
u ^{h}*bêlê* ^{iṣ}*qašti-šú-nu šá ultu* ^{nâr} {*d*[*a*]}
da-ma-nu-a a-[*d*]*i-i* ^{nâr}*bît-*[*b*]*a-nu*

a-na er-re-šu-tú a-na ^{I}*aḫḫê*^{meš}*-uballi*[*ṭ*]
apli šá ^{I}*ba-la-ṭu a-di 4 šanâte*^{meš}
id-din-nu eqla a-na na-bal-kát-ta-ni
ir-ri-šu šal-šú zitta bêl eqli
[*i*]*k-kal 1*^{en}-T[A.]A' *šá-ṭa-ri*
ilteqû^{ú}
^{h}*mu-kin-ni* $^{I.d}$*ninurta-aḫa-iddin*
[*ap*]*lu šá* ^{I}*bêl-šú-nu* ^{I}*lu-ú-i-di-iá*
aplu šá $^{I.d}$*nin*[*urta(?)*]*-êṭir* ^{I}*aḫḫê*^{meš}*-lu-mur*
aplu šá $^{I.d}$*ni*[*nurta(?)*]*-aḫa-iddin* ^{I}*ab-di-iá*
aplu šá $^{I.d}$*šamaš-zêru-lîšir*
^{h}*ṭupšarru* ^{I}*apla-a aplu šá* ^{I}*šu-la-a*
nippur^{ki} *araḫaddaru ûmu 25*^{kám}
šattu 31^{kám} ^{I}*da-ri-ia-a-muš*
šàr bâbili^{ki} *šàr mâtâte*
[^{h}*n*]*a-b*[*a*]*l-k*[*át*]*-ta-nu*
[*x*] *mana kaspa i-nam-din*
^{I}*iddin-*^{d}*enlil aplu šá* $^{I.d}$*šamaš-iddi*[*n*]

(Betrifft das) Feld, (für Getreidebau) kultiviert, Bogenmanngrundstück des Iddin-Enlil und des Bêlet-[x x Sohne]s des Arad-Ninurta und der Herren ihres Bogens, das (sich) vom Damanûa-Kanal b[i]s zum Bît-[b]anu-Kanal (erstreckt). (Z. 5) Zur Bearbeitung haben Sie (es) dem Aḫḫê-uballi[ṭ], Sohn des Balâṭu, auf 4 Jahre gegeben. Er wird das Feld im Wechselbau(?) bestellen. 1/3 Anteil [w]ird der Herr des Feldes [g]enießen. Je ein Schriftstück (Z. 10) haben sie empfangen.
Zeugen: (Es folgen die Namen von 4 Zeugen)
(Z. 16) Schreiber: Aplâja, Sohn des Šulâ, Nippur, Monat Addar, 25. Tag, 31. Jahr des Darius, Königs von Babylon, Königs der Länder. (Z. 20) Der [Ü]be[r]tr[et]er (des Vertrages) wird [x] Minen Silber geben.
Iddin-Enlil, Sohn des Šamaš-iddin.

Zu *ana nabalkattâni erêšu* vgl. Ehrenkranz, Bodenpacht S. 11 f. und CAD E S. 287, 11' zu *mala ibbalakkituma* in YBT VI 150, 12: „in fallow rotation". Anders aber AHw S. 694 rechts s. v. *nabalkattu(m)* 4a): „was darüber hinausgeht".
Zu Z. 8 f.: Da (Lehens-)inhaber mindestens 4 „Bogenlehensherren" sind, bedeutet *bêl eqli* hier wohl eine Zusammenfassung aller teilpachtquotenberechtigter Inhaber.
Zu Z. 22: Iddin-Enlil, der ersterwähnte Verpächter (Z. 2) wird hier erneut mit der in Z. 2 vom Schreiber vergessenen Filiation aufgeführt.

BE VIII$_1$ 132 Entwurf oder Schülertafel ohne Orts- und Zeitangabe

[^{še}zêr]u zaq-pi u pî šul-p[u] x x [x k]išâd $^{nâr.d}$sîn ina ^{âl}[(x)] x [(x x)]
[ù(?)] ^{še}zêru(!) pî šul-p[u] x AN RA *x x* TA *^{še}zêru šá $^{I.d}$en-lil-it-ta-nu*
[u] ^{I}man-nu-ki-i-^{d}na-n[a]-a šá i[t]a šá ^{I}i[qî]šá^{šá} apli šá ^{I}ḫa-kin-za-nu ù 2 kùr <še>zêru
ina bar-ra-at-ta qaqqad áš-lu šá $^{I.d}$en-lil-it-tan-nu apli šá ^{I}man-ku-ki(!)-[i]-^{d}n[a(!)]-na-a]
[na]pḫar(?) 3 kùr ^{še}zê[r]u pî š[u]l-pu ina bar-ra-at-t[a] ^{iṣ}qašti šá ^{I}mu-šal-lim-^{d}e[n-líl] apli [šá]
^{I}ibnâ^{a} bît rit-ti šá ^{I}nûr-di-ia ^{h}ardi šá ^{I}mu-šal-lim-^{d}en-líl apli šá ^{I}ibna-a
^{I}nûr-di-ia ^{še}zêra šu'âti^{meš} zaq-pi a-na ^{h}nukaribbu-ú-tú a-[di]
5-ta šânâte^{meš} a-n[a] $^{I.d}$en-líl-it-tan-nu apli šá ^{I}man-nu-ki(!)-i-^{d}n[a-na-a]
id-din dul-lu$_4$ in[a] šu-pal ^{iṣ}gišimmarê ippuš^{uš}-šú lìb-bi [u] ḫa-ru-ut-tu$_4$
[i]-na[m]-ṣ[a]r mim-ma ma-la ina šu-pal ^{iṣ}giš[imma]rê ip-pu-uš-šú a-na r[a]ma-ni-šú ik-kal zitti eq[l]i ia-a-nu su[lu]ppê ina muḫ-ḫi man-[ga-ga]
[i]m-mi[d]-su(!)-nu i-nak-ki[s]-m[a] ina-an-din ina u$_4$-m[u] ina(?) imitta la it-[ta-ši]
a-na 1 kùr ^{še}zêri ^{i}[ṣ(?) gišimm]arê(?) 4 kùr suluppê šis(!)-sin^{in}-ni i-nam-da[š]-šú
[a-n]a(?) ^{še}zêra-a' 3 kùr pî šul-pu šá ina bar-ra-at a-na er-re-š[u]-tú
a-d[i] 6-ta [š]ânâte^{meš} a-na $^{I.d}$en-líl-i[t]-tan-nu apli šá ^{I}man-nu-[ki]-i-[^{d}na-n]a-a
id-din du[l-l]u$_4$ ina lìb-bi ippuš^{uš}-šú ^{š}[^{e}zê]ra ina lìb-bi i-r[i]-i[š]-š[ú] m[i]m-ma
[ma-la] ina lìb-b[i] i[l-la-a'] ša[l-š]ú zitti eqli i[k(?)-kal(?)] zitti eq[li(?)]
[ia(?)-a(?)-n]u(?) x [x (x) pu-ut] la pa-<qa->ri šá ^{še}zêri šu'âti^{meš} ^{I}nûr-di-ia
[na-ši šá] i[t-ta-bal-ki-tu x] mana kaspa ina-an-din
[x] x [x x x x x (x x)] x

[(Betrifft die) Aussaat(fläch]e), (mit Bäumen) bepflanzt und (für Getreidebau) kultivier[t . . . am Uf]er des Sîn-Kanals, im Ort . . . (gelegen) [und(?)] die Aussaat(fläche), (für Getreidebau) kultivier[t] . . . , die Aussaat(fläche) des Enlil-ittannu [und] des Mannu-kî-Nanâ, die ne[b]en I[qî]ša, Sohn des Ḫakinzânu (gelegen ist) und 2 Kor Aussaat(fläche) am Rain oberhalb der *ašlu*-Maße des Enlil-ittannu, Sohnes des Mannu-kî-[Nanâ], (Z. 5) [ins]gesamt(?) 3 Kor Aussaat(fl[äch]e), (für Getr[ei]debau) kultiviert am Rain des Bogen(lehen)s des Mušallim-[Enlil], Sohnes [des] Ibnâ, *ritti*-(Lehens-)Grundstück des Nûr-dîja, Sklaven des Mušallim-Enlil, Sohnes des Ibnâ. Nûr-dîja hat diese (mit Bäumen) bepflanzte Aussaat(fläche) zur gärtnerischen Bearbeitung a[uf] 5 Jahre de[m] Enlil-ittannu, Sohn des Mannu-kî-[Nanâ] gegeben. Die Arbeit unterhalb der Dattelpalmen wird er verrichten, die Vegetationskegel [und] die Zweigsprossen (Z. 10) [wi]rd e[r] sch[üt]z[en]. Alles, was er unter den Dat[telpalm]en (er)-arbeitet, wird er s[e]lbst genießen. Einen Anteil am Fe[l]d(ertrag) gibt es nicht. (Bezüglich der) Dat[te]ln auf dem Ba[st] wird man ihm (eine Auflage) au[f]er-[le]gen, er wird (die Datteln) abschlagen und geben. We[nn] er die Auflage nicht er[bracht haben wird], wird er ihm auf 1 Kor Aussaat(fläche) [(mit) Dattel-pal]men(?) 4 Kor Datteln als *šissinnu* geben. [Bezüglich(?) der Aussaat(fläche) von 3 Kor, (für Getreidebau) kultiviert, die am Rain (gelegen ist), hat er (diese) zur Bebau[u]ng (Z. 15) au[f] 6 [J]ahre dem Enlil-i[t]tannu, Sohn des Mannu-[kî-Nanâ] gegeben. Die Ar[bei]t wird er darin verrichten, die A[ussaa]t(fläche) wird er darin be[b]a[u]e[n]. (Von) a[l]lem, [was] darin w[ächst], wird er 1/3 Anteil am Feld(ertrag) g[enießen(?)]. Einen Anteil am Fe[ld(ertrag)(?) gibt es nich]t(?) [. . . für] die Nicht-Vindikation dieser Aussaat(fläche) [ist] Nûr-dîja [Bürge. Der] Ü[bertreter] (des Vertrages) wird [x] Minen Silber geben. (Z. 20). . .

BE IX 52 Nippur 428 v. Chr.

^{I}*r[i-b]at* ^{h}*[a]rdu šá* $^{I.d}$*en-líl-šuma-iddin ina ḫu-ud lìb-bi-šú a-na* $^{I.d}$*en-líl-šúma-iddin*
mâ[ri šá]
^{I}*mu-ra-šu-ú ki-a-am iq-bi um-ma* $^{nâr.h}$*šanûû imitta u šumêla ultu bâbi-šú a-di*
ši-l[iḫ-ti-šú]
a-šar mê^{meš}*-šú il-la-ku-u' u* ^{še}*zêrâte*^{meš} *gab-bi šá ina muḫ-ḫi-šú <šá> ina imitti*
šá ^{nâr}*nam-ga-rù-dû[r-*^{d}*en-líl]*
a-na sûti a-di 3-ta šanâte^{meš} *i-bi-in-nam-ma ina šátti ina* ^{arah}*aiari 632 kù[r]*
uṭṭata 30 kùr kibta 70 kùr ^{še}*kunâša 20 kùr ḫallûra 10 kùr kakkê 20 kùr* ^{še}*duḫ-*
nu
8 kùr ^{še}*šamaššammê 10 kùr kasâ ina* ^{iṣ}*ma-ši-ḫu šá ú-si-iš-*tu_4 *lu-ud-da-ak-ka*
ár-ki $^{I.d}$*en-líl-šuma-iddin iš-me-e-šu-ma* $^{nâr.h}$*šanûû imitta u šumêla ultu bâbi-šú*
a-di ši-liḫ-ti-šú
^{še}*zêrâte*^{meš} *gab-bi šá ina muḫ-ḫi-šú šá ina imitti šá* ^{nâr}*nam-ga-ri-dûr-*^{d}*en-líl*
a-na sûti
a-di 3-ta šánâte^{meš} *id-da-áš-ši ina šátti ina* ^{arah}*aiari 632 kùr uṭṭata*
30 kùr kibta 70 kùr ^{še}*kunâša 20 kùr ḫallûra 10 kùr kakkê 20 kùr* ^{še}*duḫ-nu*
8 kùr ^{še}*šamaššammê 10 kùr k[as]â napḫar 800 kùr ebûra ina* ^{iṣ}*ma-ši-ḫu*
šá ú-si-iš-tu_4
šá $^{I.d}$*en-líl-šuma-iddin i-nam-din ultu* ^{arah}*simani šá šatti 37*^{kám}
^{I}*ar-ta[ḫ]-šá-[a]s-su šarri*
sûtu a-di 3-ta šanâte^{meš} *ina pân* ^{I}*ri-bat*
^{h}*mu-kin-nu* $^{I.d}$*nínurta-iddin aplu šá* $^{I.d}$*nínurta-erîba* $^{I.d}$*šamaš-aḫa-iddin aplu šá*
$^{I.d}$*nínurta-êṭir*
^{I}*arad-*^{d}*en-líl aplu šá* ^{I}*šeriktiti*$^{I.d}$*nínurta* ^{I}*na'id-*^{d}*nínurta aplu šá* $^{I.d}$*en-líl-šuma-ukîn*
$^{I.d}$*nínurta-uṣur aplu šá*
$^{I.d}$*nabû-aḫḫê*^{meš}*-iddin* ^{I}*erîba-*^{d}*en-líl aplu šá* $^{I.d}$*en-líl-ba-na* ^{I}*danna-a aplu šá*
^{I}*iddina*^{na}*-apla*
^{I}*iddin-*^{d}*marduk aplu šá* ^{I}*uballiṭ-su-*^{d}*marduk* ^{I}*ba-la-ṭu aplu šá* ^{I}*bêl-šú-nu* ^{I}*ardi-ia*
aplu šá ^{I}*ṭâbi-iá*
[^{h}*ṭúpšarru* ^{I}*x x x] aplu šá* ^{I}*arad-*^{d}*en-líl nippur*^{ki} ^{arah}*simanu ûmu 20*^{kám} *šattu*
37^{kám}
[^{I}*ar-t]aḫ-šá-as-su šàr mâtâte*

Fingernageleindruck:
Rückseite: ṣupur ^{I}*ri-bat*

R[îb]ât, der [S]klave des Enlil-šuma-iddin, hat in der Freude seines Herzens zu Enlil-šuma-iddin, dem Nach[kommen des] Muraššû, folgendermaßen gesprochen: Der Šanû-Kanal, die rechte und linke Seite von seinem Tore bis zu [seiner] Sch[leuse], wo seine Wasser gehen und die gesamten Aussaat(fläch)en, die an ihm (gelegen sind), die rechts vom Namgaru-Dû[r-Enlil-]Kanal (gelegen sind), gib mir gegen Pachtzins auf 3 Jahre. Im Jahr will ich im Monat Ajjar 632 Ko[r] (Z. 5) Gerste, 30 Kor Weizen, 70 Kor Emmer, 20 Kor Erbsen, 10 Kor Linsen, 20 Kor Hirse, 8 Kor Sesam, 10 Kor Senf(-kohl) im Maße der Norm geben. Danach erhörte ihn Enlil-šuma-iddin und gab ihm den Šanû-Kanal, die rechte und linke Seite von seinem Tore bis zu seiner Schleuse, die gesamten Aussaat(fläch)en, die an ihm (gelegen sind), die rechts vom Namgaru-Dûr-Enlil-Kanal (gelegen sind), gegen Pachtzins auf 3 Jahre. Im Jahr wird er im Monat Ajjar 632 Kor Gerste, (Z. 10) 30 Kor Weizen, 70 Kor Emmer, 20 Kor Erbsen, 10 Kor Linsen, 20 Kor Hirse, 8 Kor Sesam, 10 Kor S[en]f(-kohl), insgesamt 800 Kor Ernteertrag im Maße der Norm dem Enlil-šuma-iddin geben. Vom Monat Siman des 37. Jahres des Königs Arta[x]er[x]es an ist die Pacht auf 3 Jahre zur Verfügung des Rîbât. Zeugen: (Es folgen die Namen von 10 Zeugen)
(Z. 18) [Schreiber: x x x], Nachkomme des Arad-Enlil, Nippur, Monat Siman, 20. Tag, 37. Jahr [(des) Art]axerxes, Königs der Länder.

Fingernageleindruck:
Fingernagel des Rîbât

UM II$_1$ 210 Âl Enlil-ašabšu-iqbi 419/418(?) v. Chr.

^{še}*zêru zaq-pu bît* ^{iṣ}*gišimmarê* ^{iṣ}*qaštu šá* $^{\text{I.d}}$*bêl-it-tan-nu*
apli šá ^{I}*iddin-*^{d}*bêl* ^{iṣ}*qaštu šá* ^{I}*la-ba-ši apli šá*
^{I}[*n*]*i-din-t*[*u*$_4$]-^{d}*bêl napḫar* [2]-*ta* ^{iṣ}*qašâte*^{meš} *šá* ^{h}*ḫa-aṭ-ri*
šá mârê^{meš} ^{h}*ikkarâte*^{meš} *šá kišâd* ^{nâr}*gi-da-aḫ*
šá in[*a x*]*x x* TÚ [*x*]*x-ú-nu bît maš-ka-nu*
šá ^{I}*r*[*i-mu*]*t-*^{d}*nínurta* [*ap*]*li* [*š*]*á* ^{I}[*m*]*u-*[*r*]*a-šu-ú*
^{I}*ri-mut-*^{d}*nínurta* ^{še}*zêra šu'âti*^{meš} *a-na sûti*
a-di 5-ta šánâte^{meš} *a-na šátti*
15 kùr suluppê a-na ^{I}*mu-še-zib-*^{d}*b*[*ê*]*l a*[*pl*]*i(!) š*[*á(!)*]
$^{\text{I.d}}$*adad-ra-am-mu id-din ina š*[*atti*]
15 kùr suluppê sût e[*qli(?)*]
^{I}*mu-še-zib-*^{d}*bêl a-na* ^{I}*ri-mu*[*t-*^{d}*nínurta i-nam-din*]
ultu ^{araḫ}*nisani šatti 6*^{kám} ^{iṣ}*qašâte*^{meš} *š*[*u'âti*^{meš} *ina pân*]
^{I}*mu-še-zib-*^{d}*bêl 1*^{en}-TA. ÀM *šá-ṭar i*[*lteqû*^{ú}]
$^{\text{h.mu}}$*mukinnu* $^{\text{I.d}}$*en-líl-mukîn-apli aplu šá* $^{\text{I.d}}$*nínurta-nâṣir*
^{I}*arad-*^{d}*gula aplu šá* $^{\text{I.d}}$*nínurta-ibni*
^{I}*ni-din-tu*$_4$-^{d}*a-nim aplu šá* ^{I}*šu-la-a*
$^{\text{I.d}}$*en-líl-ka-ṣir aplu šá* ^{I}*si-lim-ilâni*^{meš} ^{I}*ni-din-tu*$_4$-^{d}*en-líl*
[*aplu šá* ^{I}*i*]*q-ba-a* $^{\text{I.d}}$*bêl-rê*['*â-*]*a-ni aplu šá*
^{I}*x x (x)* [*x x* $^{\text{I.}}$]^{d}*na*[*b*]*û-da-*[*i*]*á(?)-a(?)-*[*n*]*u(?) a*[*pl*]*u šá*

$^{\mathrm{I.d}}$*šameš*^{meš}*-[nû]ri-i'*
^{h}*túpšarru* ^{I}*ni-din-tu*$_4$*-*^{d}*en-lil aplu šá* $^{\mathrm{I.d}}$*ni[nu]rta-iddin* $^{\mathrm{âl.d}}$*enlí[l]-a-šab*$_4$*-šú iqbi*
araḫṭebetu ûmu 7^{kám} *šattu 3[+2(?)]*^{kám} ^{I}*da-ri-ia-a-muš*
šàr mâtâte

Siegel:

Oberer Rand:	*Linker Rand:*
aban^{kunuk}	*aban*^{kunuk}
^{I}*ni-din-tú-*	$^{\mathrm{I.d}}$*nabû-*
-^{d}*a-nim*	*-šá-ra-a[']*

(Betrifft die) Aussaat(fläche), ein Grundstück mit Dattelpalmen, ein Bogen(lehen) des Bêl-ittannu, Sohnes des Iddin-Bêl (und) ein Bogen(lehen) des Lâbâši, Sohnes des [N]idin[tu-]Bêl, zusammen 2 Bogen(lehen) der Korporation der Söhne der Feldarbeiter, die am Ufer des Gidaḫ-Kanals (gelegen sind), (Z. 5) die i[n] . . . (gelegen ist), Pfandgrundstück des R[îmû]t-Ninurta, [Soh]nes [d]es [M]u[r]aššû. Rîmût-Ninurta hat diese Aussaat(fläche) gegen Pachtzins auf 5 Jahre – im Jahr 15 Kor Datteln – dem Mušêzib-B[ê]l, S[oh]n d[es] (Z. 10) Adad-rammu gegeben. Im J[ahr wird] Mušêzib-Bêl dem Rîmû[t-Ninurta] 15 Kor Datteln als Pachtzins des F[eldes(?) geben]. Vom Monat Nisan des 6. Jahres sind d[iese] Bogen(lehen) [zur Verfügung] des Mušêzib-Bêl. Je ein Schriftstück h[aben sie genommen].
(Z. 15) Zeugen: (Es folgen die Namen von 7 Zeugen)
(Z. 22) Schreiber: Nidintu-Enlil, Sohn des Ni[nu]rta-iddin. Enlil-ašabšu-iqbi, Monat Ṭebet, 7. Tag, 3[+2(?).] Jahr des Darius, Königs der Länder.

Siegel eines Zeugen und einer in der Urkunde nicht erkennbaren Person.

UET IV 59 Ur 380 v. Chr.

[^{še}*zêru qaq-qa]r pi-i šul-pu [x x x x x]*
[x x]-di-di-e pîḫât ur[í]^{ki} *i[ta]*
[eqli šá] $^{\mathrm{I.d}}$*sîn-aḫḫê*^{meš}*-iddin u aḫḫê*^{meš}*-šú aplê*^{meš} *šá* ^{I}*n[id]intu*^{tú}
[u it]a(?) ^{še}*zêri lìb-bu-ú šá* $^{\mathrm{I.d}}$*ni[d]intu*^{tú}*-*^{d}*sîn apli šá* ^{I}*apla-ia*
[^{I}*nidintu*^{tú}*]-*^{d}*sîn qaq-qar šu'âti*^{meš} *a-na er-re-šu-tu*
[u šu-ta-p]u-ú-tu a-na ^{še}*zêri šá uṭṭati a-na*
[šátt]i an-ni-tu$_4$ *a-n[a]* ^{I}*ni[dintu*^{t}*]*^{ú}*-*^{d}*ea*
[apli šá $^{\mathrm{I.d}}$*b]êl-aḫḫê*^{meš}*-erîba u* $^{\mathrm{I.d}}$*iš-ta[r-]aba-uṣur*
[id-d]in alpû u ^{še}*zêru šá uṭṭati šá* ^{I}*nidintu*^{tú}*-*^{d}*ea*
u $^{\mathrm{I.d}}$*iš-tar-aba-uṣur qaq-qar šá* ^{I}*nidintu*^{tú}*-*^{d}*sîn*
mim-ma ma-la ina qaq-qar šu'âti^{meš} *ip-pu-uš-šú-nu-u'*
^{I}*nidintu*^{tú}*-*^{d}*sîn* ^{I}*nidintu*^{tú}*-*^{d}*ea u* $^{\mathrm{I.d}}$*iš-tar-aba-usur*
3 šú-nu šib-šú u zitti eqli(!) ina bi-rit-šú-nu ia-nu
^{h}*ikkaru ma-la* ^{h}*ikkaru itti a-ḫa-meš a-na qaq-qar šu'âti*^{meš}

ú-še-ṣu-ú pu-ut la pa(!)-qa-ru šá qaq-qar šu'âti^{meš}
^{I}*nidintu*$^{\text{tú.d}}$*sîn na-ši 1*^{en}*-na-*TA.ÀM *šá-ṭa[r] il[teqû]*
h.^{mu}*mukinnu* $^{\text{I.d}}$*sîn-aḫḫê*^{meš}*-iddin aplu šá* ^{I}*mu-x[x (x)]*
$^{\text{I.d}}$*sîn-aḫḫê*^{meš}*-ušallim aplu šá* $^{\text{I.d}}$*sîn-iddin*
$^{\text{I.d}}$*sîn-aba-uṣur aplu šá* $^{\text{I.d}}$*sîn-aḫḫê*^{meš}*-utêr*
$^{\text{I.d}}$*sîn-êṭir aplu šá* ^{I}*nu-uḫ-ilâni*^{meš}
$^{\text{I.d}}$*sîn-iddin aplu šá* ^{I}*nidintu*$^{\text{tú.d}}$*sîn*
^{I}*ba-ḫu-ti-e aplu šá* $^{\text{I.d}}$*šamaš-uballiṭ*^{iṭ}
$^{\text{I.d}}$*sîn-uballiṭ*^{iṭ} *aplu šá* $^{\text{I.d}}$*sîn-êṭir*
^{h}*ṭúpšarru* $^{\text{I.d}}$*sîn-zêra-iddin aplu šá* ^{I}*la-ba-šú uri*^{ki}
^{arah}kislimu ûmu 17^{kám} *šattu 25*^{kám}
^{I}*ár-t[a]ḫ-šá-as-su šàr mâtâte*

Fingernägeleindrücke:
Unterer Rand:
ṣu-pur $^{\text{I.d}}$*iš-tar-ab[a-uṣur]*
ṣu-pur ^{I}*nidintu*$^{\text{tú.d}}$*e[a]*

Siegel:
Linker Rand:
[aban$^{\text{}}$*kunuk]*
$^{\text{I.d}}$*sîn-u[balliṭ*^{iṭ}*(?)]*
aban kunu[k]
$^{\text{I.d}}$*sîn-êṭir*

Oberer Rand:
[aban kunuk]
$^{\text{I.d}}$*sîn-aba-uṣur*
aban kunuk
$^{\text{I.d}}$*sîn-aḫḫê*^{meš}*-iddin*
aban kunuk
[$^{\text{I.d}}$*sîn-idd]in(?)*

[(Betrifft die) Aussaat(fläche), Grund und Bo]den, (für Getreidebau) kultiviert ..., im Bezirk von U[r] (gelegen), ne[ben dem Feld des] Sîn-aḫḫê-iddin und seiner Brüder, Söhne des N[id]intu [und nebe]n(?) der Aussaat(fläche), „Inneres" des Ni[d]intu-Sîn, Sohnes des Aplâja. (Z. 5) [Nidintu-]Sîn hat diesen Grund und Boden zur Bebauung [und Komp]anie zur Gersteaussaat für dieses [Jah]r de[m] Ni[dintu-]Ea, [Sohn des B]êl-aḫḫê-erîba und Ištа[r-]aba-uṣur [gege]ben. Rinder und Gerstesaatgut (gehören) dem Nidntiu-Ea (Z. 10) und dem Ištar-aba-uṣur, der Grund und Boden (gehört) dem Nidintu-Sîn. (An) allem, was sie auf diesem Grund und Boden (er)arbeiten, sind Nidintu-Sîn, Nidintu-Ea und Ištar-aba-uṣur 3 (Gleichberechtigte). *šibšu* und (Vorzugs)anteil am Feld gibt es unter ihnen nicht. Landarbeiter entsprechend Landarbeiter werden sie miteinander auf diesen Grund und Boden (Z. 15) hinausgehen lassen. Für die Nicht-Vindikation dieses Grund und Bodens ist Nidintu-Sîn Bürge. Je ein Schriftstü[ck] haben sie ge[nommen].
Zeugen: (Es folgen die Namen von 7 Zeugen).
(Z. 24) Schreiber: Sîn-zêra-iddin, Sohn des Lâbâšu. Ur, Monat Kislim, 17. Tag, 25. Jahr des Artaxerxes, Königs der Länder.

Fingernägeleindrücke der beiden Pächter Ištar-aba-uṣur und Nidintu-Ea.
Siegel von 5 Zeugen.

QUELLENREGISTER

STICHWORTVERZEICHNIS

Kolibri 360 GmbH
Ferdinand-Jühlke-Straße 7
99095 Erfurt, Deutschland
produktsicherheit@kolibri360.de